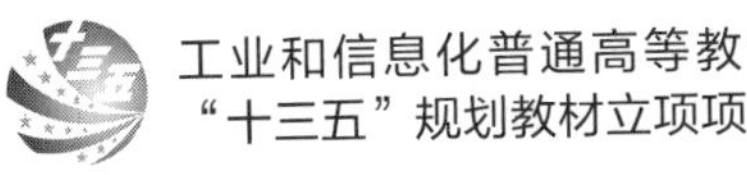

工业和信息化普通高等教育
“十三五”规划教材立项项目

高等院校“十三五”
电子商务系列规划教材

淘宝网店运营与管理

微课版

欧阳红巍 王晓亮／主编
欧阳春 杨南／副主编

TAOBAO Online Store Operation and Management

人 民 邮 电 出 版 社
北 京

图书在版编目（CIP）数据

淘宝网店运营与管理 : 微课版 / 欧阳红巍，王晓亮主编. -- 北京 : 人民邮电出版社，2021.1（2021.6重印）
高等院校“十三五”电子商务系列规划教材
ISBN 978-7-115-52700-4

Ⅰ. ①淘… Ⅱ. ①欧… ②王… Ⅲ. ①网店－运营管理－高等学校－教材 Ⅳ. ①F713.365.2

中国版本图书馆CIP数据核字(2019)第274303号

内 容 提 要

本书以网店运营的工作内容为切入点，对淘宝网店运营与管理的相关内容进行了详细的介绍，包括网上开店的准备、店铺开通与管理、店铺数据分析与优化、付费推广工具、打造爆款、站内活动营销、站外流量运营、移动端运营、客服与会员管理、仓储与物流管理等。

本书内容全面、实例丰富，既适合普通高等院校电子商务专业作为教材使用，也适合淘宝网店店主、初创业者、兼职人员参考使用。

◆ 主　　编　欧阳红巍　王晓亮
副 主 编　欧阳春　杨　南
责任编辑　许金霞
责任印制　周昇亮
◆ 人民邮电出版社出版发行　　北京市丰台区成寿寺路 11 号
邮编　100164　　电子邮件　315@ptpress.com.cn
网址　https://www.ptpress.com.cn
大厂回族自治县聚鑫印刷有限责任公司印刷
◆ 开本：700×1000　1/16
印张：16.25　　　　2021 年 1 月第 1 版
字数：334 千字　　　　2021 年 6 月河北第 2 次印刷

定价：49.80 元

读者服务热线：(010)81055256　印装质量热线：(010)81055316
反盗版热线：(010)81055315
广告经营许可证：京东市监广登字 20170147 号

前言

PREFACE

随着电商市场的日益发展，运营在网店经营活动中扮演的角色越来越重要。好的运营不仅可以为网店带来更多的收益，还能提高消费者的忠诚度，塑造网店的品牌价值，促进网店的长期发展。那么，如何才能在网店运营过程中游刃有余、事半功倍呢？我们走访了很多皇冠级的网店，在调研了各类目网店的经营情况后编写了本书，希望通过本书让读者掌握更多网店运营的知识与技能，获得事业的成功。

本书内容

本书围绕网店运营的工作职责，以理论结合实践的方式，全面、系统地介绍了网店运营各阶段的工作内容和工作技巧。全书共 11 章，可分为 3 个部分，各部分的具体内容如下。

第 1 部分（第 1 章）：主要介绍网上开店的一些准备工作，包括初识网上开店、店铺定位、店铺选品等内容。

第 2 部分（第 2 章～第 10 章）：这一部分是网店运营的核心知识，主要介绍了实际开设网店及运营网店的各项工作内容。读者要重点掌握使用生意参谋分析店铺数据的方法，直通车、钻石展位推广计划的创建方法，打造爆款的步骤与方法，站内营销活动报名的方法，通过社交平台引流的方法，创建淘宝直播、发布微淘的方法，客服解决交易纠纷的技巧，会员数据管理的方法，以及仓储与物流的管理等内容。

第 3 部分（第 11 章）：以综合案例的形式介绍了网店从前期定位、选品到打造爆款、数据分析与优化、微博引流的一系列操作方法，具有很强的实操性。

本书特色

思路清晰，知识全面。本书以网店运营的实际过程为主线，围绕支撑网店运营的各项内容进行介绍，从网上开店的准备开始，循序渐进、层层深入，使读者系统地掌握网店的开设与管理、店铺数据的分析与优化、营销推广、客服管理的操作方法与技巧。

案例丰富。本书每章的开始均以案例导读的方式引导读者进行学习，并在最后一章以综合案例的形式串联前面章节的部分内容，有助于读者对网店运营建立一个更直观的认识。

理论与实践相结合。本书是一本网店运营的策略性图书，在讲解理论知识的同时，还以实训任务的形式加强读者对知识的理解与掌握。本书在每章知识讲解结束后设计了“课堂实训”板块，通过具体的实训目标和实训思路帮助读者更好地运用这些知识。

知识拓展。书中设置了“知识补充”栏目，补充了与书中所讲内容相关的经验、技巧与提示，帮助读者更好地总结和吸收知识。

配套资源

拓展学习资源。本书配有二维码，读者扫描二维码即可直接查看相应的视频或拓展知识，更加直观地学习相关操作方法，或进一步理解网店运营的相关知识。

教学资源。本书配套资源丰富，包括 PPT、教案和题库资源等，有需要的读者可登录人邮教育社区下载。

本书由欧阳红巍、王晓亮担任主编，欧阳春、杨楠担任副主编，其中欧阳红巍编写第 1 章、第 3 章和第 4 章，王晓亮编写第 2 章、第 6 章和第 7 章，欧阳春编写第 5 章和第 8 章，杨楠编写第 9 章和第 10 章，李东波编写第 11 章。由于时间仓促，加上作者水平有限，书中难免存在不足之处，欢迎广大读者批评指正。

编　者

2020 年 6 月

目录

CONTENTS

第1章　网上开店的准备…1

1.1　初识网上开店…………2

1.1.1　电商行业的发展趋势…2

1.1.2　电子商务的常见类型…3

1.1.3　国内常见的网上开店平台…………4

1.2　店铺定位…………7

1.2.1　了解淘宝网主推的店铺类型…………7

1.2.2　分析行业市场和消费者…………8

1.2.3　确定店铺类型…………12

1.3　店铺选品…………16

1.3.1　了解行业中的商品……16

1.3.2　使用生意参谋选择蓝海商品…………19

课堂实训…………21

实训1：为一家经营特产的店铺定位…………21

实训2：为一家经营女式板鞋的店铺选品…………22

课后练习…………24

练习1：分析一家淘宝店铺的定位…………24

练习2：分析不同消费群体的消费特点…………25

拓展知识…………25

第2章　店铺开通与管理…27

2.1　开通淘宝店铺…………28

2.1.1　注册和登录淘宝账户…………28

2.1.2　开通支付宝认证…………31

2.1.3　申请开通淘宝店铺……32

2.2　店铺设置与装修…………36

2.2.1　店铺基本信息设置……36

2.2.2　旺铺装修…………37

2.3　商品发布…………41

2.3.1　通过网页端发布一口价商品…………41

2.3.2　使用淘宝助理批量发布商品…………44

2.4　商品交易管理…………46

2.4.1　商品管理…………46

2.4.2 交易管理……47

2.5 用支付宝管理店铺账目……50

2.5.1 查询账户余额与账单明细……50

2.5.2 申请提现……51

课堂实训……52

实训1：注册淘宝账户并开通淘宝店铺……52

实训2：发布商品并进行商品交易管理……52

课后练习：批量发布商品……52

拓展知识……53

第3章 店铺数据分析与优化……55

3.1 流量数据分析与优化……56

3.1.1 查看店铺流量概况……56

3.1.2 查看店铺流量来源……56

3.1.3 分析流量的店内路径及去向……59

3.1.4 优化店铺流量数据……60

3.2 商品数据分析与优化……65

3.2.1 分析商品概况……65

3.2.2 分析重点单品……65

3.2.3 诊断异常商品数据并优化……69

3.3 交易数据分析与优化……74

3.3.1 了解店铺交易概况……74

3.3.2 查看交易构成情况……75

3.3.3 优化店铺交易数据……76

3.4 客服数据分析与优化……77

3.4.1 分析客服销售数据……77

3.4.2 考查客服服务质量……79

3.4.3 优化客服数据……80

课堂实训……82

实训1：分析店铺流量数据……82

实训2：分析店铺交易数据……84

课后练习……85

练习1：分析商品详情页……85

练习2：分析商品主图……85

拓展知识：淘宝SEO搜索排名的影响因素……86

第4章 付费推广工具……87

4.1 直通车……88

4.1.1 了解直通车的概念及展位……88

4.1.2 新建直通车推广计划……90

4.1.3 直通车数据优化……95

4.2 钻石展位……96

4.2.1 钻石展位的类型……97

4.2.2 新建钻石展位推广计划……99

4.2.3 调整和优化钻石展位数据……102

4.3 淘宝客……103

4.3.1 淘宝客的推广方式 …… 103

4.3.2 设置合理佣金保证推广效果 …… 105

课堂实训 …… 107

实训1：新建直通车推广方案 …… 107

实训2：解析“半身裙”商品关键词的流量表现 …… 108

课后练习 …… 109

练习1：找出钻石展位并分析 …… 109

练习2：总结淘宝客的不同推广方式 …… 110

拓展知识 …… 110

第5章 打造爆款 …… 111

5.1 选款策略 …… 112

5.1.1 根据爆款特征选款 …… 112

5.1.2 通过爆款测试选出主推款 …… 114

5.2 爆款打造 …… 115

5.2.1 把握打造爆款的4个阶段 …… 115

5.2.2 掌握打造爆款的3种方法 …… 117

5.3 爆款维护 …… 118

5.3.1 维持爆款热度 …… 118

5.3.2 维护爆款带来的客户群 …… 121

5.3.3 由夭折爆款总结的经验教训 …… 121

课堂实训：利用直通车测款 …… 122

课后练习：分析爆款商品并回答问题 …… 123

拓展知识 …… 123

第6章 站内活动营销 …… 125

6.1 阿里试用 …… 126

6.1.1 参加阿里试用的意义 …… 126

6.1.2 阿里试用的报名条件和报名流程 …… 126

6.1.3 报名参加阿里试用活动 …… 127

6.2 聚划算 …… 129

6.2.1 了解聚划算的参聚类型 …… 129

6.2.2 报名参加聚划算活动 …… 131

6.3 淘金币 …… 134

6.3.1 淘金币的类型及作用 …… 134

6.3.2 淘金币的准入要求 …… 135

6.3.3 设置淘金币抵扣 …… 135

6.3.4 报名参加淘金币活动 …… 139

课堂实训：报名参加淘金币活动 …… 141

课后练习 ······ 141
练习1：回答聚划算参聚类型的相关问题 ······ 141
练习2：回答阿里试用的相关问题 ······ 141
拓展知识 ······ 141

第7章　站外流量运营 ······ 143

7.1　**微信** ······ 144
7.1.1　微信引流的常用方法 ······ 144
7.1.2　通过微信朋友圈引流 ······ 144
7.1.3　通过微信公众号引流 ······ 146
7.2　**微博** ······ 151
7.2.1　微博引流的常见方式 ······ 151
7.2.2　分享商品为店铺引流 ······ 152
7.2.3　发布微博内容为店铺引流 ······ 153
7.2.4　微博的增粉诀窍及维护粉丝之道 ······ 156
7.3　**抖音** ······ 160
7.3.1　抖音营销的优势 ······ 160
7.3.2　抖音营销的前期准备及账号定位 ······ 161
7.3.3　拍摄短视频为店铺引流 ······ 163
课堂实训 ······ 166
实训1：为一款防晒霜营销微博进行推广 ······ 166
实训2：为品牌“永华汉风”的微信公众号推文构思标题 ······ 167
课后练习 ······ 167
练习1：列举并分析几个公众号推文引流案例 ······ 167
练习2：分析网络红人的微博运营策略 ······ 167
拓展知识 ······ 168

第8章　移动端运营 ······ 171

8.1　**淘宝直播** ······ 172
8.1.1　淘宝直播营销的要素及优势 ······ 172
8.1.2　淘宝直播的准入条件及内容规范 ······ 173
8.1.3　选择适合的淘宝达人主播 ······ 174
8.1.4　自主创建淘宝直播 ······ 177
8.2　**微淘** ······ 181
8.2.1　微淘运营的价值 ······ 181
8.2.2　发布不同类型的微淘 ······ 181
8.3　**淘宝群** ······ 185
8.3.1　淘宝群的准入条件及行为规范 ······ 186

8.3.2 创建淘宝群并运营 …… 186

课堂实训：创作微淘 …… 189

课后练习 …… 190

练习1：观看并分析淘宝直播 …… 190

练习2：创建淘宝群并回答问题 …… 190

拓展知识 …… 190

第9章 客服与会员管理 …… 193

9.1 客服管理 …… 194

9.1.1 客服的作用及工作内容 …… 194

9.1.2 客服基本操作 …… 196

9.1.3 售前客服引导消费者下单 …… 203

9.1.4 售后客服处理交易纠纷 …… 206

9.2 会员管理 …… 209

9.2.1 会员管理的意义 …… 209

9.2.2 管理会员数据的方法 …… 210

9.2.3 会员营销的方法 …… 214

课堂实训：设置自动回复 …… 216

课后练习 …… 217

练习1：会员数据管理 …… 217

练习2：分析纠纷案例 …… 217

拓展知识 …… 217

第10章 仓储与物流管理 …… 222

10.1 仓储管理 …… 223

10.1.1 商品入库 …… 223

10.1.2 商品包装 …… 223

10.1.3 商品出库 …… 226

10.1.4 物流跟踪 …… 226

10.2 物流管理 …… 227

10.2.1 了解国内主流的快递公司 …… 227

10.2.2 选择靠谱的快递公司 …… 229

10.2.3 在千牛卖家工作台中进行物流设置 …… 232

10.2.4 处理物流意外事件以降低中差评出现的概率 …… 235

课堂实训：新建运费模板 …… 236

课后练习：选择快递公司 …… 236

拓展知识 …… 236

第11章 综合案例——“酷姐潮流馆”店铺运营 …… 238

11.1 为店铺定位、选品并打造爆款 …… 239

11.1.1 分析并确定“酷姐潮流馆”店铺的定位 …… 239

11.1.2 借助生意参谋为店铺选择蓝海商品 …… 241

11.1.3 使用直通车将潜质商品打造为爆款 …… 243

11.2 优化新品标题并进行站外引流 …… 246

11.2.1 分析诊断“酷姐潮流馆”店铺的新品数据 …… 247

11.2.2 优化新品“高腰卷边牛仔短裤”的标题 …… 247

11.2.3 发布微博为新品“高腰卷边牛仔短裤”引流 …… 248

CHAPTER

01 网上开店的准备

小刘大学毕业后，工作一直不如意。一次，在朋友无意间提到网店销售非常火爆后，小刘便萌生了开网店做生意的念头。通过对市场、消费群体的分析，小刘发现自己家乡的特产有不错的市场前景。基于此，他在多方考察后决定在淘宝这个适合个人商家的平台上开设网店，经营家乡特产。开店初期，他进行了详细的市场分析，选择了一款价格适中且颇具特色的土特产作为主打商品。该商品受到了很多消费者的喜爱，销量非常不错。这让他在事业的起步阶段非常顺利，在后续精心的运营下，小刘的网店销量也越来越高，他实现了自己做老板的梦想。

由此可见，在开设网店前，准备工作必不可少。例如，拥有一个清晰的规划，明确网店和商品的定位，知道消费者需要什么样的商品，这样才能为之后的运营打下良好的基础。

本章将介绍网上开店的准备工作，包括电商行业的发展趋势、常见网上开店平台、店铺定位、店铺选品等相关知识，为后面的学习打下基础。

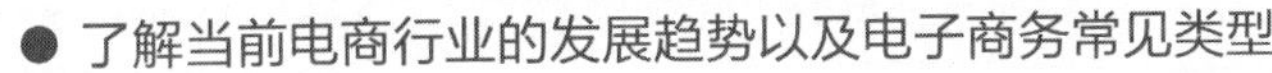

学习目标

- 了解当前电商行业的发展趋势以及电子商务常见类型
- 了解国内常见的网上开店平台
- 掌握店铺定位的方法
- 掌握店铺选品的方法

技能目标

- 能够使用阿里指数来分析行业市场和消费者
- 能够使用阿里指数来了解行业中的商品
- 能够使用生意参谋来进行店铺选品

1.1 初识网上开店

网上开店是通过互联网建立虚拟商店，并利用该商店出售商品或服务的一种新型销售方式。它诞生于互联网大发展时期，具有成本低、方式灵活等特点，是目前非常流行的开店模式。开店前，商家要对电商行业的发展趋势、电子商务的常见类型以及国内常见的网上开店平台有所了解。

↘1.1.1 电商行业的发展趋势

随着互联网信息技术的进步，我国互联网用户日益增加，电商行业也急速发展。下面首先从网络零售市场角度总体介绍电商行业的发展趋势，然后进一步分析其中占据绝大多数份额的移动电商市场，并介绍其发展趋势。

1. 网络零售市场

网经社一电子商务研究中心监测数据显示，2018 年全年，全国网上零售额达 90 065 亿元，比上年增长 23.9%。其中，实物商品网上零售额达 70 198 亿元，增长 25.4%，占社会消费品零售总额的 18.4%；在实物商品网上零售额中，食品、服装和日用品类商品分别增长 33.8%、22.0% 和 25.9%。总的来说，我国网络零售市场呈现以下 5 个发展趋势。

① 零售品质不断提升，助推消费升级

商务大数据监测显示，B2C 模式在 2018 年的市场份额达到了 62.8%，较上年提高 4.4 个百分点。由于 B2C 模式在质量和服务上更有优势，可见我国网络零售品质有了进一步的提升。智能手表、智能音像、翻译机等高科技智能产品虽然不是生活必需品，且价格相对较高，但仍受到消费者青睐，同比增长超过 80%。

② 农村电商发展迅速，成为电商行业新方向

商务大数据监测显示，2018 年全国农村网络零售额达 1.37 万亿元，同比增长 30.4%；全国农产品网络零售额达 2 305 亿元，同比增长 33.8%。农村网民规模逐步扩大，网络普及率逐年提高。截至 2017 年年底，农村网店达 985.6 万家，较 2016 年增加 169.3 万家，同比增长 20.7%，带动就业人数超过 2 800 万人。阿里巴巴、京东等电商公司纷纷在农村建立了服务点，快递乡镇网点覆盖率超过 80%，农村电商是未来一段时间电商的主要发展方向。

③ 社交电商大出风头，成为电商行业新力量

商务大数据监测显示，截至 2018 年，我国社交电商的月活跃用户量已高达 1.7 亿人，发展速度惊人。电商的社交化发展，满足了消费者的个性化、多层次消费需求，成功激发了中小城市和农村地区的消费潜力。

④ 跨境电商潜力巨大，成为电商行业新风尚

海外商品通过电商渠道快速进入中国市场，跨境电商成为中国外贸增长的主要动

力。电子商务研究中心发布的《2018 年（上）中国跨境电商市场数据监测报告》显示，2018 年上半年，中国跨境电商交易规模达 4.5 万亿元，同比增长 25%。截至 2018 年 6 月，我国经常进行跨境网购的用户已达 7 500 万人，人数大幅度增长。目前，我国跨境电商的主要出口地为欧盟、东盟等国家及地区，主要出口渠道为亚马逊、阿里全球速卖通。

⑤ 生活服务电商加速扩张，全力建设生态圈

近年来，电商企业主动缩短与消费者的距离，纷纷涉足生活服务电商领域，并不断提高服务质量，建立起“即时配送”的服务体系，容纳便利店、生鲜超市、餐饮等多种业态，覆盖外卖、生鲜、医药、家政服务等多方面服务，形成了生活服务电商的生态圈。据统计，2018 年我国在线餐饮市场规模同比增长超过 45%。

2. 移动电商市场

移动电商是指通过手机、PDA 及平板电脑等移动终端进行的电子商务活动。它完美结合了互联网、移动通信技术和其他信息处理技术，使人们能够随时随地开展各种活动，如移动购物、移动支付、移动银行和移动办公等。

随着移动设备的快速普及与发展，电子商务的终端由计算机设备逐渐向移动设备转移。艾媒咨询数据显示，2018 年全国网络零售市场交易额达 76 900 亿元，其中移动端交易额达 57 370 亿元，占比 74.6%。越来越多的消费者趋向于使用移动设备进行电子商务活动，如移动购物、移动支付、移动服务（如订票、打车）等。同时，各种移动 App 层出不穷，如支付宝、微信、手机淘宝等移动 App 为消费者提供了更加便捷的服务方式，使消费者需求得到了更大程度的满足。

随着移动商务的快速发展，传统的营销方式也发生了变化，内容化、粉丝化和场景化成为吸引消费者的新型营销方式，其中以微博、微信、直播等移动社交平台为依托，通过自媒体平台进行分享式传播刺激消费者的购买需求，以粉丝经济模式为主的营销方式已经逐步发展成为目前的主流营销方式。同时，线上购物和线下消费体验的双向需求推动了线上和线下的融合，传统企业也可以借此融入电商潮流。

移动商务时代的消费者需求和网购环境都在快速变化，在未来，智能商店、社交媒体平台购物车、本地化电子商务服务等，这些更加满足消费者随时随地消费需求的领域，将成为移动电子商务的主要发展趋势。

1.1.2 电子商务的常见类型

电子商务因交易对象、交易过程、商品交易过程完整程度、适用网络类型和交易地域范围不同，其表现形式也不同，主要包括 B2C、C2C、C2B、B2B、O2O、B2G 和 C2G 等。下面对主要的几种类型进行介绍。

- B2C：企业与个人消费者之间的电子商务（Business to Consumer，B2C）是指企业与个人消费者之间进行的商品或服务的交易，即网络零售。该模式基本上表现为在线零售，企业建立自己的网站后并在其上推销自己的商品（如食品、

汽车等消费品）、服务（远程教育、在线医疗等网络服务），消费者可以通过访问网上商店浏览商品，进行网上购物或享受服务。近年来，随着互联网的快速发展与全球网民的增多，B2C 得到了快速发展。目前最典型的 B2C 电子商务平台有亚马逊、当当网、京东商城和天猫商城等。

- C2C：个人消费者与个人消费者之间的电子商务（Consumer to Consumer，C2C）是指个人消费者之间通过网络商务平台实现交易。该模式能够为买卖双方提供在线交易服务的平台。在该平台中，卖方可以自行提供商品信息，而买方可以自由选择商品并支付。目前我国典型的 C2C 电子商务平台是淘宝网。
- C2B：消费者对企业的电子商务（Consumer to Business，C2B）是互联网经济时代新的商务模式。在 C2B 模式下，先有消费者需求产生而后有企业生产，即消费者向企业提出需求，企业再根据需求组织生产。该模式一般情况下是消费者根据自身需求定制产品和价格，或主动参与产品设计、生产和定价。
- B2B：企业对企业的电子商务或商家对商家的电子商务（Business to Business，B2B）是指企业与企业之间通过互联网或私有网络等现代信息技术手段进行的各种商务活动，如谈判、订货、签约和付款等。目前我国典型的 B2B 电子商务平台有阿里巴巴采购批发平台。
- O2O：线上到线下的电子商务（Online to Offline，O2O）是指将线下的商务机会与互联网结合，让互联网成为线下交易的平台。该模式一般通过打折、提供信息和服务预订等方式，把线下商店的消息推送给互联网用户，从而将他们转换为自己的线下用户，适合需要到店消费的商品和服务，如餐饮、健身、电影和美容美发等。对企业而言，该模式增加了实体商家宣传的形式与机会，为线下实体店面降低了营销成本，提高了营销的效率；对个人用户而言，该模式让人能够通过网络了解商家信息及提供的服务，且能够通过在线购买获得比线下消费更便宜的价格。目前我国典型的 O2O 电子商务平台有美团、饿了么和京东到家等。

B2G 和 C2G

企业与政府之间的电子商务（Business to Government，B2G）涵盖政府与企业间的若干事务，包括政府采购、税收、商检、管理条例发布，以及法规和政策颁布等。个人消费者与政府之间的电子商务（Consumer to Government，C2G）涵盖个人与政府之间的若干事务，如个人公积金缴纳、养老金领取以及个人向政府纳税等。

1.1.3 国内常见的网上开店平台

运营者需根据实际需要选择网上开店平台，如个人用户适合选择淘宝网等 C2C 平台，商家、企业等既可选择 C2C 平台，也可选择京东商城、天猫商城等 B2C 平台。

1. 淘宝网

淘宝网由阿里巴巴集团在 2003 年 5 月创立，是中国受众非常多的网购零售平台。自创建后，随着规模的不断扩大和用户数量的快速增加，淘宝网逐渐由单一的 C2C 网络集市变成了集 C2C、团购、分销、拍卖等多种电子商务模式于一身的综合性零售商圈。

淘宝网为淘宝会员打造了非常全面和完善的网上交易平台，操作也比较简单，特别适合想要开设网络店铺的个人用户。图 1-1 所示为淘宝网首页。

图 1-1　淘宝网首页

2. 天猫商城

天猫商城是阿里巴巴集团旗下的一家 B2C 电子商务网站，是中国最大的第三方品牌及零售平台，整合了众多品牌商和生产商，为消费者提供 100% 品质保证、7 天无理由退货以及购物积分返现等优质服务，其中，天猫国际还为国内消费者直供海外原装进口商品。图 1-2 所示为天猫商城首页。

3. 京东商城

京东是中国最大的自营式电商企业，目前业务已涉及零售、数字科技、物流、保险、地产、云计算、AI 和海外等领域，其中核心业务为零售、数字科技、物流。京东零售业务主要构架于京东商城，拥有 3 亿多活跃用户，完成全品类覆盖，在家电网购市场一直占据领先地位。图 1-3 所示为京东商城首页。

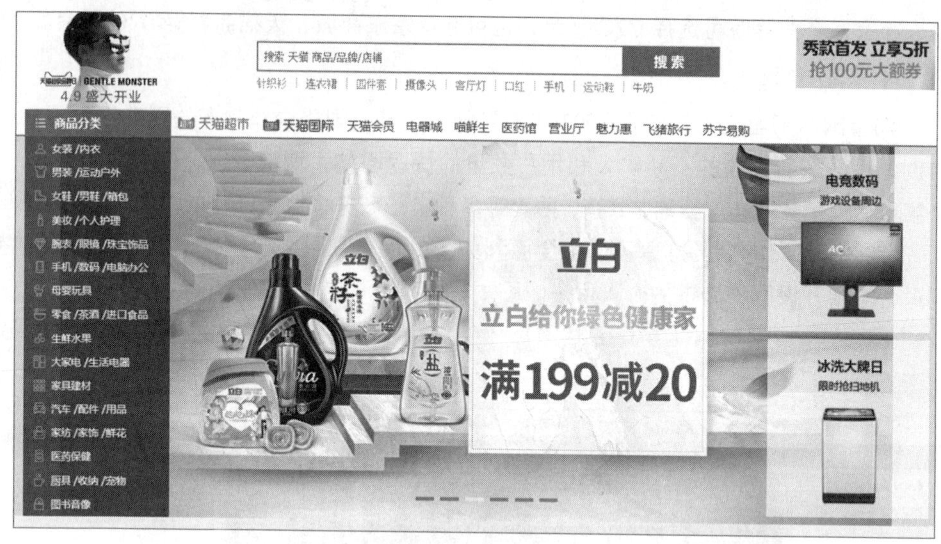

图 1-2　天猫商城首页

图 1-3　京东商城首页

4. 其他开店平台

与淘宝网、天猫商城、京东商城等电子商务平台类似的平台有很多，如当当网、苏宁易购、国美在线等。下面分别进行介绍。

- **当当网**：当当网是知名的综合性网上购物商城，由国内著名出版机构科文公司、美国老虎基金、美国 IDG 集团、卢森堡剑桥集团、亚洲创业投资基金共同投资成立。当当网早期主要销售书籍，后逐渐将商品品类扩展至图书音像、美妆、家居、母婴、服装和 3C 数码等几十个大类。当当网能在全国 625 个城市实现次日达，物流条件十分完善。

- **苏宁易购：**苏宁易购是苏宁云商集团股份有限公司旗下的B2C网上购物平台，覆盖传统家电、3C电器、日用百货等众多品类，目前为中国B2C市场前三强。
- **国美在线：**2012年12月月初，国美电器整合旗下“国美电器网上商城”和“库巴网”两大电商平台，实现后台统一管理和资源共享，将“国美电器网上商城”更名为“国美在线”，使其成为面向B2C业务的跨品类综合性电商购物网站。

1.2 店铺定位

电子商务发展至今，其运营环境已经不似当初简单，随着越来越多的商家加入，整个行业逐渐变得规模化、技术化、系统化。俗话说，不打无准备之仗。要开设网店，首先要做好店铺定位。特别是很多小商家，在进入淘宝网参与竞争时，如果不事先做好店铺定位，便很难在众多店铺中脱颖而出。

1.2.1 了解淘宝网主推的店铺类型

2009年，马云首次提出“小而美”的概念，近年来又推出“千人千面”的个性化推荐机制。“千人千面”对“小而美”的概念进行深化，鼓励商家打造个性化店铺，突显店铺的特色和主题。也就是说，与从前相比，如今淘宝网更推崇定位清晰、全新个性的店铺。一家店铺如果在定位上更符合淘宝网的要求，就有机会获得更多淘宝网流量。

具体来说，可以这样解释小而美：“小”是指在进行店铺定位时，一不可过于宽泛，要精确到某一细分垂直领域或某个小类目，切入商品的单一属性，如大码女装、文艺复古女装等；二要在一个小领域内精耕细作，只服务某一类细分人群，用心研究并全方位满足其个性化需求，使消费者产生归属感，提高其黏性、回购率和满意度，图1-4所示即为一家专门出售大码女装的店铺。“美”是指首先要专业化，对细分领域内的商品有足够的认识；然后要个性化，也就是使店内页面中的图片、文字、视频保持一定的原创性和较高的设计水准，打造专属于自己店铺的装修风格，标题、主图、短视频以及详情页要能突显与竞争对手的差异；在视觉层面要有足够强的吸引力，给人一种精致、优质的印象。图1-5所示即为一家主营北欧风装饰画的店铺。

千人千面

千人千面是指根据消费者不同的基础属性和消费行为，推荐与之匹配的商品，目的是适应当下消费者时间碎片化的特点，在短时间内为其推荐有效商品，实现精准匹配。在淘宝网中，每一位淘宝消费者的首页、搜索结果页页面都不相同。

图 1-4　大码女装店铺

图 1-5　北欧风装饰画店铺

↘1.2.2　分析行业市场和消费者

分析行业市场和消费者是做好店铺定位、店铺运营的基本前提，只有了解了不同类目商品的需求情况以及消费者偏好，商家才能更加顺利地把握店铺的发展方向。

1. 行业市场分析

对商家来说，分析行业市场有助于了解行业整体现状和发展趋势，从而选择更有市场、更有前景的品类，为店铺的顺利运营打下基础。

（1）我国电商市场概况

近几年，中国电子商务市场的发展呈现大幅度上升趋势。据中国电子商务研究中心发布的《2018 年（上）中国网络零售市场数据监测报告》可知，2018 年上半年中国网络零售市场交易规模达 40 810 亿元，同比增长 30.1%。同时，据《2018 年中国互联网服务行业分析报告——市场深度调研与投资前景研究》的数据，B2C 在网络购物中的市场份额处于持续上升态势。

在不同的类目行业中，B2C 市场和 C2C 市场的商品销量表现并不一样，如大家电类目商品在 B2C 市场表现更好，而 3C 数码配件类目商品在两个市场中的表现则相差不大。对淘宝网而言，女装、手机、美容护肤、数码配件、男装、箱包、女鞋、零食、汽车用品、计算机配件、玩具、床上用品、母婴等类目商品的销量都不错。

需要注意的是，网络零售市场的商品销售额和销量排名并非一成不变，时间、环境、消费观念、流行趋势、热门话题等都会对网上销售的商品产生影响。

（2）利用阿里指数进行具体分析

选择行业首先要考虑某一行业的市场需求量，如果该行业（如传统傻瓜相机）需求量已经萎缩，就最好不要选择。电商发展到今天，其市场的复杂程度仅凭宏观概况和主观臆断是难以得出正确的结论的，因此商家必须借助数据化分析来具体分析某个行业的市场需求情况。这里介绍以阿里指数分析行业市场的方法。访问阿里指数网站，单击"行业大盘"超链接，进入行业大盘分析页面即可进行分析。

- **采购变化趋势分析：**商家在行业大盘分析页面上方的导航栏中选择具体类目，如"女装 / 半身裙"，就可以通过阿里指数的行业大盘查看半身裙在最近 3 个月内的采购变化趋势，进而了解行业的热度变化情况，如图 1-6 所示。数据主要包括淘宝采购指数和 1688 采购指数。淘宝采购指数是根据在淘宝市场（淘宝集市和天猫商城）里所在行业的成交量计算而成的一个综合数值，指数越高，在淘宝市场的采购量就越多。1688 采购指数是根据在 1688 市场里所在行业的搜索频繁程度计算而成的一个综合数值，指数越高，在 1688 市场的采购量就越多。根据图 1-6 所示的结果分析可知，2019 年 2 ～ 4 月，半身裙在女装行业的采购排名是第 7 名，市场需求量较大，且没有大幅波动。

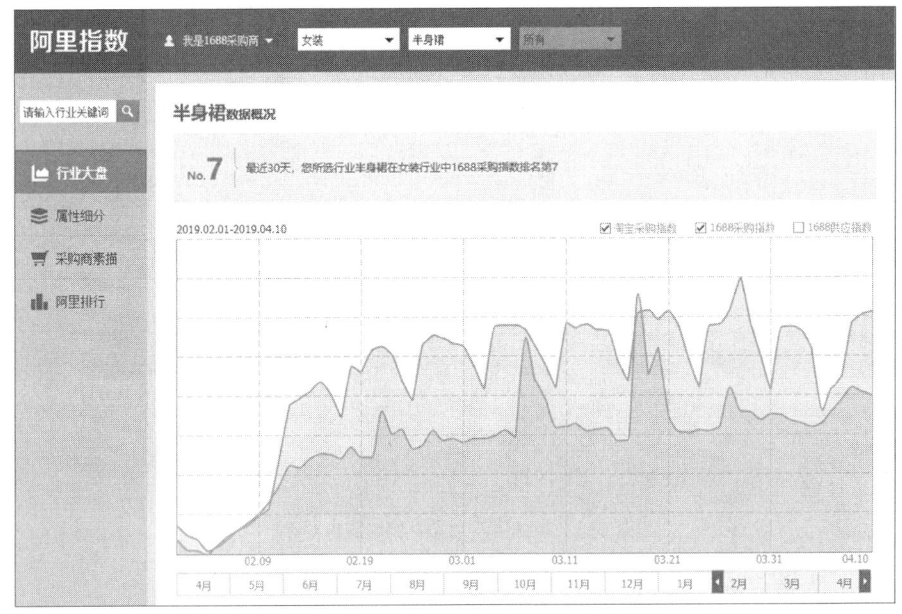

图 1-6　半身裙最近 3 个月的采购变化趋势

- **热门行业和潜力行业分析：**商家在行业大盘中还可以查看当前相关的热门行业和潜力行业，了解热门行业的供应指数和淘宝需求预测，并进行不同行业的对比分析。图 1-7 所示为最近 30 天与半身裙相关的热门行业，商家可将这些行业与半身裙进行对比分析；图 1-8 所示为 2019 年 2 ～ 4 月半身裙与女式 T 恤之间的需求对比情况，其中绿色线条代表半身裙，蓝色线条代表女式 T 恤，可以看出 2019 年 2 ～ 4 月市场对半身裙的需求量都低于女式 T 恤。

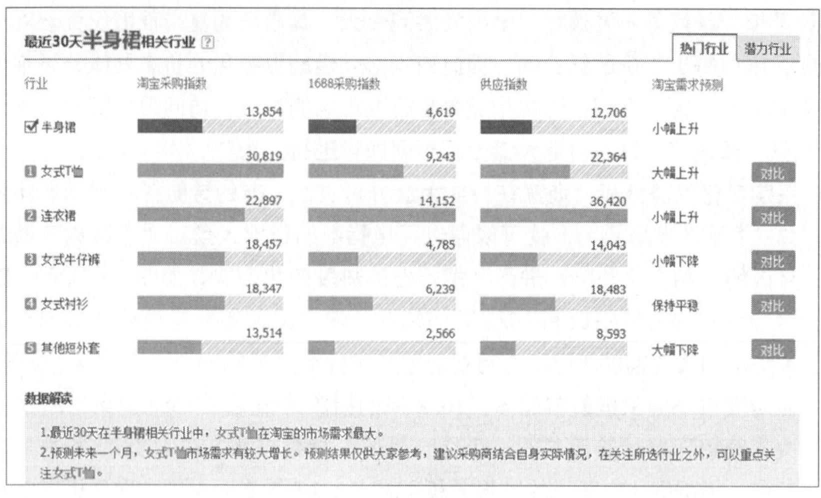

图 1–7　与半身裙相关的热门行业

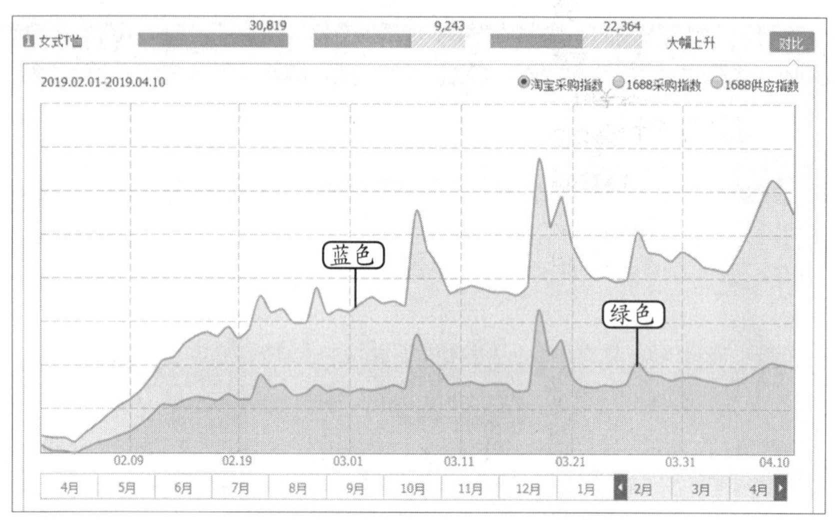

图 1–8　半身裙与女式 T 恤的需求对比

2. 消费者分析

目前，我国有网购习惯的消费群体数量巨大，商家要想做好店铺定位并为后期运营推广做好准备，对消费者进行分析是必不可少的。

（1）我国消费群体的总体概况

阿里妈妈发布的《阿里妈妈第三方营销服务生态报告（2019）》（以下简称《报告》）显示，年轻群体成为中国消费市场的中坚力量，其消费观念将在很大程度上影响未来网络购物的走向；二三四线城市的消费潜力开始显现，消费区域格局正在逐步改变，中西部地区、三四线城市和农村成为消费增长的新蓝海。

《报告》还指出，我国消费群体呈现多元化、个性化的发展态势，消费者的兴趣点、关注点都变得更加广泛。不同消费群体的消费需求也有较大差异："70后"由于具备一定的经济基础，因此在消费品质方面有较高要求；"80后"作为消费升级的主力更加追求非必需、品质化和个性化的消费；随着"90后"逐渐进入职场，其消费能力也开始增强，追求精致时尚使他们在专业细分的小商品上消费更高。在个性化消费方面，"80后""90后"更喜欢购买能够为他们带来独特感的小众商品，如小众品牌限购商品和定制化商品。此外，不同身份的人群也有不同的消费观念，学生普遍关注性价比，蓝领关注简约、实用性，白领关注个性且消费面较广。

（2）使用阿里指数进行具体分析

同行业市场分析一样，商家也可以利用阿里指数查看不同类目的消费群体分布情况。首先进入阿里指数页面，单击页面上方的"立即体验"超链接，如图1-9所示。在打开的页面中单击"了解更多"超链接，如图1-10所示，即可进入阿里指数页面。

图1-9　单击"立即体验"超链接

图1-10　单击"了解更多"超链接

在阿里指数的页面上方单击"行业指数"选项卡，即可进入行业指数查询页面。在行业指数下方的导航条中选择"买家概况"选项，在页面右上角设置查询的具体类目（如巧克力），即可查看购买巧克力的消费群体的组成分布情况，包括性别、年龄、星座、爱好、淘宝会员等级、终端偏好，如图1-11所示。

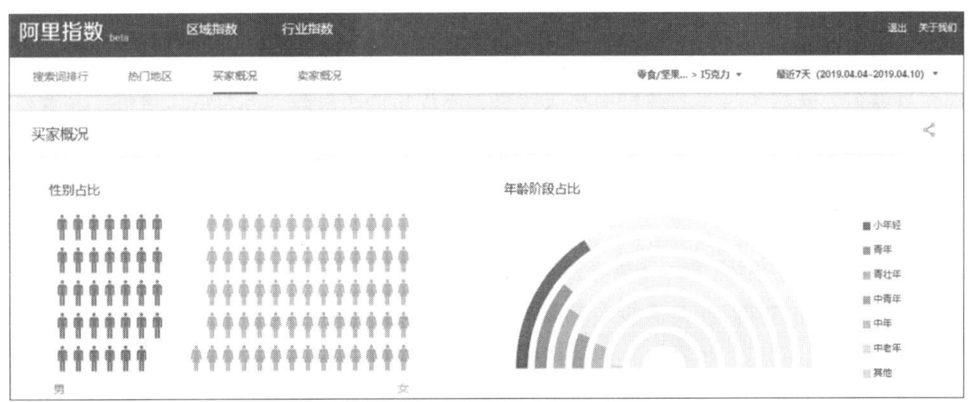

图1-11　查看购买巧克力的消费群体分布情况

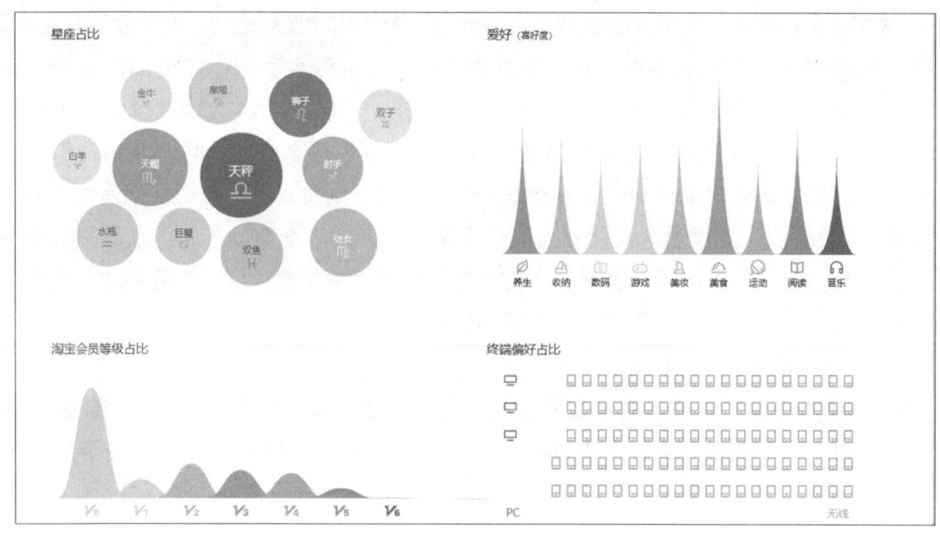

图 1–11　查看购买巧克力的消费群体分布情况（续）

根据图 1-11 可知，在购买巧克力的消费群体中，女性消费群体的比例达 66%，而在年龄阶段分布上以“小年轻”居多，且偏爱美食。

↘1.2.3　确定店铺类型

淘宝网目前大力扶持“小而美”的店铺，因此商家在进行店铺定位时，要顺应趋势，深入细分类目，做出特色、打造个性，精准定位目标人群。店铺定位主要从以下 4 个方面入手：行业、商品、人群和价格。

1. 行业定位

前面介绍过以数据化分析方式分析行业市场需求的方法，但在选择行业时仅仅考虑需求是不够的。对把开设网店当作长期事业的商家来说，个人主观因素、货源供应情况也需要纳入考量范围。

如果商家有货源优势，可以首先考虑经营有自身优势的商品。例如，商家有亲友经营服装厂，选择服装类目就拥有先天优势，不仅货源有保障，而且成本更低，利润更高；或者临近服装厂，不仅方便与服装厂保持良好关系以降低成本，还可以免去库存不足或库存积压的风险，并且方便实拍商品图片和短视频，以及保障发货速度，甚至可以当天发货。

如果商家无货源优势，就需要考虑个人的兴趣爱好。兴趣是最好的老师，有了兴趣商家自然愿意在店铺经营方面投入时间精力。例如，你喜欢健身、塑形，平时就会主动关注健身方面的知识，也有意愿深入研究健身器材、食谱等，那就可以选择开设一家经营健身用品的店铺，将兴趣爱好与事业相结合。

如果商家对某个行业比较了解，或者在某个行业中具有原创优势，也可以借此优势打造店铺。例如，你是美术设计专业毕业的学生，有较强的商品设计能力，那就可以考虑自主开发商品，如首饰、家居商品等。

2. 商品定位

确定大行业后，商家还要为商品做一个明确的定位。商品的定位决定了店铺的整体方向。商品定位有不同的思路，如从风格入手和从属性入手。

- **从风格入手：**从风格入手定位商品是指明确统一店铺的商品风格，在此基础上进一步确定整个店铺的装修、商品文案、商品主图、模特等的风格。例如，在女装领域，服装风格可以分为韩式、欧美风、小清新、职业装等。商家进行风格定位时，择一即可，不可贪多贪全，否则会使店铺给人一种杂乱无章的感觉。图 1-12 所示即为一家专门出售小清新女装的店铺，可以看出该店铺的商品款式、商品主图、详情页、模特等都比较符合小清新的风格定位。

图 1–12 小清新风格定位的店铺

- **从属性入手：**从属性入手定位商品是指对商品的某一属性加以突显，如颜色、尺码、体积等，使所有商品都符合这一特殊的属性要求。大码女装就是这方面的典型案例，从衣服尺码这一属性入手，可将目标人群精准定位于身材较胖的女性。这部分女性一方面难买衣服，另外有些不自信，怕衣服实际上身效果不好。如果商家能够认真研究她们的需求，揣摩她们的心理特点，在细节上充分为她们考虑，就可以使店铺的消费者黏性、回购率、客单价比出售同类商品但定位不明确的店铺高。图 1-13 所示即为一家只出售大码女装的店铺，商家以“大码女装”来强调商品的独特性，在女装这个类目下，通过衣服尺码进一步细分商品，精准吸引和服务大码女装消费群体。

图 1–13　专售大码女装的店铺

3. 人群定位

人群定位是指明确店铺服务的目标人群，了解其消费偏好和消费习惯，从而为后续的选品、价格定位、店铺装修等做好准备。进行人群定位需要考虑很多因素，包括消费者的性别、年龄、地域等，下面分别进行介绍。

- **性别**：部分类目商品的消费者在男女比例上有很大差异，如在女装、化妆品的消费者中，女性占绝大多数，而数码、男装的消费者则以男性居多。一般来讲，男性和女性消费者在审美和消费习惯上都有差异，因此，商家在装修、文案、客服等方面应该更有针对性。以经营化妆品的商家为例，其消费者多为女性，因此店铺在装修、文案等方面应该偏向女性化，更符合女性的审美和需求，在进行客户服务时则要更加贴心、有耐心，如赠送一些化妆棉等小礼品，以提升消费者的购物体验。
- **年龄**：某一类商品在消费者性别方面可能无差异，但比较适合某个年龄段的消费者，如韩版学生服的消费群体通常以青少年为主。一般来讲，不同年龄的消费者在消费水平、消费心理上都有所不同，如青年群体一方面没有足够的经济实力，另一方面又喜欢跟随潮流、表现个性，对款式、风格有很高的要求。因此，如果商家将目标人群定位为青年人，就应该打造活泼、开放、有趣的店铺风格，使文案更富有亲和力，多使用流行语和借势热门话题。图 1-14 所示即为一家经营“青春小酒”的店铺，其文案、装修设计都十分符合青年人的审美要求。

图 1-14　定位于青年人的店铺

- **地域**：我国地域辽阔，不同地区在文化上各有差异，尤其是饮食文化。因此，如果某类商品的消费者主要集中在某一个或几个地区，商家就应该在店铺运营中多考虑这方面的因素，给予该地区的消费者特别优惠（如包邮政策），或者突显地方色彩。例如，鱼干这类海产品的消费者主要分布在广东、浙江、江苏一带，如此，经营海产品的经营活动商家就可以针对这些地区的消费者的特点和需求进行经营活动。图 1-15 所示即为一家专门销售海产品的店铺，其名称“星仔岛”就非常富有广东沿海地区的地域色彩。

图 1-15　专售海产品的店铺

商家进行店铺人群定位时，不能只抓住其中一个因素，要将性别、年龄、地域等因素结合起来分析。例如，某商家打算经营商务男装，则其消费者特征大致表现为：年龄主要为 35 ~ 50 岁，以男性为主，地域分布在北京、上海等一二线城市。因此，该商家在运营过程中就应该考虑两方面因素：一是中年男性成熟稳重的审美偏好，二是一二线城市白领对消费品质的追求。

4. 价格定位

价格定位主要是指确定一个大致的价格区间，以对应低端、中端或高端等不同的消费档次。店铺商品的价格水平要统一，不能一部分高端，另一部分则大搞减价促销，因为在千人千面的机制下，淘宝网会优先推送价格定位统一准确的店铺。如果定位为低客单价，商家在后期运营推广时就要多做店内促销，注重性价比；如果定位为高客单价，则应该注重店铺的装修、商品主图及详情页、客户服务、商品包装等方面的品质。

根据店铺的目标消费群体构成情况，商家可以大致明确其价格接受能力。例如，一家专门经营男士职业装的店铺，其目标消费群体属于有一定经济能力和品质追求的职场白领，消费时更希望商品能体现自身的社会地位和品位。因此商家不能走低价路线，否则会给人一种质量差、不上档次的感觉，与目标消费群体的需求和消费心理不符。

知识链接

商品定价策略

同时，商家也可以借助阿里指数来了解具体类目下商品的目标消费群体对价格的偏好，以此作为参考信息。在阿里指数属性细分页面下方，商家可以了解当前类目的价格带分布，如了解巧克力的浏览商品价格分布（左侧）和交易商品价格分布（右侧），如图 1-16 所示。

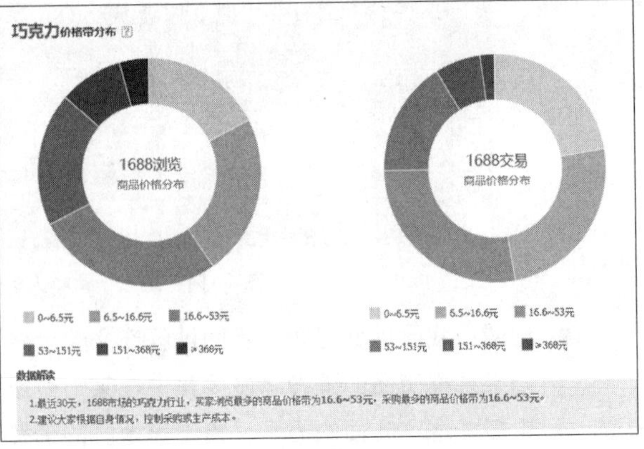

图 1-16　查看类目价格带分布

需要注意的是，这里的价格定位只是初步确定店铺所针对的目标消费群体的消费层次，在实际为具体商品定价时，商家还要考虑成本、竞争对手、市场环境等诸多因素。

1.3　店铺选品

进行店铺定位后，商家必须选择商品并将其上架到店铺中。在实际选品前，商家应该先宏观了解行业中的商品，了解商品的种类、属性和销售情况，再进行实际选品的操作。

1.3.1　了解行业中的商品

目前淘宝网同一个类目下的商品种类非常多，如何系统高效地对各种繁杂的商品信息进行梳理，为店铺选品工作划定一个大致的范围，是摆在商家面前的难题。因此，了解行业中的商品尤为必要。传统的市场调研方式，如消费者问卷调查、采购地实地考察等在大数据时代的背景下由于在准确度和效率上的欠缺已经不能完全满足电商运营的需要，因此借助数据分析来了解商品行情、总览市场概况就成了商家必须掌握的技能。数据分析的工具有很多，阿里指数是其中比较好的免费工具。下面以一家定位为经营半身裙的店铺为例，介绍通过阿里指数来了解半身裙行业中的商品的具体操作。

（1）访问阿里指数网站，在页面搜索文本框中输入“半身裙”，单击“查询”按钮，如图 1-17 所示。

（2）在打开的页面左侧的导航条中单击“属性细分”超链接，即可查看“半身裙”类目下的商品属性细分概况，包括图案、服装风格、裙长、裙型、面料名称等属性的排行情况，如图 1-18 所示。从图 1-18 中可以看出，最近 30 天内，半身裙行业的热门图案主要为纯色，因此商家在后期选品时可以多考虑纯色的半身裙。

图 1–17　搜索“半身裙”

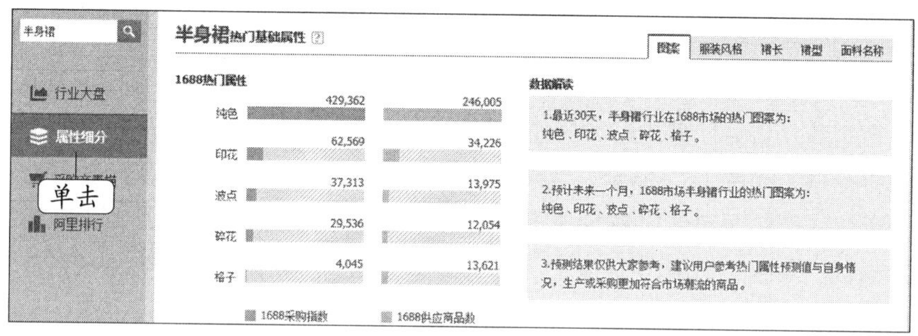

图 1–18　单击“属性细分”超链接

（3）单击页面右上角的“服装风格”选项卡，即可查看服装风格属性的热门排行情况，如图 1-19 所示。从图 1-19 中可以看出，最近 30 天内，半身裙行业的热门服装风格为韩版、欧美、民族、日系、百搭。同理，商家可查看其他属性的排行情况，全面了解行业商品的热门属性。

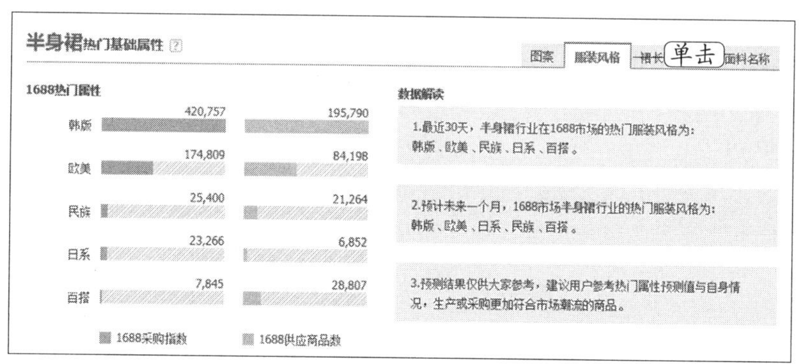

图 1–19　查看“服装风格”属性的热门排行

（4）在属性细分页面中还可以查看半身裙行业的热门营销属性和价格带分布。图 1-20 所示即为半身裙行业的热门营销属性，可以看出，有“新款”和“创意款”属性的半身裙最为畅销，因此商家在后期选品时可以将这两个因素考虑进去。

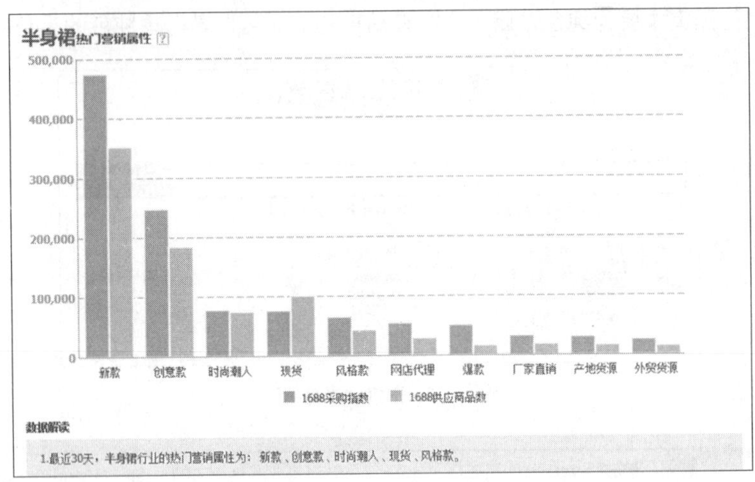

图 1–20　半身裙的热门营销属性

（5）单击页面左侧导航条中的“阿里排行”超链接，即可查看与半身裙行业相关的搜索排行榜，如图 1-21 所示。其中包括上升榜、热搜榜、转化率榜和新词榜，商家通过这 4 个榜单可以了解目前半身裙行业中热门的、有潜力的、转化率高的商品关键词。从图 1-21 中可以看出，带有鱼尾裙、雪纺等关键词的商品在当前市场比较受欢迎。

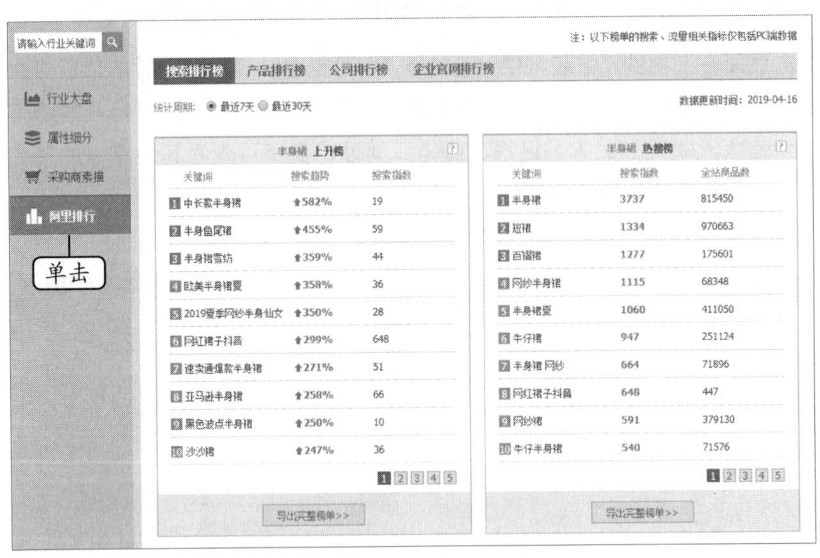

图 1–21　查看搜索排行榜

（6）单击页面中的“产品排行榜”选项卡，可以更直观地了解近期淘宝网的热销商品和上升最快的商品，同时还可以单击查看其货源情况，如图 1-22 所示。

图 1–22　查看产品排行榜

↘1.3.2　使用生意参谋选择蓝海商品

微课视频

使用生意参谋选择蓝海商品

了解行业中的商品后，商家就可以进行选品的操作了。下面介绍使用生意参谋来为一家经营半身裙的店铺选品的具体操作。

（1）登录淘宝网首页，单击页面右上角的“千牛卖家中心”，进入千牛卖家工作台页面（其操作将在第 2 章中进行详细介绍），在页面上方导航条的“数据”栏中单击“生意参谋”超链接，如图 1-23 所示，打开生意参谋页面。

图 1–23　单击“生意参谋”超链接

（2）在顶部导航条中单击“市场”选项卡，在打开的页面左侧选择“搜索分析”选项，单击右上方的“7 天”按钮，然后在搜索文本框中输入“半身裙”，如图 1-24 所示，按【Enter】键即可查看最近 7 天与“半身裙”相关的热搜词。

图 1–24　搜索最近 7 天与“半身裙”相关的热搜词

（3）在搜索文本框下方的指标栏中单击选中“搜索人气”“搜索热度”“点击率”“支付转化率”“在线商品数”复选框，如图 1-25 所示。

相关词分析　相关搜索词　关联品牌词　关联修饰词　关联热词

☑ 搜索人气　☑ 搜索热度　☑ 点击率　☐ 点击人气　☐ 点击热度　☐ 交易指数　☑ 支付转化率　选中
☑ 在线商品数　☐ 商城点击占比　☐ 直通车参考价

搜索词	搜索人气	搜索热度	点击率	支付转化率	在线商品数	操作
半身裙	181,127	443,604	145.75%	4.63%	11,283,720	搜索分析 人群分析
半身裙女	97,625	229,551	120.46%	4.45%	1,018,346	搜索分析 人群分析
牛仔裙 半身裙	89,918	212,173	124.60%	6.81%	185,072	搜索分析 人群分析

图 1-25　勾选相关指标

具体数据解读

搜索人气是指在选定时间内有多少消费者搜索这个词，数值越高则市场需求越大；在线商品数可以衡量该商品的市场竞争程度，数值越高则竞争对手越多；支付转化率是用购买商品人数除以搜索人数得出来的一个指标，数值越高则实际购买的人数越多。

（4）将搜索出来的数据全部复制粘贴到 Excel 中，如图 1-26 所示。需要注意的是，搜索数据一共有 500 条，商家可以设置每页显示 100 条，重复 5 次复制粘贴的操作即可。

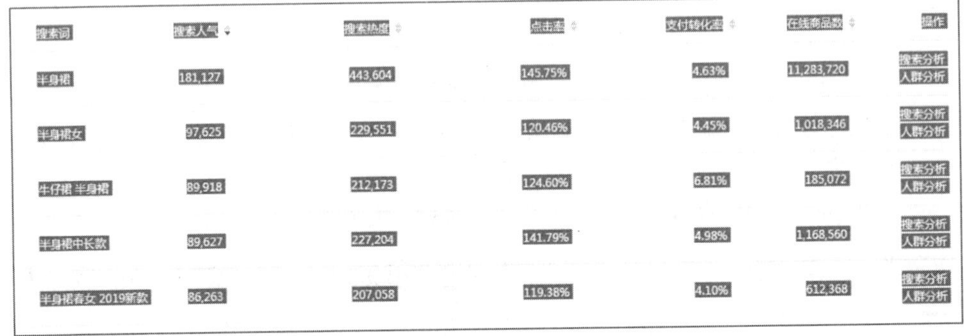

搜索词	搜索人气	搜索热度	点击率	支付转化率	在线商品数	操作
半身裙	181,127	443,604	145.75%	4.63%	11,283,720	搜索分析 人群分析
半身裙女	97,625	229,551	120.46%	4.45%	1,018,346	搜索分析 人群分析
牛仔裙 半身裙	89,918	212,173	124.60%	6.81%	185,072	搜索分析 人群分析
半身裙中长款	89,627	227,204	141.79%	4.98%	1,168,560	搜索分析 人群分析
半身裙春女 2019新款	86,263	207,058	119.38%	4.10%	612,368	搜索分析 人群分析

图 1-26　复制搜索数据

（5）在 Excel 中将复制出来的数据整理好，并在表格右侧的第一列空白列如 G1 单元格中输入“平均需求”，在 G2 单元格中输入公式“=B2/F2”，将公式下拉至最后一行。此时 G 列中的数据表示带有对应关键词商品的平均需求，如图 1-27 所示。其计算公式为平均需求 = 搜索人气 / 在线商品数，数值越大，则商品越供不应求，属于蓝海商品。

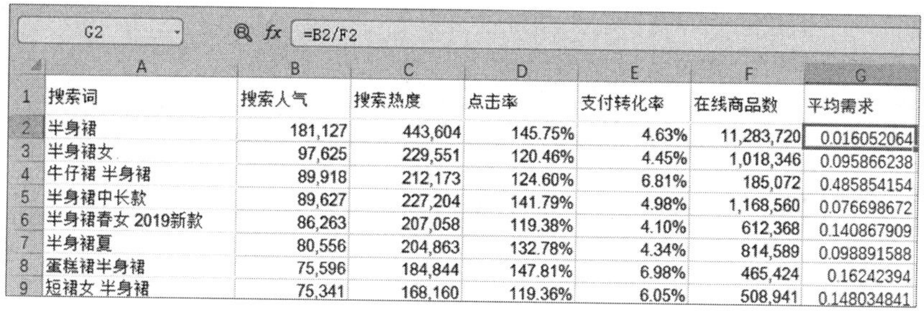

G2　=B2/F2

	A	B	C	D	E	F	G
1	搜索词	搜索人气	搜索热度	点击率	支付转化率	在线商品数	平均需求
2	半身裙	181,127	443,604	145.75%	4.63%	11,283,720	0.016052064
3	半身裙女	97,625	229,551	120.46%	4.45%	1,018,346	0.095866238
4	牛仔裙 半身裙	89,918	212,173	124.60%	6.81%	185,072	0.485854154
5	半身裙中长款	89,627	227,204	141.79%	4.98%	1,168,560	0.076698672
6	半身裙春女 2019新款	86,263	207,058	119.38%	4.10%	612,368	0.140867909
7	半身裙夏	80,556	204,863	132.78%	4.34%	814,589	0.098891588
8	蛋糕裙半身裙	75,596	184,844	147.81%	6.98%	465,424	0.16242394
9	短裙女 半身裙	75,341	168,160	119.36%	6.05%	508,941	0.148034841

图 1-27　计算平均需求

（6）筛选出平均需求大于 1（表明搜索人气大于在线商品数）的搜索词，如图 1-28 所示。

搜索词	搜索人气	搜索热度	点击率	支付转化率	在线商品数	平均需求
很仙的法国小众半身裙	42,002	84,261	93.35%	3.09%	30,663	1.369794215
搭半身裙的鞋	27,315	40,104	25.78%	0.65%	758	36.03562005
#女生气质溦女半身裙#	25,483	56,557	0.31%	0.00%	15,590	1.634573445
适合胯大的半身裙 a字	20,176	34,590	66.30%	1.72%	9,649	2.090993885
山本风半身裙 学生	16,701	28,840	66.10%	1.80%	3,094	5.397866839
适合胯大的半身裙夏季	15,301	29,653	79.63%	2.94%	10,073	1.519011218
蛋糕裙半身裙小个子	13,998	30,247	103.76%	6.73%	13,473	1.038966823
花瓣鱼尾裙半身裙	13,628	24,325	63.92%	3.23%	5,445	2.502846648
钱贝贝同款半身裙	13,330	30,359	81.32%	1.17%	2,089	6.381043562
半身裙长款遮小腿	13,235	27,583	68.83%	4.70%	5,099	2.595606982

图 1-28　筛选出平均需求大于 1 的搜索词

（7）对这些筛选出来的搜索词进行分析，挑选对选品有用的关键词，如“蛋糕裙”“花瓣鱼尾裙”等。这些关键词明确地指向某一种款式的半身裙，由于搜索量高、在线商品数低、转化率高，说明消费群体需求大于市场供给，这样的商品较之其他竞争激烈的商品更容易获得流量和转化，因此属于蓝海商品。

课堂实训

实训1：为一家经营特产的店铺定位

实训目标

小陈老家的特产有果干、蜜饯等零食，进货价格较低，而且小陈也很喜欢吃零食，对各种零食都比较熟悉。小陈想要开设一家零食店，请为小陈将要开设的网店进行店铺定位。

实训思路

根据实训目标，由于小陈有果干、蜜饯的进货优势，且爱好零食，所以大家可以首先分析果干、蜜饯的行业市场、消费者情况，再进行人群定位和价格定位。

（1）访问阿里指数网站，在行业大盘中查看果干、蜜饯的市场需求情况和消费群体组成分布情况，如图 1-29 和图 1-30 所示。

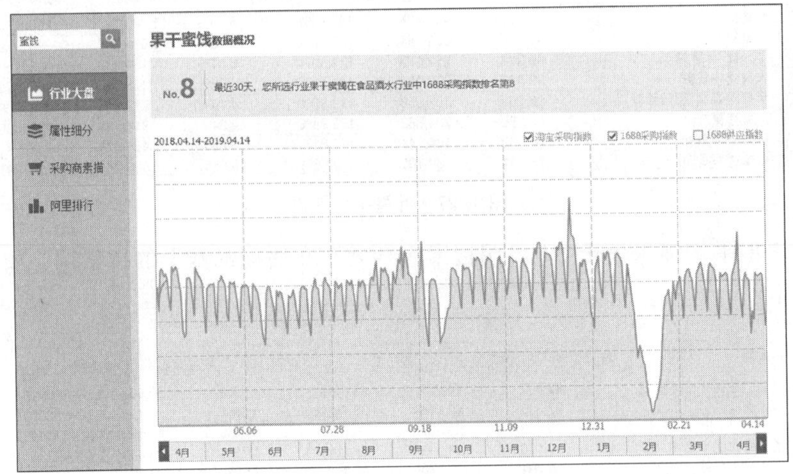

图 1-29 查看果干蜜饯的需求情况

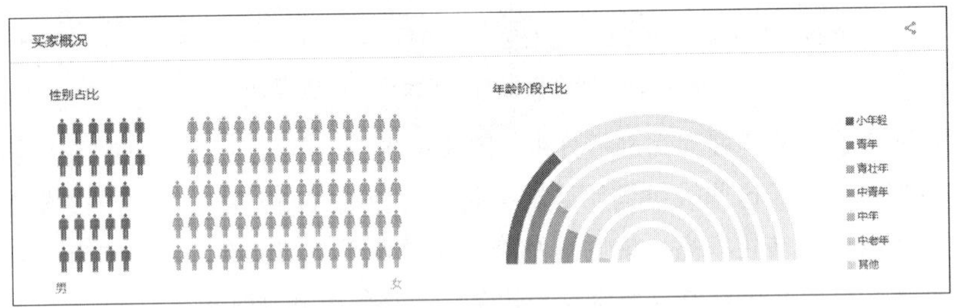

图 1-30 查看果干蜜饯的消费群体组成分布情况

（2）结合以上分析结果，根据小陈的实际情况（有进货优势、对零食感兴趣），判断将店铺定位为经营果干、蜜饯是否合适。如果合适，则进一步为该店铺进行人群定位和价格定位。

实训2：为一家经营女式板鞋的店铺选品

实训目标

本实训要求为一家经营女式板鞋的店铺选品。

实训思路

根据实训目标，首先了解行业中的商品，然后再使用生意参谋进行数据化选品。

（1）访问阿里指数网站，在属性细分和阿里排行页面中查看目前行业中热门的女式板鞋属性特征是什么，产品有哪些，如图 1-31 和图 1-32 所示。

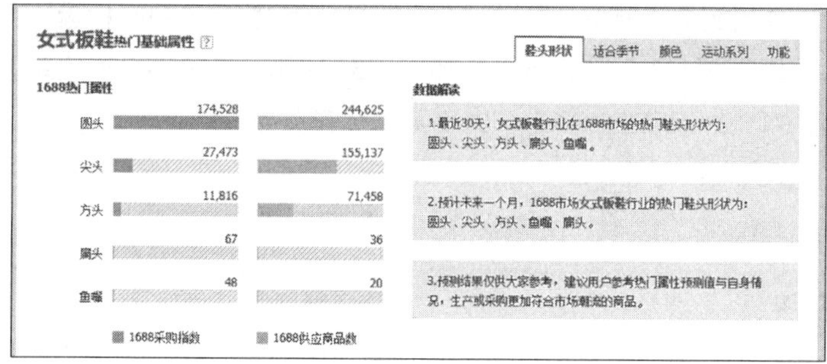

图 1–31　查看女式板鞋热门属性

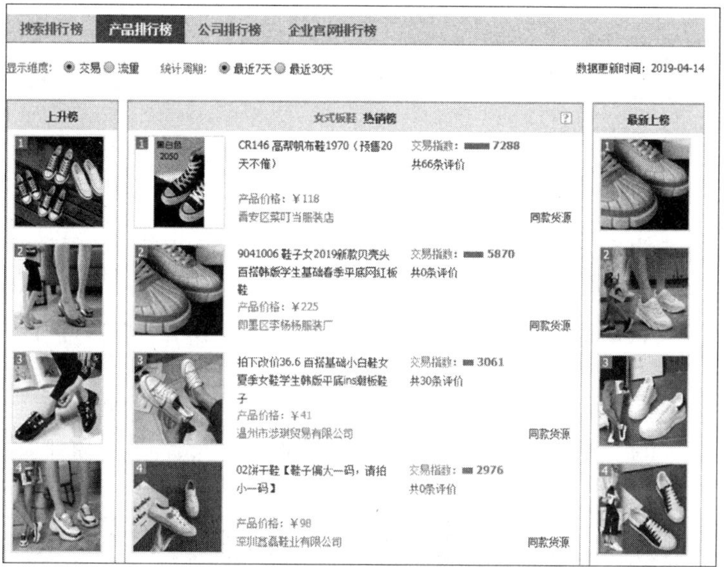

图 1–32　查看热销女式板鞋

（2）打开生意参谋页面，在搜索分析页面中搜索关键词“女士板鞋”，单击选中相应指标前的复选框，如图 1-33 所示。

搜索词	搜索人气	搜索热度	点击率	支付转化率	在线商品数
女士板鞋	8,162	21,228	90.43%	8.13%	1,774,333
女士板鞋2019春款	7,667	19,972	95.45%	8.91%	531,152

图 1–33　搜索“女士板鞋”相关数据

（3）将搜索出来的数据全部复制粘贴到 Excel 中，整理并计算每个搜索词的平均需求，并筛选平均需求大于 1 的搜索词，如图 1-34 所示。在筛选出来的数据中提取有用关键词，如“女士镂空板鞋”“女士真皮板鞋”等。

G8　fx　=B8/F8

	A	B	C	D	E	F	G
1	搜索词	搜索人气	搜索热度	点击率	支付转化率	在线商品数	平均需求
8	女士镂空板鞋	2058	5381	0.9479	6.53%	1872	1.099358974
9	女士内增高板鞋	2012	4359	0.7645	6.33%	1091	1.844179652
10	女士真皮板鞋	1347	3299	0.7156	4.79%	1045	1.288995215

图 1-34　计算并筛选出平均需求大于 1 的搜索词

课后练习

练习1：分析一家淘宝店铺的定位

现有一家名为高夫官方旗舰店的淘宝店铺，主营男士护肤品，包括洁面产品、面部护理产品、沐浴露等。店铺简介为“为中国男士定制”，其首页装修和商品价格情况如图 1-35 所示。因篇幅有限，不能对其进行详细展示，读者可以自行前往该店铺具体查看。

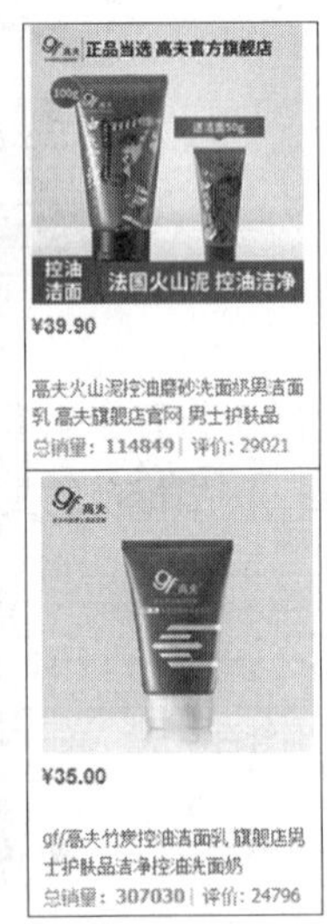

图 1-35　首页装修及商品价格情况

针对该店铺进行分析并回答以下问题。

- 该店铺经营的商品属于什么类目？是否属于细分类目？
- 该店铺的个性、风格体现在什么地方？其装修、商品主图、详情页的风格是否与店铺定位相一致？

- 该店铺的价格对应什么样的消费档次？服务什么样的人群？价格定位是否与其目标消费群体的消费水平相匹配？
- 你认为该店铺是否属于定位为“小而美”的店铺？为什么？

练习2：分析不同消费群体的消费特点

根据你自己的理解和个人经验，按年龄、性别、地域和职业等不同划分标准，分析各个消费群体的消费习惯、消费水平、最热衷购买的商品类目等，并根据你的理解谈谈消费者都有哪些购买心理。

拓展知识

1. 进货渠道

前面介绍了如何选品，那么选品后可以通过哪些渠道获得商品呢？一般来说，网店进货渠道分为线上和线下两种，线上是指阿里巴巴批发平台、分销网站、供销平台等，这些网站提供了商品批发服务，类目齐全、款式众多，可供进货方随意挑选；线下是指一些批发厂家、批发市场等。商家如果能与本地批发市场的供应商建立良好的供求关系，通常可以拿到更便宜、更新、更优质的商品。

2. 成本因素

在对网店整体运营进行规划时，成本也是必须提前考虑的因素。商家在成本规划时需要结合网店定位和运营策略进行综合考虑，在可承受的成本范围内开展运营。一般来说，网店成本主要考虑生产成本、机会成本、销售成本和储运成本 4 个方面的内容。

- **生产成本：**生产成本是指企业在生产过程中支付的成本，生产企业规模越大、设备越精良、管理越完善，生产成本就越低。同时，商家还要考虑库存数量，在合理的库存条件下进行有规划的生产，才能保持生产成本的合理性。
- **机会成本：**机会成本是指商家在出售商品并获得收益后用于其他投资可能产生的额外收益。
- **销售成本：**销售成本是指在商品销售过程中产生的费用，如推广费用、促销费用等。推广是商品销售中非常重要的环节，推广费用在商品成本中所占的比例越来越高。商家在定位商品和确定商品价格时，都需慎重考虑销售成本这一因素。
- **储运成本：**储运成本是指商品在储存和运输过程中产生的成本。网店商品通常都需要经历储存和运输，因此会涉及仓库、物流等费用，储运成本是商品综合价值的一部分，包含在商品定价中。

3. 不可以在网上销售的商品

根据国家法律的相关规定，以下商品不能在网上销售。

- 国家法律法规禁止销售的商品，如管制刀具、武器弹药、淫秽物品、毒品、保护文物、走私物品、偷盗品和其他来源非法的物品等。
- 假冒伪劣产品。
- 其他不适合网上销售的商品，如部分医疗器械和药品、股票、债券、抵押品等。
- 不具备所有权或支配权的物品。

CHAPTER

02 店铺开通与管理

王丽是一家女鞋实体店的老板，以前实体店的生意一直不错，但近年来其销售业绩随着电商行业的迅速发展而大幅下滑，因此王丽决定跟随市场的发展趋势，也在淘宝网上开店经营女鞋。由于王丽长期经营实体店铺，对网店经营所知甚少，因此在申请店铺、发布商品时就遇到了麻烦，并因此遭受了经济损失。

本章以淘宝网为例，讲解开通淘宝店铺、商品发布、商品交易管理等知识。通过对本章的学习，读者可以掌握开通与管理店铺的方法，为店铺的日常运营做好保障。

学习目标

- 掌握申请淘宝账户并开通支付宝的方法
- 掌握开通店铺并进行基本设置的方法
- 掌握发布商品的方法
- 掌握商品交易管理的操作方法

技能目标

- 能够开通淘宝店铺并进行店铺装修
- 能够使用淘宝网助理批量发布商品
- 能够使用千牛工作台管理商品交易

2.1 开通淘宝店铺

要想在淘宝网开店必须掌握 3 个步骤：首先需要注册淘宝账户，然后开通支付宝认证，最后申请开通淘宝店铺。

微课视频

注册淘宝账户

2.1.1 注册和登录淘宝账户

要想在淘宝网开店，首先需要成为淘宝网会员。下面介绍使用手机号码注册和登录淘宝账户的操作。

1. 注册淘宝账户

注册淘宝账户比较简单，只需打开淘宝网，根据系统提示进行相关操作即可，具体操作如下。

（1）进入淘宝网首页，单击页面左上角的“免费注册”超链接，如图 2-1 所示。

（2）打开“用户注册”页面，此时弹出“注册协议”对话框，单击 同意协议 按钮，如图 2-2 所示。

图 2-1 单击“免费注册”超链接

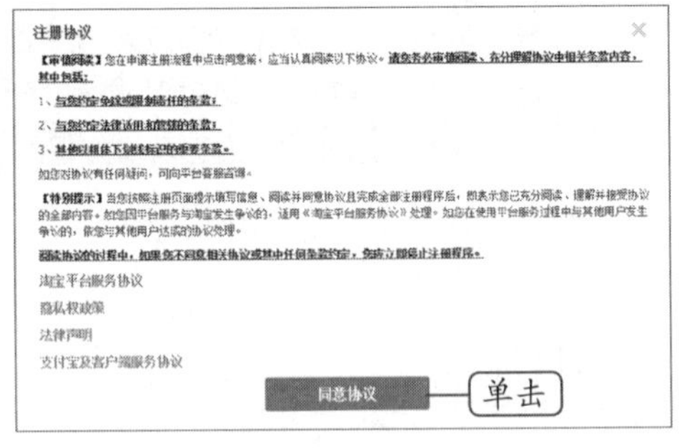

图 2-2 单击“同意协议”按钮

（3）淘宝网注册分为个人账户注册和企业账户注册，个人账户注册一般使用手机号码进行注册，企业账户注册可通过邮箱进行注册。这里默认为个人账户注册，注册时，用户在注册页面输入注册手机号码，如图2-3所示。

（4）按住鼠标左键拖动“验证”栏中的滑块至最右侧完成验证，然后单击 下一步 按钮，如图2-4所示。

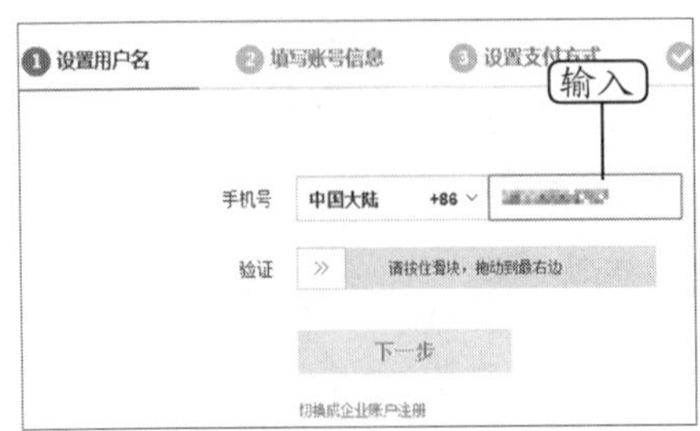

图 2-3 输入注册手机号码

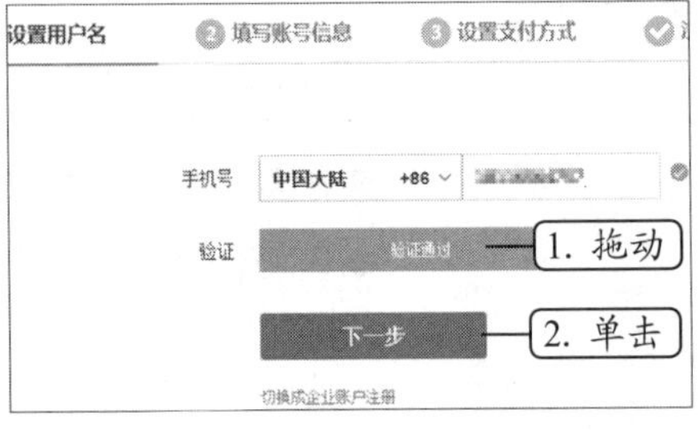

图 2-4 完成验证

（5）此时，淘宝网注册系统将向用户所填写的手机号码发送验证码，在打开的“验证手机”界面的“验证码”文本框中输入收到的验证码，单击确认按钮，如图2-5所示。

（6）打开“填写账号信息”页面，分别在“登录密码”“密码确认”文本框中输入账户密码，在“登录名”文本框中输入账户名称，然后单击提交按钮，如图2-6所示。

图 2-5　输入验证码

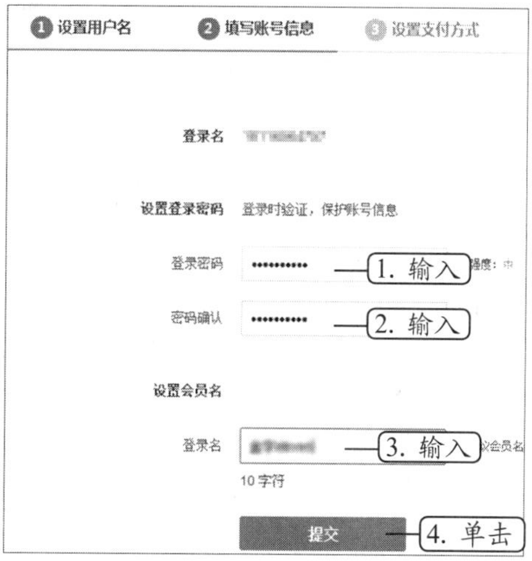

图 2-6　填写账号信息

（7）单击“手机号码”后面的获取校验码按钮，然后在“校验码”“设置支付密码”“确认密码”文本框中输入相应信息。然后单击同意协议并确定按钮，如图2-7所示。

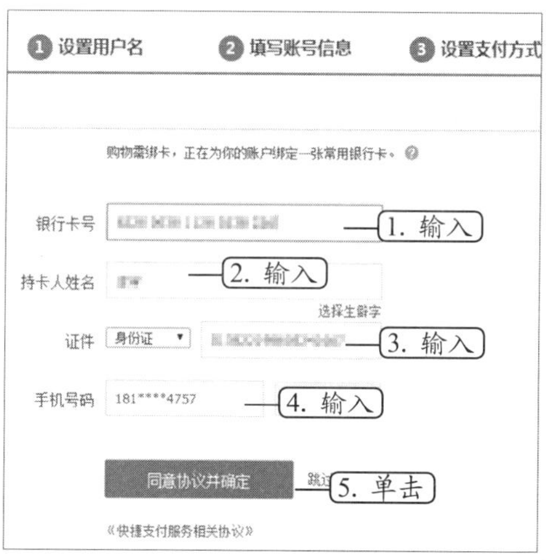

图 2-7　设置支付方式

（8）上述操作完成后，即可完成淘宝账户的注册，并在打开的页面中看到注册成功的信息，如图2-8所示。

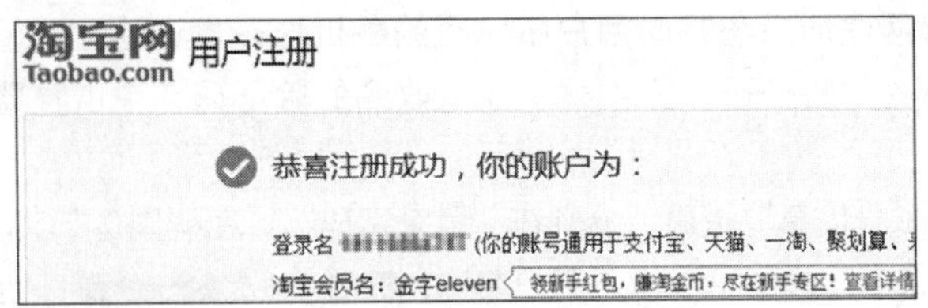

图 2-8　完成淘宝账户的注册

2. 登录淘宝账户

微课视频

登录淘宝账户

完成淘宝账户的注册后，即可在淘宝网首页登录账户，其具体操作如下。

（1）进入淘宝网首页，单击页面左上角的“亲，请登录”超链接，如图2-9所示，进入淘宝网登录页面。

（2）淘宝网登录模式默认为扫描二维码登录，即通过手机淘宝客户端的扫码功能进行登录；单击右上角的图标，可切换至密码登录模式，如图2-10所示。

图 2-9　单击“亲，请登录”超链接

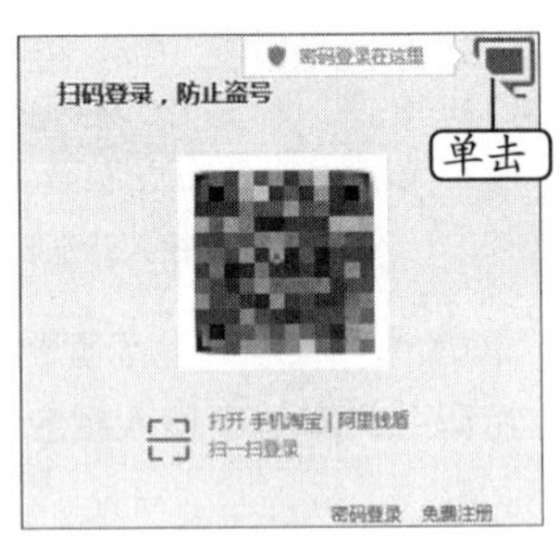

图 2-10　切换至密码登录模式

（3）在密码登录页面的文本框中分别输入账户名称和密码，单击登录按钮，如图2-11所示。

（4）开始登录时，淘宝网将对当前登录环境进行检查，检查无误后用户即可直接登录。如果检查到当前登录环境异常，则会要求用户进行验证，此时，用户输入验证码并单击确定按钮后即可登录，如图2-12所示。

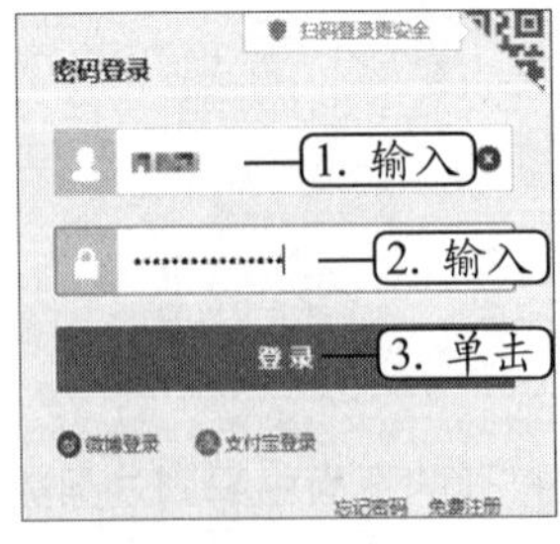

图 2-11　输入账户名称和密码

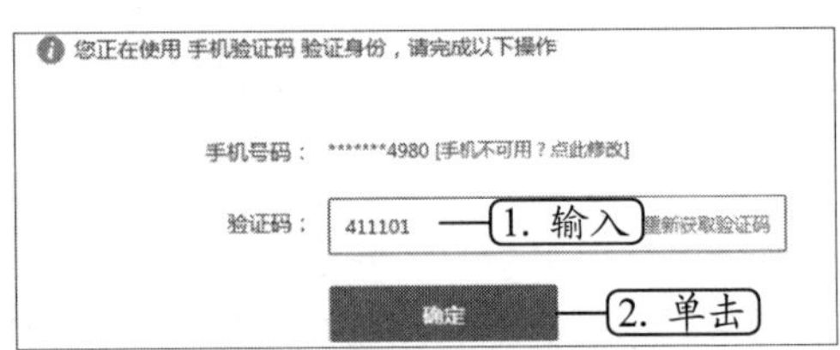

图 2-12　输入手机验证码并登录

↘2.1.2　开通支付宝认证

支付宝是国内领先的第三方支付平台，其服务包括网购担保交易、网络支付等。支付宝支付是淘宝网主流的支付方式，商家想在淘宝网开店，必须开通支付宝认证。注册淘宝账户后，商家直接使用该账户即可登录支付宝。下面介绍如何开通支付宝认证，其具体操作如下。

（1）进入支付宝页面，单击"我是个人用户"按钮，如图2-13所示。

（2）在打开的页面中单击"登录"按钮，进入登录界面，在其中输入账户名称和密码，单击"登录"按钮，如图2-14所示。

图2-13　单击"我是个人用户"按钮

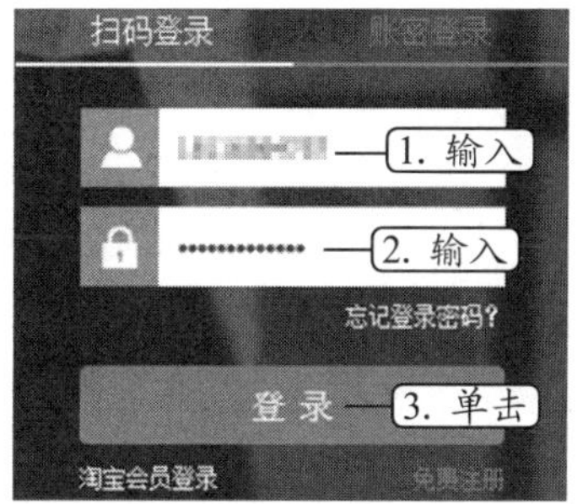

图2-14　登录支付宝

（3）登录成功后进入支付宝个人页面，可查看支付宝账户的相关信息，将鼠标指针移到"未认证"超链接上，在出现的提示框中单击"立即认证"超链接，如图2-15所示。

（4）打开"支付宝注册"页面，在"设置身份信息"页面中设置支付密码和身份信息，如图2-16所示，设置完成后单击"确定"按钮。

图2-15　单击"立即认证"超链接

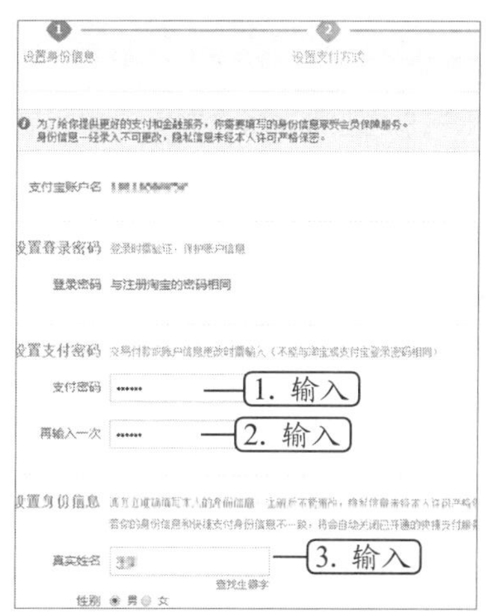

图2-16　设置支付密码和身份信息

（5）进入“设置支付方式”页面，在该页面中输入银行卡号、持卡人姓名、证件、手机号码等信息，然后单击获取校验码按钮获取校验码，输入校验码后单击同意协议并确定按钮即可完成支付宝认证，如图2-17所示。

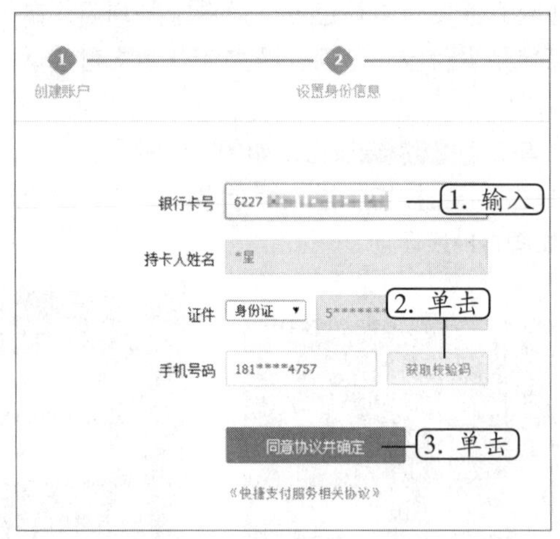

图 2-17　完成支付宝认证

填写真实信息

支付宝认证时必须填写真实的身份信息和银行卡信息，该银行卡需开通网上银行功能。用户添加了银行卡后，在支付宝个人页面右侧可对银行卡进行管理。

2.1.3　申请开通淘宝店铺

用户在注册淘宝账户并完成支付宝认证后，即可申请开通店铺。申请开通淘宝店铺比较简单，登录淘宝网后，在“千牛卖家中心”选项卡中选择免费开店，再根据提示即可完成申请操作。下面讲解申请开通店铺的方法，其具体操作如下。

微课视频

申请开通淘宝店铺

（1）登录淘宝网首页，将鼠标指针移至网页右上方的“千牛卖家中心”，在打开的下拉列表中选择“免费开店”选项，如图2-18所示。

（2）进入千牛卖家工作台的“我要开店”页面，在该页面中选择开店类型，这里选择“个人店铺”，单击创建个人店铺按钮，如图2-19所示。

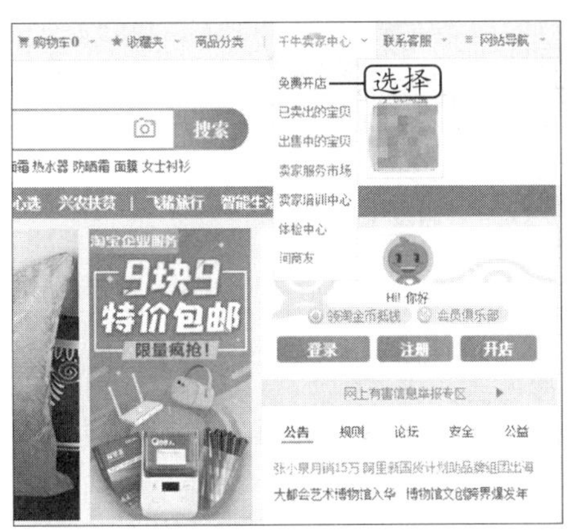

图 2-18　选择“免费开店”选项

我要开店
淘宝开店流程点此查看。淘宝开店需完成支付宝认证
1 选择开店类型 个人店铺 企业店铺
2 阅读开店须知 确认自己符合个人店铺的相关规定
个人店铺
通过支付宝个人实名认证的商家创建的店铺，就是个人店铺。
创建个人店铺
单击

图 2-19　单击“创建个人店铺”按钮

（3）进入“阅读开店须知”页面，仔细阅读确认符合个人店铺的相关规定后，单击 我已了解，继续开店 按钮。进入“申请开店认证”页面，在该页面中可查看通过认证的选项，单击“淘宝开店认证”栏中的“立即认证”超链接，如图 2-20 所示。

（4）进入认证页面，系统显示用户尚未进行认证，单击 立即认证 按钮，如图2-21所示。

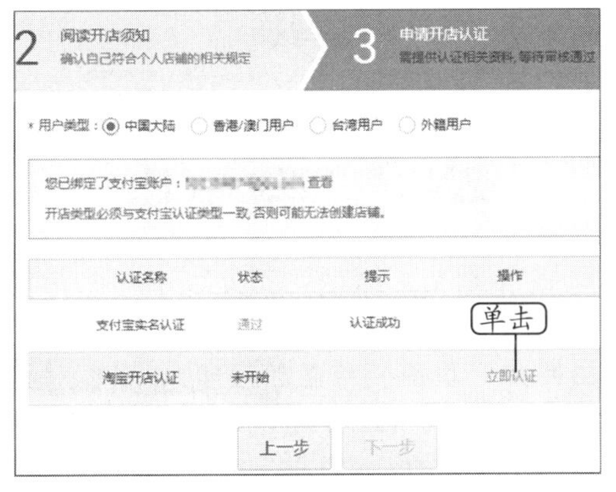

图 2-20　单击“立即认证”超链接

图 2-21　单击“立即认证”按钮

（5）进入“淘宝身份认证资料”页面，使用手机淘宝客户端“扫一扫”功能扫描二维码。若未下载手机淘宝客户端，可单击二维码下方的“下载淘宝客户端”超链接进行下载，下载安装完成后再使用手机淘宝客户端中的“扫一扫”功能扫描二维码，如图 2-22 所示。

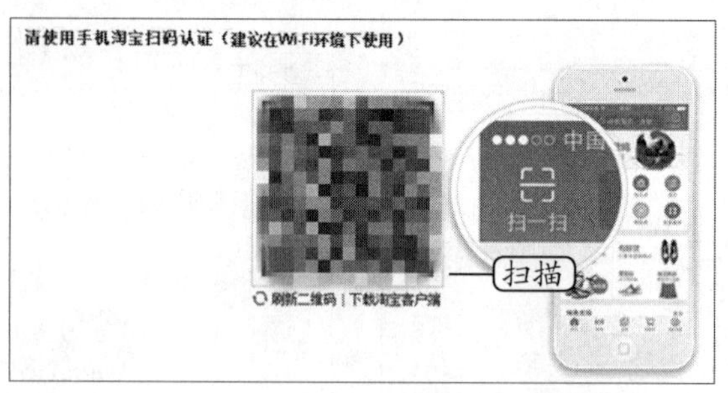

图 2-22　用手机淘宝客户端“扫一扫”功能扫描二维码

（6）进入认证页面，如图2-23所示，单击 开始认证 按钮进入“授权声明”页面，阅读声明后单击 同意 按钮；然后在“人脸验证”页面中单击 点击验证 (3) 按钮，按照系统提示和要求进行人脸验证，如图2-24所示。

图 2-23　认证页面

图 2-24　进行人脸验证

（7）人脸验证通过后将自动进入“拍摄照片”页面，单击 立即拍照 按钮拍摄身份证正反面照片，拍摄完成后系统将显示用户拍摄的照片，单击 提交 按钮提交身份证照片，如图2-25所示。

拍摄注意事项

拍摄身份证时，需要拍摄正反两面，同时必须跟随提示进行拍摄，必须将头像和国徽放入拍摄系统预设的头像框和国徽框中。

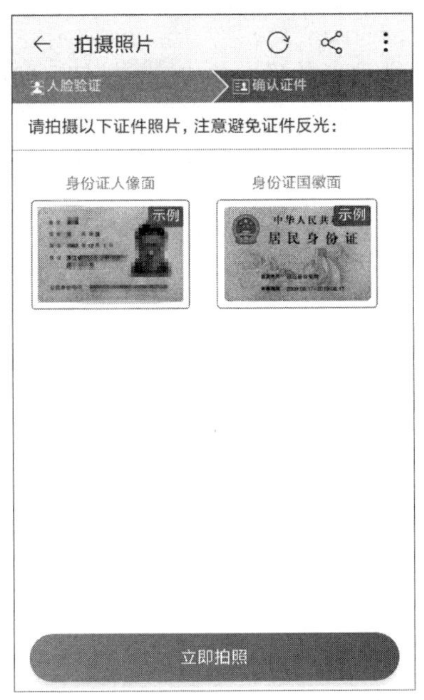

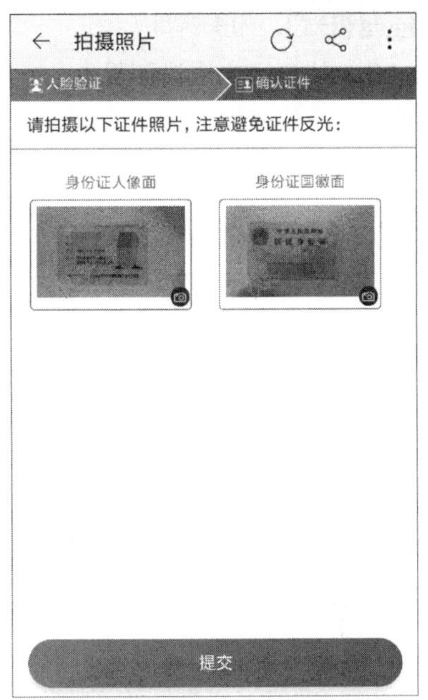

图 2-25　拍摄并提交身份证照片

（8）进入“填写地址”页面，在该页面中填写地址，单击 下一步 按钮提交认证信息后，系统将显示认证结果，如图2-26所示。

（9）再次进入淘宝店铺申请页面，可看到淘宝开店认证已通过。单击 创建店铺 按钮，如图2-27所示。

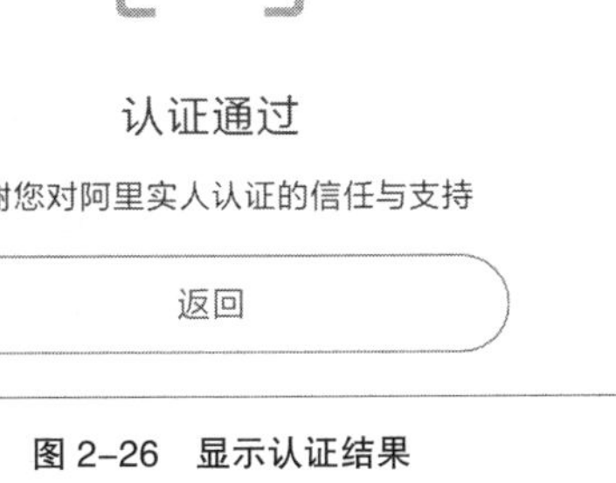

图 2-26　显示认证结果

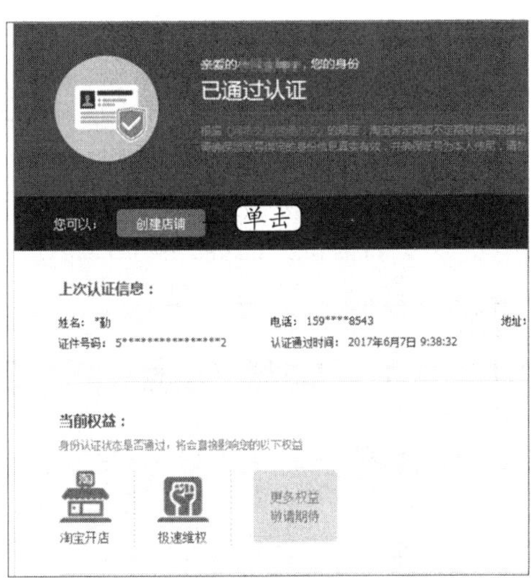

图 2-27　单击“创建店铺”按钮

（10）在“申请开店认证”页面中，“淘宝开店认证”的状态显示为“通过”，单击下一步按钮，如图2-28所示。

（11）打开“阅读开店协议”页面，阅读开店协议条款后，单击同意按钮，如图2-29所示。

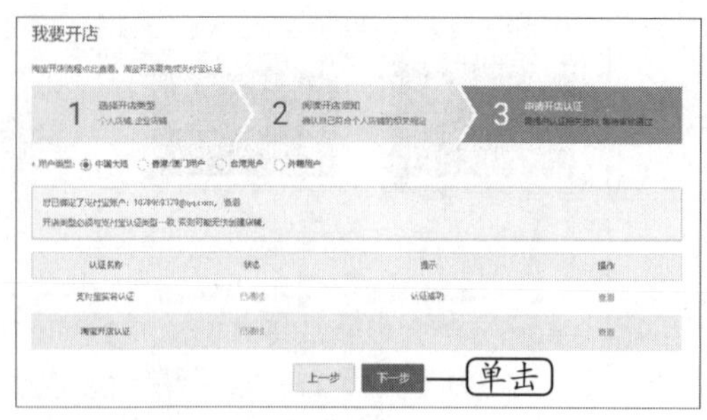

图 2-28　单击“下一步”按钮

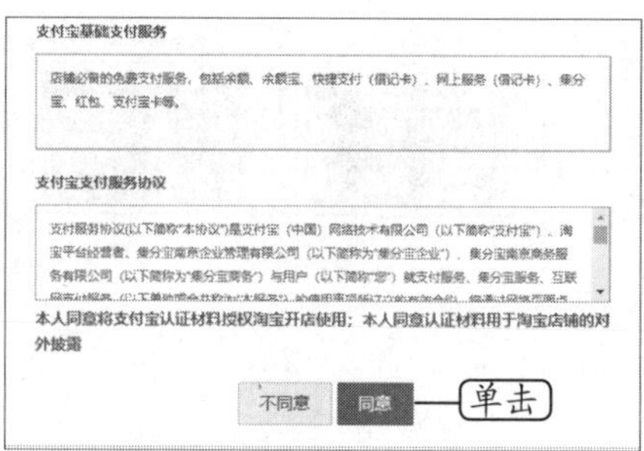

图 2-29　单击“同意”按钮

（12）此时系统将显示店铺创建成功，如图2-30所示。

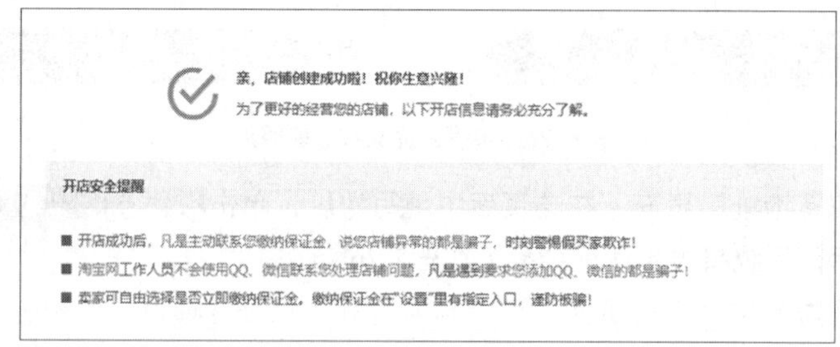

图 2-30　显示店铺创建成功

2.2　店铺设置与装修

在创建店铺之初，商家需要对其主要信息进行设置，便于消费者了解店铺的基本情况。好的店铺装修不仅能体现店铺风格，还能给予消费者优质的购物体验。因此，店铺装修也是商家必须掌握的技能。

2.2.1　店铺基本信息设置

开通店铺后，商家需要进行基本设置，如设置店铺名称、店铺标志和店铺简介等信息，这些信息是店铺的重要标识。对淘宝店铺来说，其基本信息的设置是在千牛卖家工作台中完成的。下面介绍设置淘宝店铺基本信息的方法，其具体操作如下。

（1）登录淘宝网首页，单击页面右上方的“千牛卖家中心”超链接，进入千牛卖家工作台页面，将鼠标指针移到“店铺管理”上，在展开的菜单栏中单击“店铺基本设置”超链接，如图2-31所示。

（2）进入店铺基本设置页面，在“店铺名称”文本框中输入店铺名称。

（3）单击“店铺标志”下的上传图标按钮，如图2-32所示，打开“打开”对话框，在其中选择店铺标志图片后单击保存按钮，然后单击打开(O)按钮。

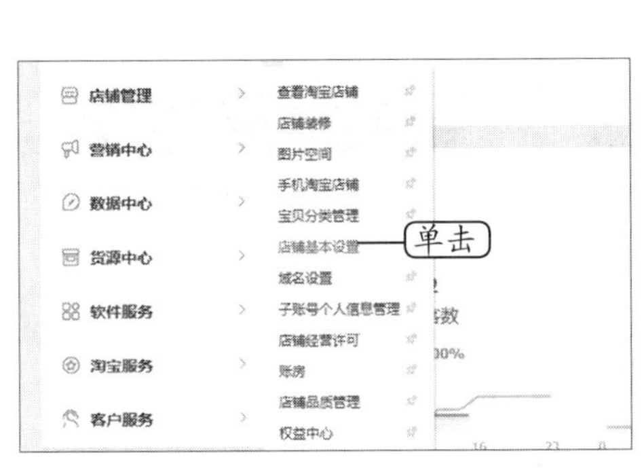

图 2-31　单击“店铺基本设置”超链接

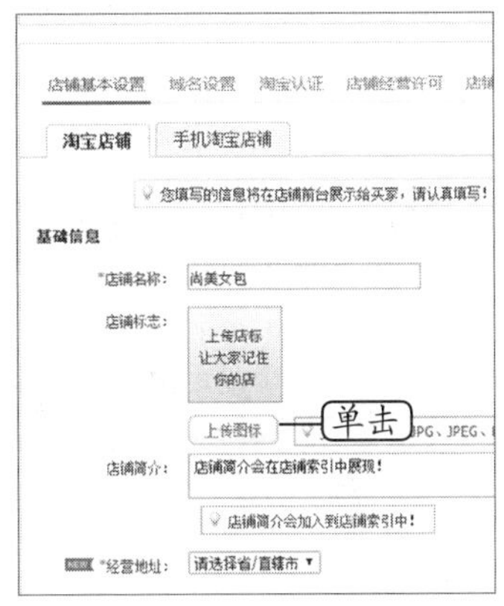

图 2-32　单击“上传图标”按钮

（4）在“店铺简介”文本框中输入店铺简介。店铺简介会在店铺索引中展示，应该填写具有实际意义的内容，如图 2-33 所示。

（5）单击“经营地址”后的▾下拉按钮，设置店铺经营地址；在“主要货源”处设置货源信息，在“店铺介绍”后的文本框中填写店铺信息，然后单击保存按钮，如图2-34所示。

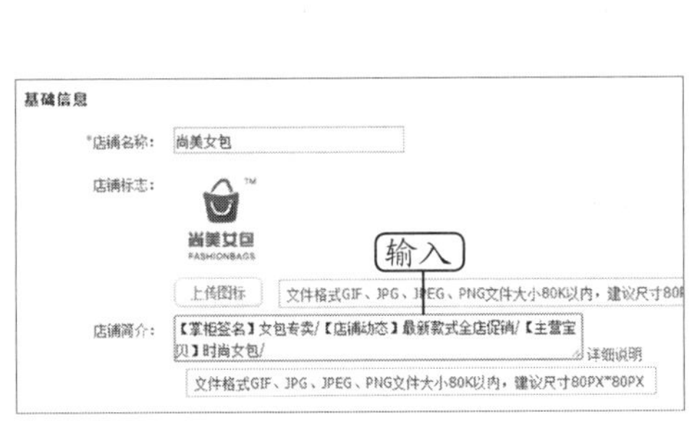

图 2-33　输入店铺简介

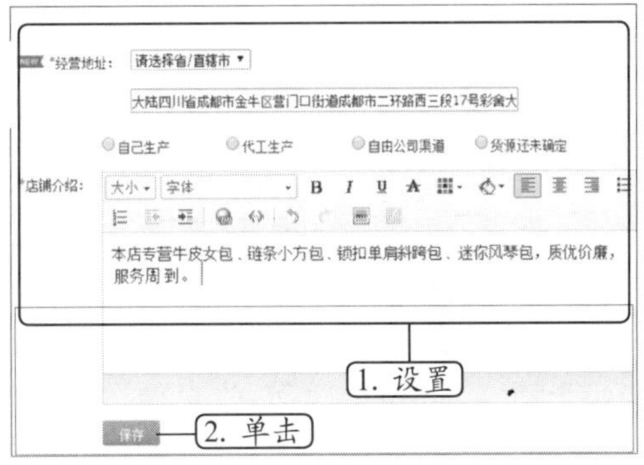

图 2-34　设置其他信息

↘2.2.2　旺铺装修

装修店铺前，商家需要提前做好准备，包括根据自己的商品确定店铺的风格，收集与店铺风格相关的素材。

通过淘宝网首页的“千牛卖家中心”进入千牛卖家工作台，在“店铺管理”中单击“店铺装修”超链接，即可打开淘宝旺铺页面。目前淘宝网为一钻以下的商家提供了免费的淘宝旺铺智能版服务，在智能版中提供了多种店铺模板类型，商家可自行选择所需模板，并在其基础上进行个性化编辑，其具体操作如下。

（1）在淘宝旺铺首页顶端的导航栏中单击“店铺装修”超链接，在打开的页面左侧的选项卡中选择“模板”选项，单击“PC端”选项卡，如图 2-35 所示。

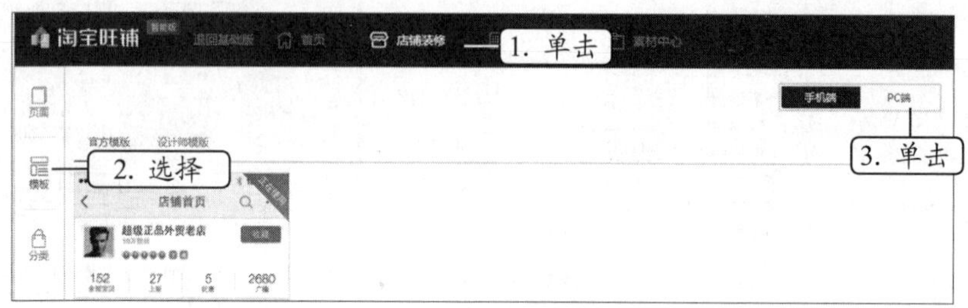

图 2–35 淘宝旺铺页面

（2）在打开的页面中即可查看已使用模板和可使用模板，选择需要使用的模板，单击 马上使用 按钮即可应用并修改模板，如图 2-36 所示。

（3）在页面左侧选择“配色”选项可修改配色，如图 2-37 所示。

图 2–36 应用并修改模板

图 2–37 修改配色

（4）在页面左侧选择“页头”选项，单击“页头背景色”后的色块，打开“调色器”对话框，选择所需的颜色或直接输入颜色的 RGB 值，并单击 确 定 按钮即可设置页头背景色，如图 2-38 所示。为了保证店铺的美观性，建议保持页头背景色与模板风格的统一，如果不需要显示页头，可撤销选中的“显示”复选框。

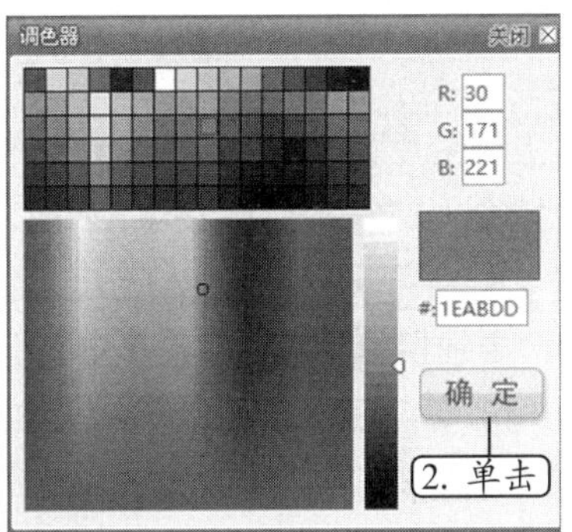

图 2–38　设置页头背景色

（5）在页面左侧选择“页面”选项，按照同样的方法设置页面的背景色。为了保证视觉效果的美观和谐，建议保持页面与页头的效果一致。

（6）在页面左侧选择“模块”选项，可以对各模块进行编辑。在页面顶部的店招模块右上角单击 编辑 按钮，打开“店铺招牌”对话框，单击“背景图”后的 选择文件 按钮，如图 2-39 所示。

（7）在打开的页面中可选择招牌图片，如果图片已经上传至图片空间，则可直接在淘盘中进行选择；也可单击“上传新图片”选项卡，然后单击“添加图片”超链接，如图 2-40 所示。

图 2–39　选择图片

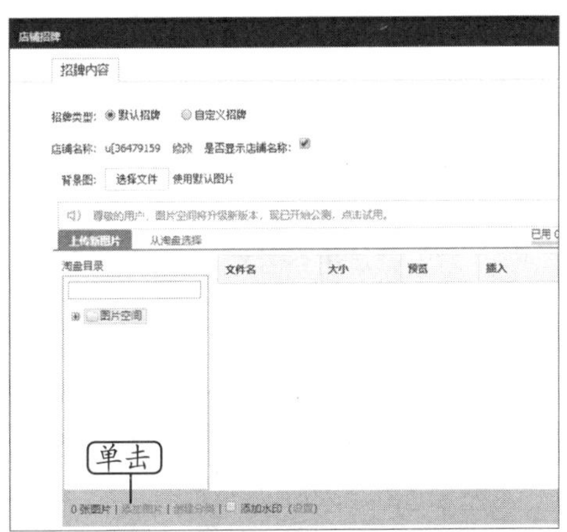

图 2–40　单击“添加图片”超链接

（8）打开“素材中心”页面，单击 上传 按钮，如图 2-41 所示。

图 2-41　单击“上传”按钮

（9）打开“上传图片”对话框，单击“上传”超链接，打开“打开”对话框，在其中选择店招图片，单击打开(O)按钮，如图 2-42 所示。图片上传完成后，在“上传结果”对话框中单击确定按钮。

（10）返回“店铺招牌”对话框，单击“从淘盘选择”选项卡，选择刚刚上传的店招图片，如图2-43所示。在打开的页面中撤销选中“是否显示店铺名称”后的复选框，单击保存按钮。

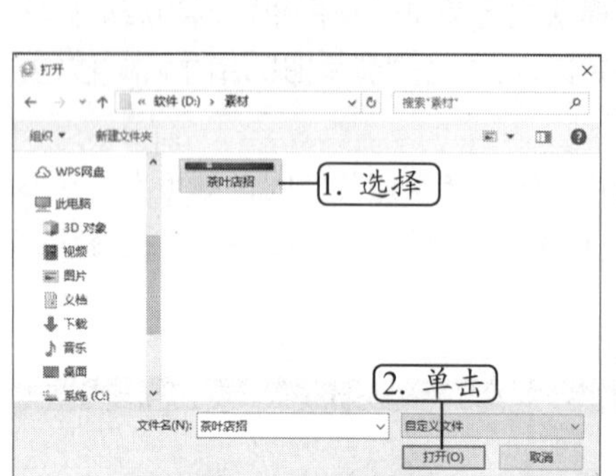

图 2-42　选择店招图片

图 2-43　选择刚上传的图片

（11）返回店铺设置页面，即可看到店铺招牌的上传效果，如图2-44所示。在页面的右上方单击预览按钮，即可预览店铺招牌效果。

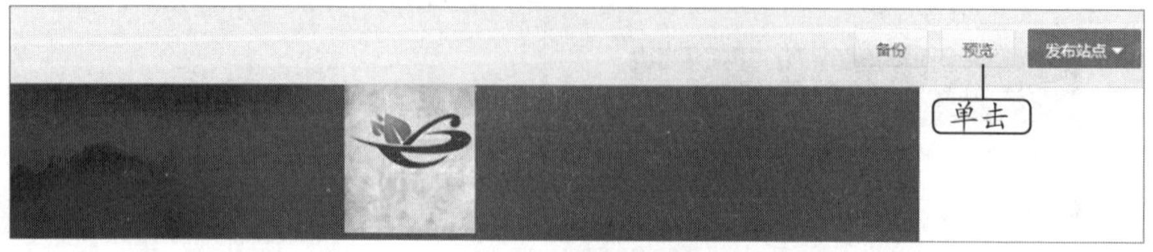

图 2-44　预览店铺招牌效果

（12）按照同样的操作方法对其他模块进行编辑，编辑完成后单击页面右上角的预览按钮进行预览，最后在发布站点下拉菜单中选择“立即发布”即可。

2.3 商品发布

发布商品，就是将商品信息上传至店铺中。在淘宝网中发布商品，商家可以在网页端操作，也可以在淘宝助理中操作。但如果想要批量发布商品，就应该使用淘宝助理。

2.3.1　通过网页端发布一口价商品

微课视频

通过网页端发布一口价商品

一口价商品是指商家以固定价格出售的商品，消费者在购买时一般没有讨价还价的余地。商家在网页端发布一口价商品的具体操作如下。

（1）登录淘宝网首页，单击页面右上方的“千牛卖家中心”超链接，进入千牛卖家工作台页面。在“宝贝管理”中单击“发布宝贝”超链接，如图2-45所示。

（2）进入商品发布页面，在左侧列表框中选择商品类目，这里选择“女装/女士精品”，然后在中间的列表中选择商品的二级类目，这里选择“衬衫”，最后在右侧打开的列表中选择商品的品牌，单击下一步,发布商品按钮，如图2-46所示。

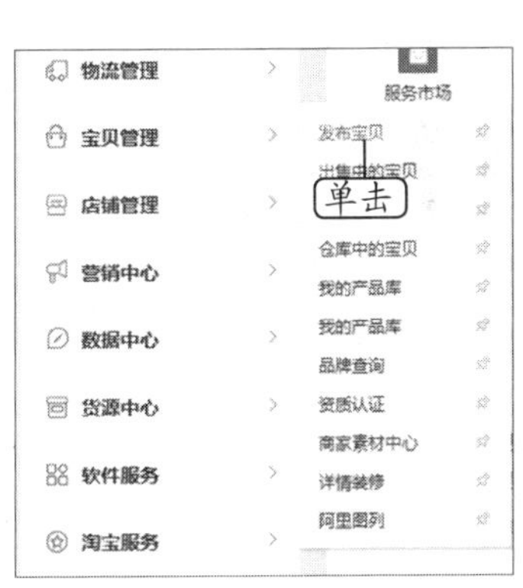

图 2-45　单击“发布宝贝”超链接

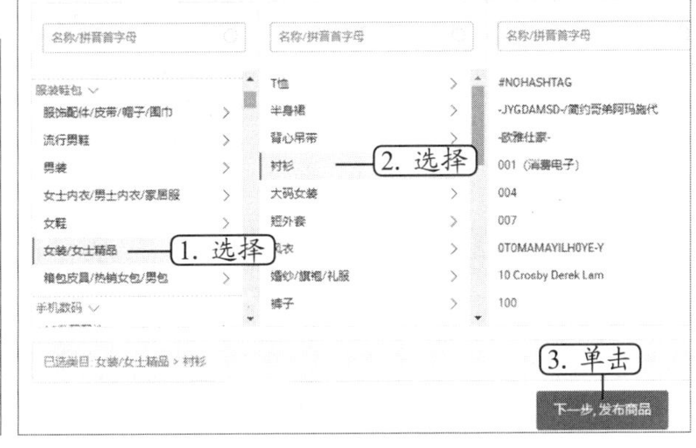

图 2-46　选择类目

操作技巧

设置商品类目时，也可直接搜索商品类型，然后在打开的列表中选择商品类目和二级类目。

（3）在打开的页面中继续填写宝贝类型、宝贝标题、类目属性等商品信息，如图2-47所示。

图 2-47　填写商品信息

（4）单击“宝贝主图”图片框，如图2-48所示，打开“图片空间”对话框。

（5）单击 上传图片 按钮，如图2-49所示。

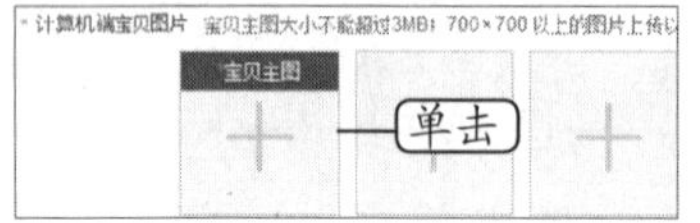

图 2-48　单击“宝贝主图”的图片框　　　　图 2-49　单击“上传图片”按钮

（6）在弹出的“打开”对话框中选择需要上传的商品图片，再单击 打开(O) 按钮，如图2-50所示。

（7）按照该方法，依次上传其他商品主图，如图2-51所示。

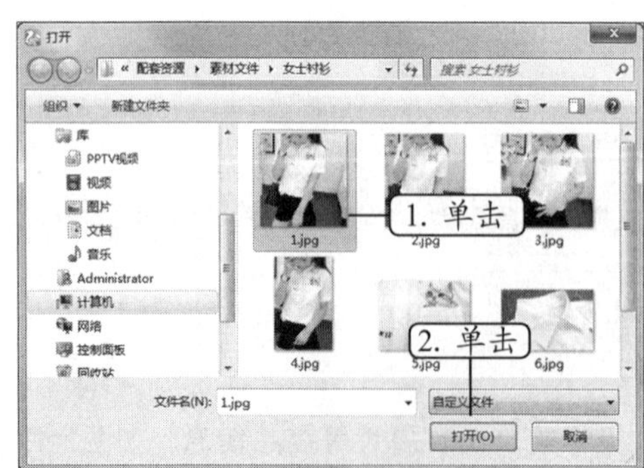

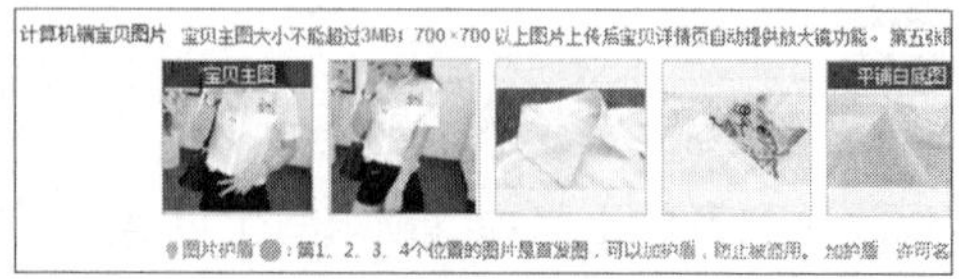

图 2-50　上传商品图片　　　　图 2-51　上传其他商品主图

（8）单击“宝贝规格”中“颜色分类”下的文本框，在打开的下拉列表中选择常用标准颜色，如图2-52所示。

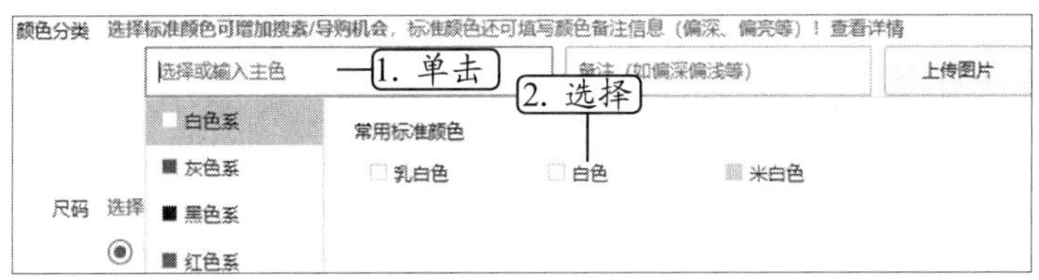

图 2-52　选择常用标准颜色

（9）单击文本框后的上传图片按钮，打开“图片空间”对话框，设置当前颜色的商品图片，然后依次设置商品的其他颜色，并上传图片，如图2-53所示。

（10）在“尺码”栏中设置商品的尺码，如图2-54所示。

图 2-53　上传颜色对应的商品图片　　图 2-54　设置尺码

操作技巧

在设置商品颜色时，可以选择颜色，也可以手动输入颜色。在上传不同颜色的商品图片后，如果图片上传错误，可以单击其后的“删除图片”超链接删除图片，然后单击上传图片按钮重新上传。

（11）在“宝贝销售规格”下的文本框中输入商品的价格和数量。如果商品价格一样，可直接在“批量填充”栏中输入统一的价格和数量，单击批量填充按钮，如图2-55所示。

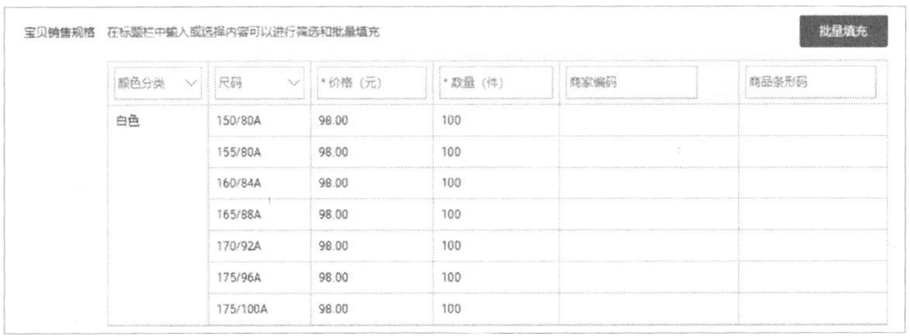

颜色分类	尺码	*价格（元）	*数量（件）	商家编码	商品条形码
白色	150/80A	98.00	100		
	155/80A	98.00	100		
	160/84A	98.00	100		
	165/88A	98.00	100		
	170/92A	98.00	100		
	175/96A	98.00	100		
	175/100A	98.00	100		

图 2-55　输入商品价格和数量

（12）在“计算机端描述”中设置商品详情描述，这里单击“添加图片”按钮，打开“图片空间”对话框，选择商品详情页的图片上传，如图2-56所示。

（13）在“手机端描述”中单击“导入计算机端描述”超链接，在打开的对话框中单击确认生成按钮，即可生成新的手机端详情页，如图2-57所示。

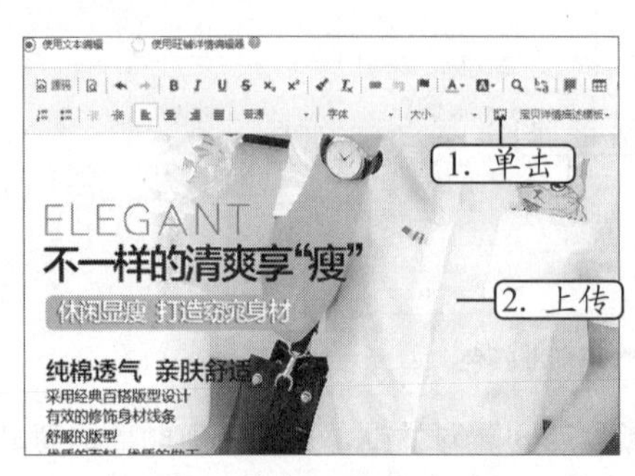

图 2–56 添加计算机端详情页照片

图 2–57 生成手机端详情页

（14）在“物流信息”中单击选中“使用物流配送”复选框，并选择商品的运费模板，如图2-58所示。

设置商品运费模板

如果已经设置了运费模板，可直接在“运费模板”下拉列表中进行选择；如果未设置运费模板，可单击新建运费模板按钮新建运费模板，具体操作将在第10章详细介绍。

（15）设置“售后服务”和“上架时间”，如图2-59所示。

图 2–58 设置物流信息

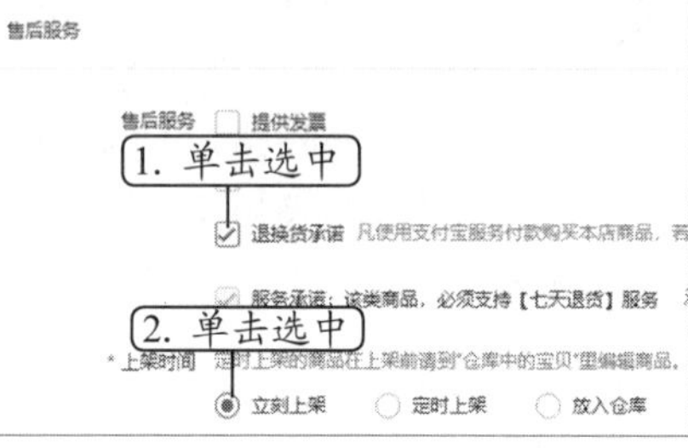

图 2–59 设置“售后服务”和“上架时间”

（16）设置完成后单击提交宝贝信息按钮，即可发布商品。在系统提示宝贝发布成功后，即可进入店铺查看发布的商品；也可在“分享给好友”栏中单击复制链接按钮，将商品分享给消费者。

微课视频

使用淘宝助理批量发布商品

2.3.2 使用淘宝助理批量发布商品

使用淘宝助理前，商家需要下载与安装该软件，并通过淘宝账户和密码进行登录。淘宝助理具有批量发布商品的功能，可以帮助商家快速发布商品。针对同类商品，商家可以创建和应用统一的模板，从而省去商品创建过程中的重复操作。下面介绍批量发布商品的方法，其具体操作如下。

（1）在淘宝助理的工作界面中单击“宝贝管理”选项卡，在左侧列表框中选择“宝贝模板”选项，在右侧单击 创建模板 按钮，如图2-60所示。

（2）打开“创建模板”对话框，在左侧列表框中设置商品的类目和类目属性，在右侧列表框中设置宝贝标题、宝贝卖点、一口价、商家编码、定时上架、所在地、运费模板、物流重量等内容，如图2-61所示。

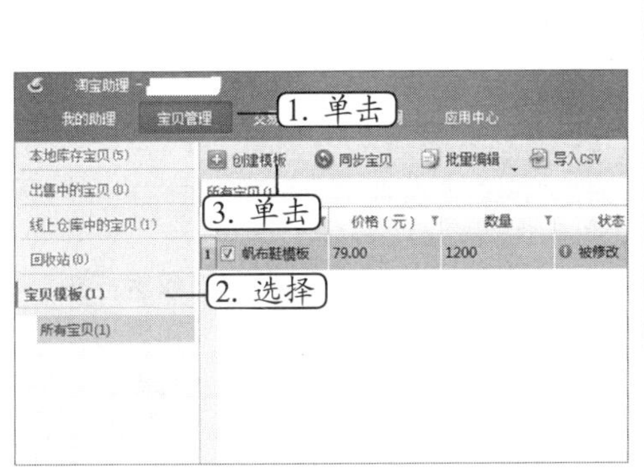

图 2-60　创建宝贝模板

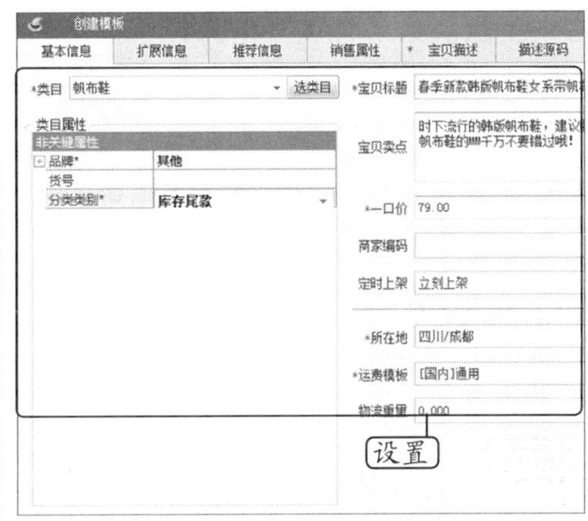

图 2-61　设置商品基本信息

（3）单击“销售属性”选项卡，在其中设置商品的颜色和尺码；单击“宝贝描述”选项卡，在其中编辑商品描述，如图2-62所示。

（4）设置完成后单击 保存(Ctrl+S) 按钮，在淘宝助理工作界面的左侧列表框中选择“所有宝贝”选项，单击选中刚刚新建的模板，依次按【Crtl+C】组合键和【Crtl+V】组合键，即可复制粘贴模板，如图2-63所示。

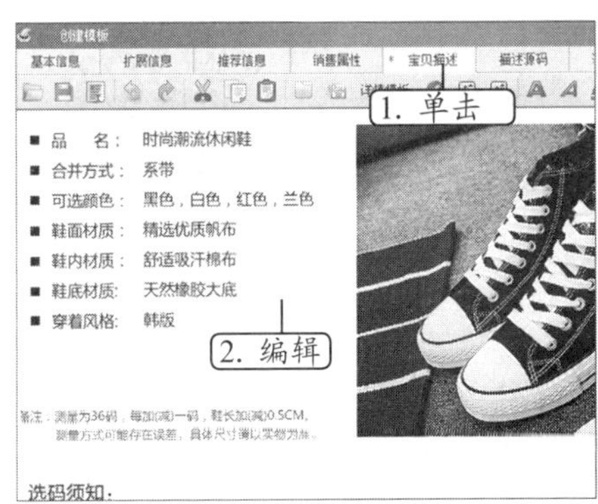

图 2-62　编辑商品描述

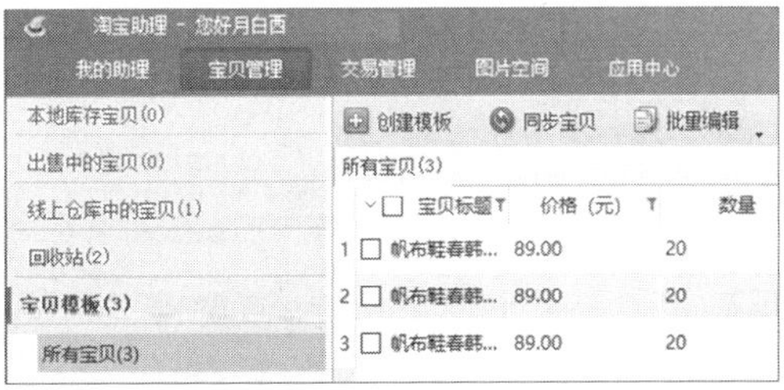

图 2-63　复制并粘贴模板

（5）双击要修改的模板，打开“编辑模板”对话框，在其中可对模板信息进行修改，如图2-64所示。完成后单击保存(Ctrl+S)按钮，即可将该商品信息保存到本地库存宝贝中。

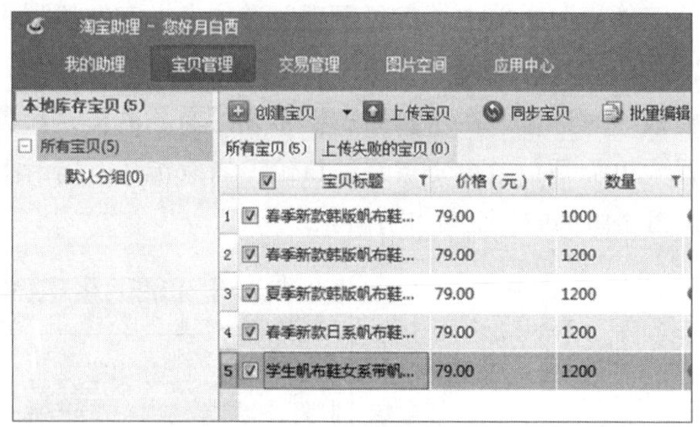

图 2-64　编辑模板

操作技巧

淘宝助理的功能非常多，除了创建模板和发布商品外，还可以进行交易管理、图片管理等。商家在"交易管理"选项卡中，可以查看和下载订单、打印快递单和发货单等内容，在"图片空间"选项卡中可以上传图片、查看店铺装修等。

2.4 商品交易管理

发布商品后，商家还需要进行后续的商品交易管理，可通过千牛卖家工作台实现。

2.4.1 商品管理

微课视频

商品管理

商品管理主要是指上下架商品，它们是网上开店必不可少的操作。下面介绍如何在千牛卖家工作台中进行商品上下架管理，其具体操作如下。

（1）进入千牛卖家工作台，在"宝贝管理"中单击"出售中的宝贝"超链接，如图 2-65 所示。

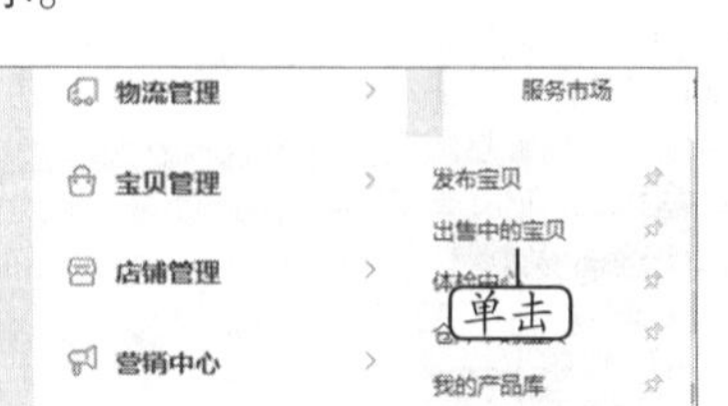

图 2-65　单击"出售中的宝贝"超链接

（2）打开“出售中的宝贝”页面，单击需下架商品最右端的“立即下架”超链接，如图2-66所示，将商品下架。

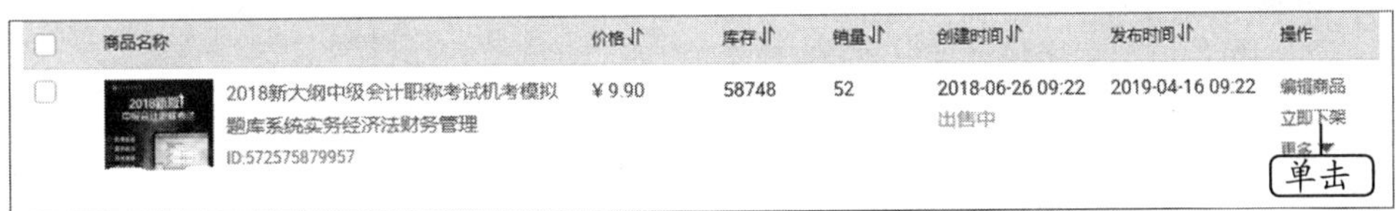

图2–66　单击“立即下架”超链接

（3）在“宝贝管理”中单击“仓库中的宝贝”超链接，查看下架后存放于仓库中的宝贝。单击最右端的“立即上架”超链接，如图2-67所示，即可重新上架所选商品。

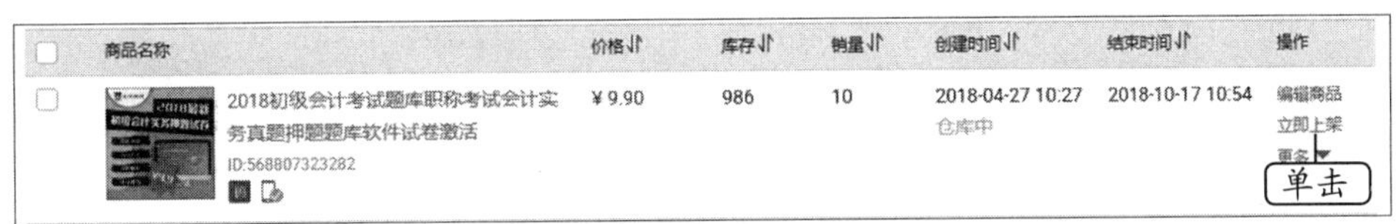

图2–67　单击“立即上架”超链接

（4）打开“出售中的宝贝”页面，单击需编辑商品最右端的“编辑商品”超链接，如图2-68所示，打开“商品发布”页面，即可修改商品信息。

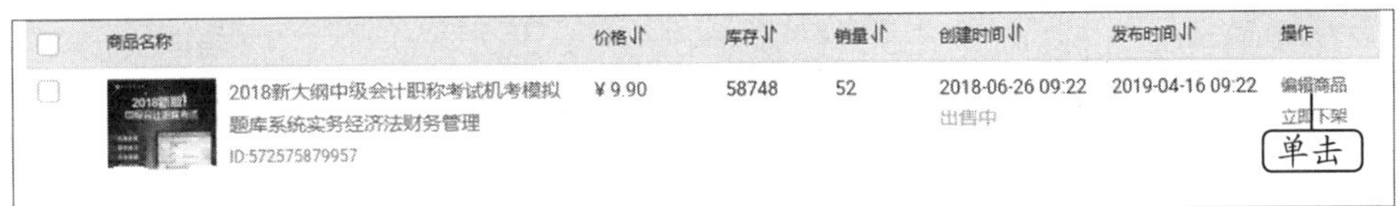

图2–68　单击“编辑商品”超链接

2.4.2　交易管理

交易管理是指消费者下单后，商家对其订单进行的发货、退款、关闭交易等操作。商家只有做好交易管理，才能保证店铺的正常运营。

1. 订单发货

消费者完成付款后，如果商品需要邮寄，则商家需要联系快递，填写快递单号并进行发货。下面介绍如何在千牛卖家工作台中进行发货，其具体操作如下。

（1）商家确认买卖双方交易信息无误后即可发货。进入千牛卖家工作台，单击“交易管理”中的“已卖出的宝贝”超链接，打开已卖出的宝贝页面，单击“等待发货”选项卡，查看已卖出但尚未发货的商品，然后单击 发货 按钮，如图2-69所示。

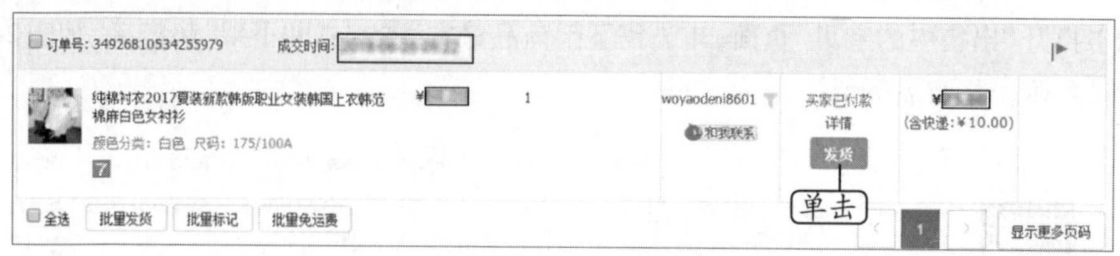

图 2-69 单击“发货”按钮

（2）打开发货页面，选择发货方式，单击“在线下单”选项卡，在选择的快递公司后单击 选择 按钮，输入运单号码，再单击 确认 按钮，继续根据提示完成发货操作，如图 2-70 所示。

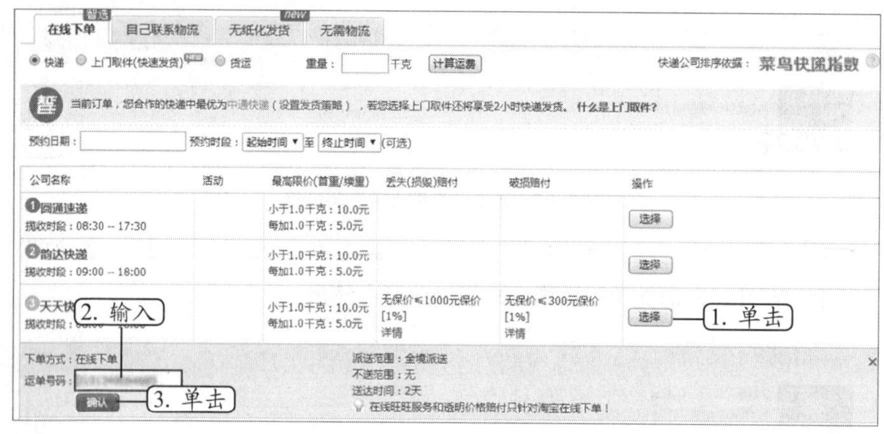

图 2-70 完成发货操作

（3）此时，页面中将显示“恭喜您，操作成功”的信息，表示发货成功，如图 2-71 所示。

图 2-71 完成发货操作

2. 退款处理

在商品交易的过程中，消费者在不需要已购买的商品，或由于某种原因申请退货或者退款时，一般会向商家提出退款申请。买卖双方协商一致即可进行退款操作。下面介绍如何通过千牛卖家工作台进入“退款管理”页面进行退款，其具体操作如下。

（1）在千牛卖家工作台“客户服务”中单击“退款管理”超链接，进入退款管理页面，在该页面中即可查看消费者申请退款的订单信息，如图 2-72 所示。

图 2-72　查看消费者申请退款的订单信息

（2）单击“退款待处理”超链接，进入“请处理退款申请”页面，如果同意退款，可单击同意退款按钮，如图 2-73 所示。

图 2-73　单击“同意退款”按钮

（3）同意退款后，在打开的页面中输入支付宝支付密码即可完成退款。若拒绝退款申请，则可单击拒绝申请按钮，在打开的页面中选择拒绝原因并填写说明即可，如图 2-74 所示。

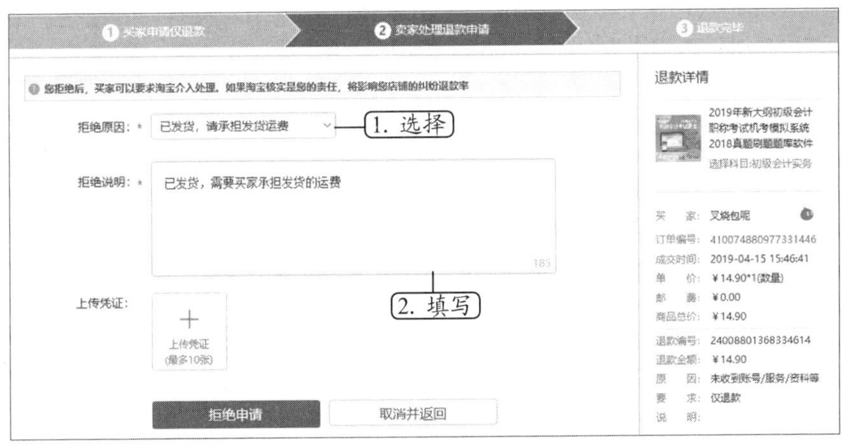

图 2-74　选择拒绝原因并填写说明

退款申请要协商处理

处理退款申请时，主要有同意退款、拒绝申请和申请客服介入3个选项，商家一般可先与消费者沟通，了解具体情况后再做决定。一般来说，退款申请建议买卖双方协商处理，否则寻求淘宝网介入后，若判定为商家责任，会影响店铺的退款纠纷率。

3. 交易关闭

当商品订单出现消费者取消购买、重新下单等情况时，商家可以在“已卖出的宝贝”页面取消该订单。其方法为：在千牛卖家工作台“交易管理”中单击“已卖出的宝贝”超链接，打开“已卖出的宝贝”页面，单击需要取消的订单后的“关闭交易”超链接，如图2-75所示。在打开的提示框中选择关闭交易的理由，单击确定按钮即可，如图2-76所示。

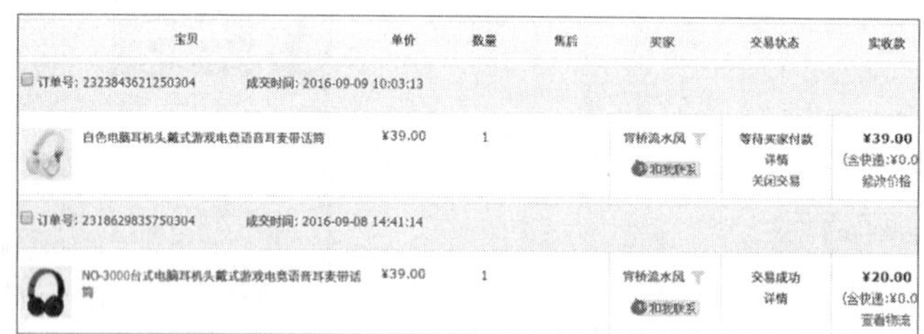

图 2–75　单击“关闭交易”超链接

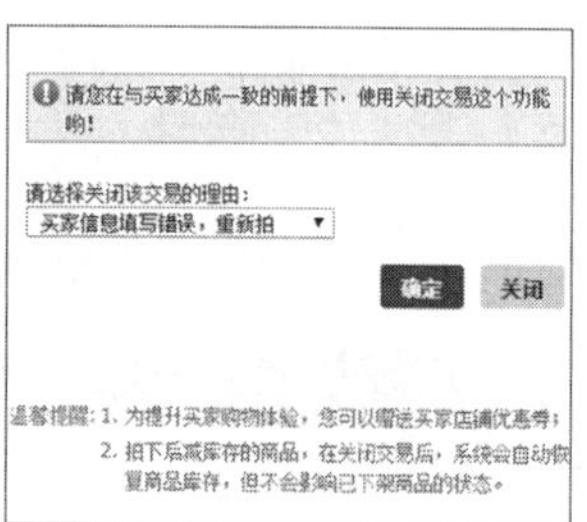

图 2–76　选择关闭交易的理由

2.5 用支付宝管理店铺账目

当店铺中的商品交易量逐渐增多时，商家就需要对支付宝账目进行管理。商家可以在支付宝中进行查询账户余额、查看账单明细、申请提现等操作。

↘2.5.1　查询账户余额与账单明细

店铺商品交易成功后，销售金额将直接转至商家绑定的支付宝账户中，支付宝也会显示账目的具体明细。下面介绍如何在支付宝中查询账户余额以及每一笔交易的详细情况，其具体操作如下。

（1）进入支付宝网站并登录账户，即可查看支付宝的账户余额，如图 2-77 所示。同时“交易记录”栏将显示近期支付宝的交易记录，店铺的待付款商品也在其中。

图 2-77　查看支付宝账户余额

（2）在支付宝主界面下方的"交易记录"栏中单击"查看所有交易记录"超链接，打开交易记录页面，查看交易记录，将鼠标指针移至"详情"上，在打开的下拉列表中单击详情按钮，如图 2-78 所示，即可打开该笔交易的详情页，在其中可查看订单交易的详细内容。

图 2-78　查看查询账单明细

↘2.5.2　申请提现

当商家想将支付宝中的金额提取至绑定的银行卡时，可通过支付宝的提现功能来实现。其方法为：在支付宝首页的"账户余额"栏中单击提现按钮，打开支付宝提现页面，在"选择银行卡"栏中选择提现账目转入的银行卡，在"提现金额"文本框中输入提现金额，在"到账时间"栏设置到账时间，单击下一步按钮，如图2-79所示，然后在打开的页面中输入支付宝密码并单击确认提现按钮即可提现。

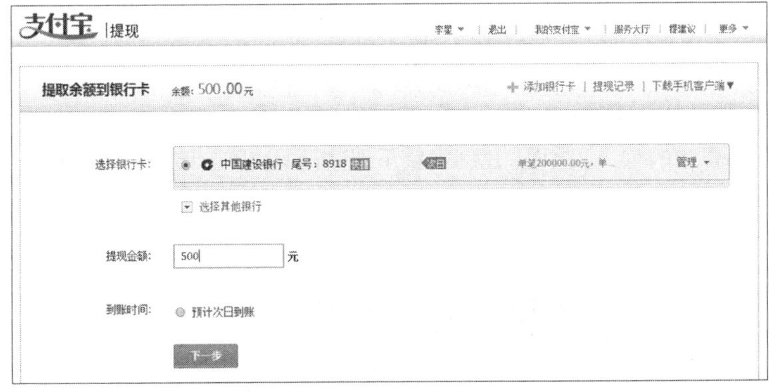

图 2-79　申请提现

课堂实训

实训1：注册淘宝账户并开通淘宝店铺

实训目标

本实训要求使用手机号码注册淘宝账户，申请开通淘宝店铺并完成店铺基本信息设置。

实训思路

根据实训目标，需要先注册淘宝账户，并开通支付宝认证，然后申请开通店铺，最后完成店铺基本信息设置。

（1）使用手机号码注册淘宝账户，然后登录支付宝进行认证。

（2）申请开通个人店铺，然后对店铺进行基本设置，包括店铺名称、店铺标志和店铺简介等。

实训2：发布商品并进行商品交易管理

实训目标

本实训要求发布一款面膜商品并使用千牛卖家工作台将该商品下架，商品的相关信息如下。

商品标题：君雅男士面膜美白补水控油祛痘保湿去黑头淡化痘印缩毛孔专用；价格：59 元；数量：200 件；物流：默认运费。

实训思路

根据实训目标，需要先进入千牛卖家工作台发布商品，再进行商品交易管理。

（1）进入千牛卖家工作台，发布面膜商品，将其类目设置为“美容护肤 / 面膜”，然后依次设置该商品的标题、价格、数量、物流等关键信息，设置完成后将其上传并发布到淘宝店铺中。

（2）进入“出售中的宝贝”页面，找到需要下架的商品，单击该商品所在行最右端的“立即下架”超链接。

课后练习：批量发布商品

登录淘宝助理，新建一个裙子类模板，依次设置该模板的标题、卖点、价格、数量、物流等关键信息，设置完成后保存模板。然后根据该模板新建3个裙子类的商品，修改模板信息，修改完成后将其保存并上传至淘宝店铺中。

拓展知识

1. 导出 / 导入宝贝模板

为了避免发布数据的丢失，可将淘宝助理中的宝贝模板导出到其他地方，在需要时将其导入即可，其具体操作如下。

（1）打开淘宝助理的工作界面，单击导出CSV按钮，在打开的下拉列表中选择相应的选项，如图2-80所示。

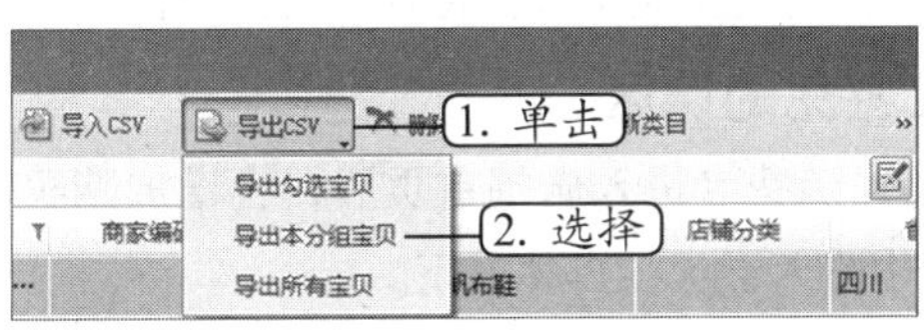

图 2-80　选择要导出的选项

（2）打开“保存”对话框，设置保存的位置，在“文件名”文本框中输入名称，单击保存(S)按钮，如图2-81所示。

导入宝贝模板

在淘宝助理的工作界面单击导入CSV按钮，打开“打开文件”对话框，选择 CSV 文件，可导入宝贝模板。

（3）此时系统弹出导出提示对话框，提示导出完成，然后单击关闭按钮，如图2-82所示。

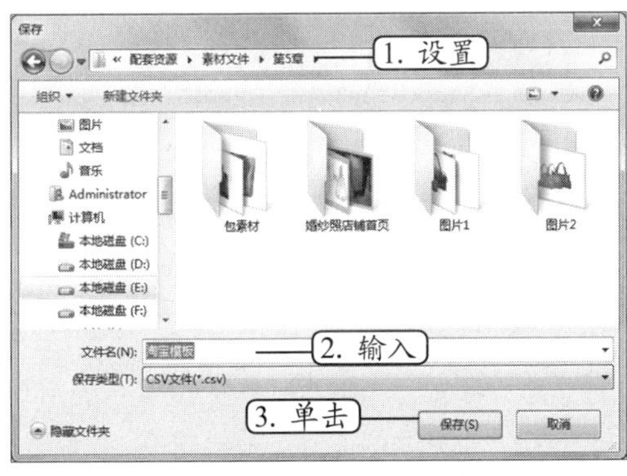

图 2-81　导出宝贝模板

图 2-82　导出完成

2. 店招设计的注意事项

为了便于店铺商品的推广，让店招便于记忆，在设计店招时需要遵循两个原则：一是植入品牌形象，二是抓住商品定位。植入品牌形象可以通过店铺名称、标志进行展示，商品定位则是指展示店铺商品，精准的商品定位可以快速吸引目标消费群体。此外，设计店招需要注意以下5点。

- 店招必须凸显品牌的特征，包括风格和品牌文化等。
- 视觉重点有1～2个即可，不宜过多，否则会给店招造成压力，但也需要根据店铺现阶段的具体情况进行分析，如果是促销阶段，可重点突出促销信息。
- 店标的整体风格需要与店内的商品统一。
- 颜色不能太杂。
- 若包含季节要素，则需要随季节变化及时更换店招。

3. 店铺装修应避免的误区

若店铺装修得较好，消费者进入店铺首页后，会增加购买欲望。商家若不注重细节，将容易在店铺装修中陷入误区，具体如下。

- 导航条混乱，无清晰明确的顶端导航。
- 轮播图片过于花哨，不能凸显特性。
- 商品详情页入口过多，流量不能充分集中到较有优势的商品上。
- 忽略了首页搜索功能，若店铺的商品较多，添加搜索功能能帮助消费者快速找到想要的商品，节约消费者时间，增加成交概率。
- 首页配色过多，配色多于7种，会给人一种杂货铺的感觉。
- 店铺装修不能抓住重点，商家根据自己的喜好进行设计装修，但不符合大众消费者的审美。

CHAPTER

03 店铺数据分析与优化

李云玲刚加入淘宝网的时候，完全是凭借“直觉”在经营店铺，从来不对数据进行分析。李云玲的店铺主要出售果园现摘的特色时令水果，主打原生态品质，比较迎合消费者的喜好，刚开始还是有一些流量的。但是好景不长，一段时间后店铺流量的忽然大跌对销售业绩造成了不小的影响。不得已之下，李云玲开始仔细查看店铺的运营数据并分析问题，发现自家店铺的商品标题、主图、详情页等都和同行有不小的差距。李云玲立刻着手优化店铺的商品标题、主图、详情页等，通过使用数据分析工具密切关注优化后的流量动向，并慢慢进行调整，总算扭转了店铺流量大跌的劣势。

由此可见，店铺数据分析与优化在店铺运营中十分重要。目前网上有许多数据分析工具，生意参谋就是其中功能非常强大的一款。它由淘宝网官方推出，可以全面展示淘宝网店铺运营的各项核心数据。本章将详细介绍使用生意参谋进行店铺数据分析的方法以及相应的优化策略。通过对本章的学习，商家可以更加科学、系统地运营店铺。

学习目标

- 掌握商品标题、主图、详情页的优化方法
- 掌握下单－支付率的优化方法
- 掌握客服客单价、客服响应时长的优化方法

技能目标

- 能够使用生意参谋分析店铺流量数据
- 能够使用生意参谋分析店铺商品数据
- 能够使用生意参谋分析店铺交易数据
- 能够使用生意参谋分析店铺客服数据

3.1 流量数据分析与优化

流量是店铺的生命线，是店铺销售业绩的直接影响因素，关注店铺流量数据是所有商家每天必做的功课。商家通过生意参谋不仅可以查看店铺流量概况和来源，还可以有效地对导致店铺流量变化的数据进行分析，并在流量数据分析的基础上，对店铺进行有针对性的优化，如优化商品标题、主图等。

↘3.1.1 查看店铺流量概况

商家通过查看流量概况，可以了解店铺流量的基本情况，包括店铺访客数、商品访客数、支付买家数、浏览量、关注店铺人数等数据。首先，进入淘宝网千牛卖家工作台，在页面顶部导航栏中的“数据”中单击“生意参谋”超链接，打开生意参谋主页面并在导航栏中单击“流量”选项卡，即可查看流量概况。图 3-1 所示即为某店铺的流量概况，从图中可看出，店铺访客数与商品访客数都较少，且较前日同时段下跌 34% 左右；成交转化率较低，仅有 10 笔成交，关注店铺人数少，浏览量整体呈下跌趋势。因此，该店铺现阶段应注重引流，增加店铺的人气与粉丝，优化详情页，增加转化率，以达成交易。

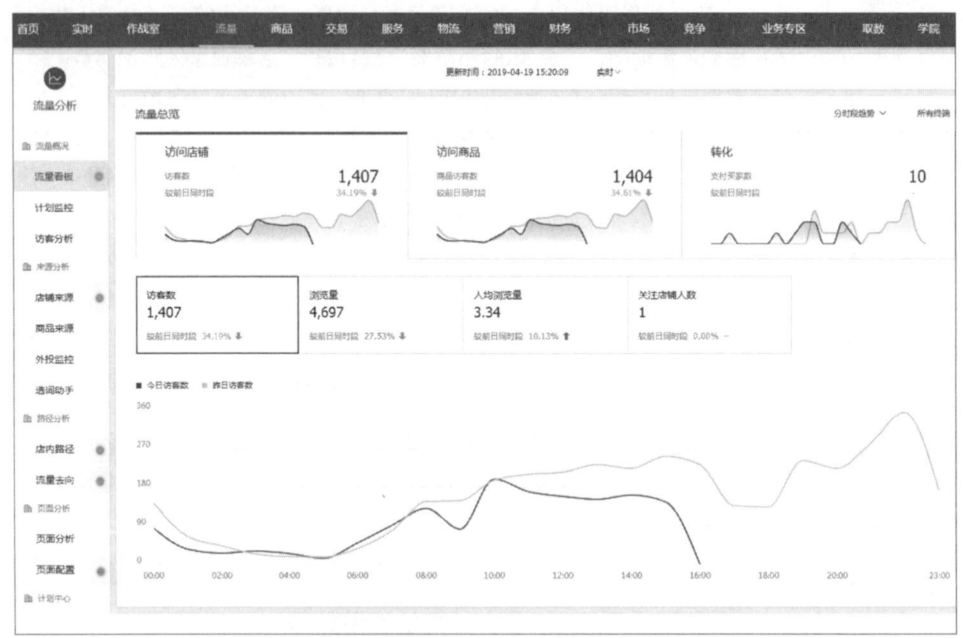

图 3-1 流量概况

↘3.1.2 查看店铺流量来源

商家通过查看店铺流量来源，可以更清楚地知道店铺流量的来源构成，验证引流策略是否奏效，对比各渠道引入流量的转化优劣，对店铺流量进行更加精准的控制，进而指导商家进一步调整引流策略。同时查看同行流量来源，还可以帮助商家发现行业中的高流量、高转化渠道以及尚未被覆盖的空白渠道，从而进一步拓展流量渠道。下面具体介绍在生意参谋中查看店铺流量来源的方法。

- **查看实时流量来源构成：**在生意参谋首页的导航栏中单击“流量”选项卡，并在打开的流量分析页面中选择“店铺来源”选项，打开“流量来源构成”页面，单击右上角的实时按钮即可查看店铺实时流量来源构成情况，如图 3-2 所示。从图 3-2 中可以得知，该店铺的实时流量主要来源于淘内免费流量，占比高达 73.02%，并且在淘内免费流量中，手淘搜索和手淘首页占比较高。

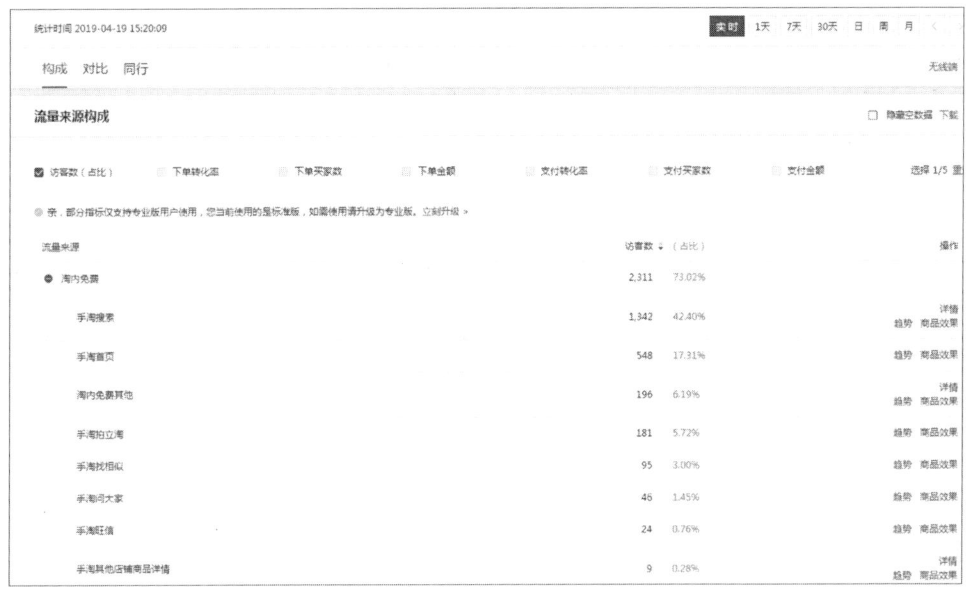

图 3-2　店铺实时流量来源构成情况

- **查看前一日流量来源构成：**单击“流量来源构成”页面右上角的1天按钮，查看店铺前 1 天流量来源构成情况，此时可查看不同流量来源渠道的访客数、下单买家数和下单转化率及其变化趋势，如图 3-3 所示。从图 3-3 中可知，作为店铺主要流量来源的淘内免费流量较前一日小幅下跌，其对应的下单买家数和下单转化率都有明显的下跌趋势。在淘内免费流量中，虽然手淘搜索的访客数较前一日提高 3.52%，但下单买家数和下单转化率却明显下跌，说明该店铺的标题、主图优化策略有所成效，但详情页仍有待进一步优化。手淘首页访客数下跌 5.92%，相应的下单买家数和下单转化率均大幅下跌，而手淘拍立淘、手淘其他店铺商品详情等渠道的转化率很高，因此商家可以考虑后期减小手淘首页的引流推广力度，增大手淘拍立淘、手淘其他店铺商品详情等渠道的推广力度。

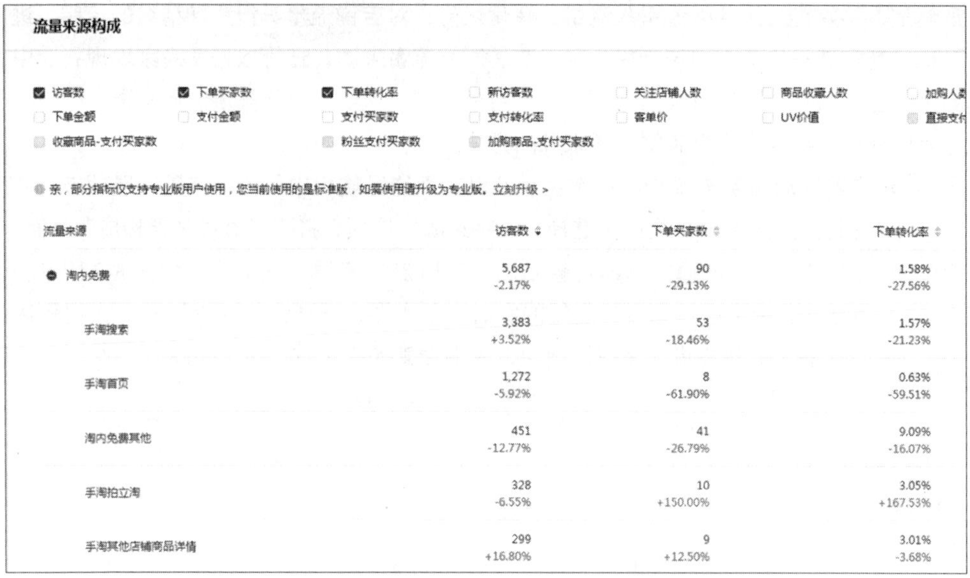

流量来源构成

☑ 访客数 ☑ 下单买家数 ☑ 下单转化率 ☐ 新访客数 ☐ 关注店铺人数 ☐ 商品收藏人数 ☐ 加购人数
☐ 下单金额 ☐ 支付金额 ☐ 支付买家数 ☐ 支付转化率 ☐ 客单价 ☐ UV价值 ☐ 直接支付
☐ 收藏商品-支付买家数 ☐ 粉丝支付买家数 ☐ 加购商品-支付买家数

亲，部分指标仅支持专业版用户使用，您当前使用的是标准版，如需使用请升级为专业版。立刻升级 >

流量来源	访客数	下单买家数	下单转化率
淘内免费	5,687 -2.17%	90 -29.13%	1.58% -27.56%
手淘搜索	3,383 +3.52%	53 -18.46%	1.57% -21.23%
手淘首页	1,272 -5.92%	8 -61.90%	0.63% -59.51%
淘内免费其他	451 -12.77%	41 -26.79%	9.09% -16.07%
手淘拍立淘	328 -6.55%	10 +150.00%	3.05% +167.53%
手淘其他店铺商品详情	299 +16.80%	9 +12.50%	3.01% -3.68%

图 3–3　店铺前一日的流量来源构成情况

- **查看同行流量来源：**在“流量来源构成”页面左上角单击“同行”选项卡，打开“同行流量来源”页面，在该页面中可查看同行流量来源，明确行业内哪些是高流量渠道，哪些是高转化渠道，哪些是自己店铺尚未覆盖的高流量、高转化渠道。图 3-4 所示为某店铺的同行流量来源，从图中可知，同行流量来源主要为“手淘天天特价”“手淘腔调”“手淘网红集合”，其中“手淘腔调”呈现大幅上升趋势，说明同行在加大该渠道的推广引流力度。但这几个渠道的下单转化率都不理想，说明其吸引的流量并不精准，商家目前没有必要跟进。

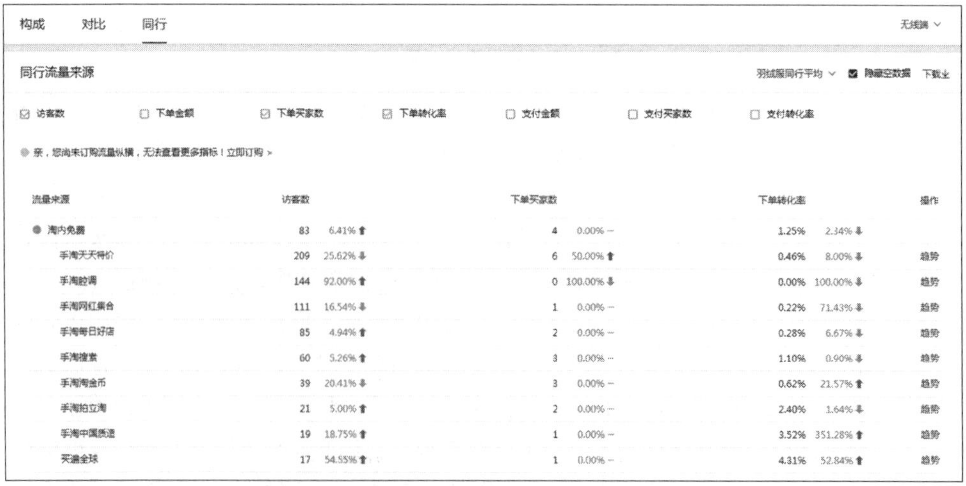

构成　对比　同行　　无线端

同行流量来源　　羽绒服同行平均　☑ 隐藏空数据　下载

☑ 访客数 ☐ 下单金额 ☑ 下单买家数 ☑ 下单转化率 ☐ 支付金额 ☐ 支付买家数 ☐ 支付转化率

亲，您尚未订购流量纵横，无法查看更多指标！立即订购 >

流量来源	访客数		下单买家数		下单转化率		操作
淘内免费	83	6.41% ↑	4	0.00% –	1.25%	2.34% ↓	
手淘天天特价	209	25.62% ↓	6	50.00% ↑	0.46%	8.00% ↓	趋势
手淘腔调	144	92.00% ↑	0	100.00% ↓	0.00%	100.00% ↓	趋势
手淘网红集合	111	16.54% ↓	1	0.00% –	0.22%	71.43% ↓	趋势
手淘每日好店	85	4.94% ↑	2	0.00% –	0.28%	6.67% ↓	趋势
手淘搜索	60	5.26% ↑	3	0.00% –	1.10%	0.90% ↓	趋势
手淘淘金币	39	20.41% ↓	3	0.00% –	0.62%	21.57% ↑	趋势
手淘拍立淘	21	5.00% ↑	2	0.00% –	2.40%	1.64% ↓	趋势
手淘中国质造	19	18.75% ↑	1	0.00% –	3.52%	351.28% ↑	趋势
天猫全球	17	54.55% ↑	1	0.00% –	4.31%	52.84% ↑	趋势

图 3–4　同行流量来源

↘3.1.3　分析流量的店内路径及去向

通过分析流量的店内路径及去向，商家可以明确流量入店后在不同店铺页面之间的流转关系以及店内各页面的访问冷热度排行，推测消费者离开意图，以及确定店铺页面吸引力的高低，发现问题页面，并评估店内流量引导的效果。下面具体介绍在生意参谋中查看并分析流量的店内路径及去向的方法。

- **查看并分析流量的店内路径**：在流量分析页面中选择“店内路径”选项，即可查看店铺流量的店内路径。图 3-5 所示即为某店铺流量的店内路径。商家应先查看店内各页面的流量分布情况，关注商品详情页的流量占比。由于此部分流量与入店的其他流量相比更接近实际下单和支付环节，因此商品详情页的流量占比越高越好。从图 3-5 中可知，商品详情页的访客数占比接近 70%，为较为理想的状态。
- **查看并分析店内各页面之间的流量流转**：店内流量的流转情况反映的是店内流量流转的通畅度。对于首页，应重点关注前往商品详情页和店铺导购页面的访客数占比，考察首页商品陈列的吸引力；对于商品详情页，则应重点关注前往商品详情页的访客数占比，考察商品之间的流量流转是否通畅。由图 3-5 可知，从首页离开的访客中有 43.75% 前往了商品详情页，而前往店铺导购页面的访客数占 31.25%，说明可以进一步优化店铺首页商品陈列，吸引更多访客直接进入商品详情页。

图 3–5　流量的店内路径

- **查看并分析店铺页面访问排行**：商家可查看店铺各页面中访问量大的各个页面，通过分析各页面的浏览量、访客数、平均停留时长来评估各页面的吸引力，如图 3-6 所示。对访问量大的页面，应重视，要每天定时关注其流量变化情况；对于商家主推的重点页面，如果其流量表现不符合预期，应及时调整流量导入机制，如果其平均停留时长不符合预期，则应及时调整页面布局和内容来增强页面吸引力。

页面访问排行　　日期　2019-04-15~2019-04-21

首页	商品详情页	店铺导购页面	店铺其他页
访客数 3	访客数 20	访客数 3	访客数 6
占比 9.38%	占比 62.50%	占比 9.38%	占比 18.75%

排名	访问页面	浏览量	访客数	平均停留时长
1		34	17	20.70
2		13	5	7.07
3		2	1	40.50
4		2	1	7.00
5		6	1	6.50

图 3–6　页面访问排行

- **查看并分析流量去向**：商家在流量分析页面中选择“流量去向”选项，即可查看店铺流量的去向情况，以及离开页面去向排行的数据，通过了解访客离开后的去向，可以推测其离开的意图。图 3-7 所示即为某店铺的流量离开页面去向排行。从图 3-7 中可以得知，访客去向分为两类，分别为购物车和宝贝收藏，访客并未前往搜索其他店铺或离开淘宝网，所以访客对该店铺的不满意程度相对较低。

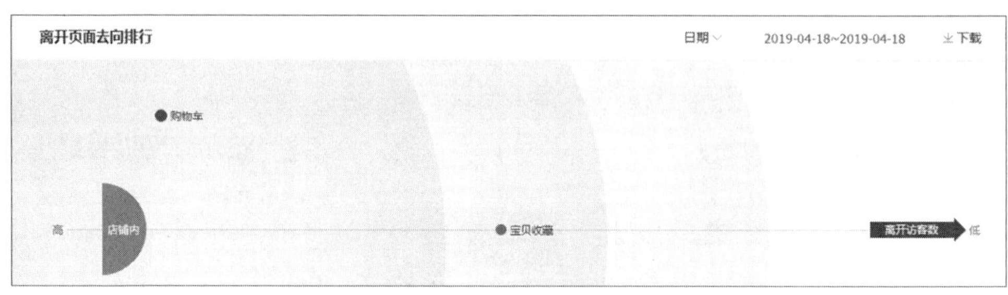

图 3–7　离开页面去向排行

↘ 3.1.4　优化店铺流量数据

一般来说，店铺流量可以分为免费流量、付费流量、站内其他流量和站外流量。理论上，最合理的流量结构应该是免费流量占大多数，付费流量占少数，其他流量占一定的比例。通过前面对图 3-2 的分析可知，该店铺的流量来源主要是淘内免费流量，其中手淘搜索占比较高，而搜索流量的获取需要依靠商品排名。淘宝商家为将店铺商品排名提高到淘宝网默认搜索前列，必须进行淘宝 SEO。

什么是淘宝 SEO

SEO 是 Search Engine Optimization 的缩写，即“搜索引擎优化”。淘宝 SEO 是指淘宝网搜索引擎优化，即通过各种优化技术和手段，让商品与消费者搜索的关键词更匹配，从而提高商品排名并获得流量，达到增加销售量的目的。

1. 优化标题

消费者搜索商品主要通过关键词，而关键词体现在商品标题中，因此商家想让商品与消费者搜索的关键词更匹配，从而获得更多流量，优化标题是其至关重要的一步。一般来说，商品标题可以拆分为多个关键词的组合，因此优化标题需按照以下步骤进行：首先查找数据表现好的关键词，然后删除其中的无效关键词，最后根据标题结构进行关键词的组合。下面以“半身裙”商品为例，详细介绍优化标题的方法。

（1）查找数据表现好的关键词

商家可在生意参谋中下载与商品相关的关键词，并利用 Excel 表格计算并筛选其中数据表现好的关键词。由于下载与商品相关关键词的操作步骤与第 1 章“使用生意参谋选择蓝海商品”一节的步骤一致，因此这里不再赘述。

下载关键词之后，需要进行整理计算。在 Excel 中将复制出来的数据整理好，并在表格右侧第一行的空白列中，如 G1 单元格中输入“平均订单数”，在 G2 单元格中输入公式“=B2*D2*E2/F2”，按【Ctrl + Enter】组合键计算结果，并将公式填充至最后一行，如图 3-8 所示。

此时 G 列中的数据表示带有对应关键词商品的平均订单数，其计算公式为“平均订单数 = 搜索人气 × 点击率 × 支付转化率 / 在线商品数”，其中搜索人气代表该商品的展现机会，搜索人气乘以点击率代表该商品的访客数，再乘以支付转化率代表实际取得的订单数，最后除以在线商品数后计算出来的数字则代表该关键词下的商品所能取得的平均订单数。该数值越大，则该关键词对应的市场机会越多。将 G 列进行降序排列，删除其中数值较小的关键词（如小于 0.01），即可得到与“半身裙”相关的数据表现好的关键词。

G2 =B2*D2*E2/F2

	A	B	C	D	E	F	G
1	搜索词	搜索人气	搜索热度	点击率	支付转化率	在线商品数	平均订单数
2	半身裙	181,127	443,604	145.75%	4.63%	11,283,720	0.001083229
3	半身裙女	97,625	229,551	120.46%	4.45%	1,018,346	0.005138881
4	牛仔裙 半身裙	89,918	212,173	124.60%	6.81%	185,072	0.041225988
5	半身裙中长款	89,627	227,204	141.79%	4.98%	1,168,560	0.005415802
6	半身裙春女 2019新款	86,263	207,058	119.38%	4.10%	612,368	0.006894893
7	半身裙夏	80,556	204,863	132.78%	4.34%	814,589	0.005698778
8	蛋糕裙半身裙	75,596	184,844	147.81%	6.98%	465,424	0.016757502

图 3-8 计算平均订单数

（2）删除无效关键词

在数据表现好的关键词中，还存在着重复、违规等无效关键词，商家应将其删除。无效关键词包括以下5类。

- 极限用语：包括与“最”有关、与“一”有关、与“级/极”有关、与“首/家/国”有关、与时间有关等词语，如国家级、最低价、首个、第一品牌、全网首发、世界领先、销量冠军、领袖品牌、独一无二、史无前例等词语。
- 功能性用语：《中华人民共和国广告法》规定，广告不得以虚假或者引人误解的内容欺骗、误导消费者，如某商品批准文号为国妆备进字，并非特妆准字，不属于特殊化妆品类，若商家在商品详情页面内宣传特殊化妆品功效，则属于虚假宣传，违反广告法。育发、染发、除臭、祛斑、防晒、美白都属于特殊化妆品功能词。此外，将普通食品描述为具备养肝护胃、提高免疫力、化痰止咳等功能，也同属于该情况。同时宣传医疗用语，如治疗、治愈、医治、防癌抗癌、处方药、医疗等也需慎重使用。
- 无关热词：无关热词是指搜索量很大但与当前商品没有直接关系的词语，如当前商品是“雪纺连衣裙”，但标题中加入了“真丝连衣裙”热搜词。
- 品牌比较词：商品标题中不能出现与其他品牌相比较的词语，如“媲美香奈儿的香水”。
- 违禁词：涉及不良渠道的关键词，以及未参加相关活动但标题中出现相关营销内容的词语，都属于违禁词。

（3）根据标题结构组合关键词

查找数据表现好的关键词并删除其中的无效关键词后，商家就可在其基础上按标题结构组合关键词了。

① 标题结构。

商品标题一般由多种关键词组合而成，主要包括核心关键词、属性词、品牌词、促销词、功能词等。

- 核心关键词：核心关键词是描述商品本质的词语，如“连衣裙”“笔记本”等。
- 属性词：描述商品属性的词语，如形状、尺码、材质、大小、颜色等。
- 品牌词：商品的品牌，如李宁、迪奥等。
- 促销词：对商品进行促销的词语，如买一赠一、包邮等。
- 功能词：描述商品功能的词语，如保暖、防滑、防水、便捷等。

② 标题组合。

在明确商品标题结构以后，商家应该筛选出关于商品属性、特征、功能、材质的关键词，删除重复的关键词并进行组合。通常情况下，商品标题中关键词的种类越多，被搜索到的概率会越大。下面以“半身裙”的标题组合为例进行说明。

首先确定核心关键词——半身裙。

其次分析半身裙的属性、材质、功能等。查找符合该商品的关键词，如属性词——蛋糕裙、波点、雪纺等，功能词——包臀、遮小腿等。

然后确定商品品牌词，如“秀研”等。

最后根据消费者的搜索习惯加入一些有人气的修饰词语，如“新款”“很仙”“小清新”等。

分析半身裙的关键词之后，即可对关键词进行组合，形成商品标题，如“秀研2019新款小清新很仙的雪纺蛋糕裙波点包臀遮小腿”。

2. 优化主图

淘宝网中的商品通常是以商品主图加商品标题的形式进行展示的，商家在通过淘宝 SEO 获得更好的商品展示排名后，能不能将曝光量转化为点击率，很大程度上取决于商品主图的质量。因此，除商品标题以外，决定店铺搜索流量多少的另一大决定因素就是商品主图。为了优化商品主图，吸引消费者点击，商家可以采用一些优化技巧，让展示效果更佳。

（1）环境引导

环境引导是指通过将商品放置到实际使用环境中的方式来展示商品，为商品营造一种特殊的场景氛围，使消费者产生代入感，从而提升其购物欲望，提高点击率。图 3-9 所示的两张主图，同样是沙滩长裙，第一张主图采用挂拍的方式进行展示，虽然看起来很整洁、唯美，但与第二张主图中的海滩场景相比，画面没有使消费者产生代入感，而第二张主图通过沙滩、大海、蓝天等元素构建了一个引人入胜的环境，让消费者身临其境，能激发消费者购买该商品的欲望，比第一张主图更具有吸引力。

此外，主图的差异化也是吸引消费者点击的因素之一，目前的电商市场上，同类目下大多数商品主图同质化情况严重，因此具有差异化的主图无疑更能吸引消费者的关注。一般来说，商家可以通过以下 3 种方法来实现差异化。

- 通过主图中的商品大小、摆放和数量等来区别其他同类主图。图 3-10 所示的两张主图都是同类型的碟子，且都采用常见的盛放食物场景来进行环境引导，但第二张主图通过有序的摆放，使画面更加整洁，更容易吸引消费者的点击。

图 3-9　环境引导

图 3-10　商品摆放差异化

- 通过模特的姿势、穿着、表情、动作等来区别其他同类主图。图 3-11 所示的两张同类型女士短靴主图，因为模特穿着靴子的姿势不同，主图的展示效果有所不同。

- 通过主图背景颜色、风格等来区别其他同类主图。图 3-12 所示的两张马克杯主图，第一张图片的背景效果就比第二张好，看起来更加清爽。

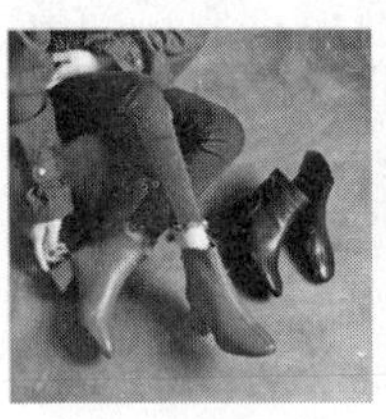

图 3-11　模特差异化

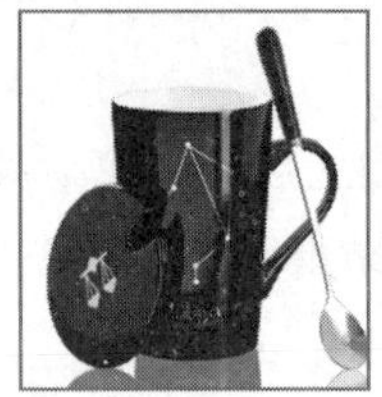

图 3-12　背景差异化

（2）突出卖点

卖点是指商品别出心裁、与众不同的特点。对于部分实用商品，特别是功能性商品而言，要想引入更多流量，只凭借美观的图片是不够的，还需要展示足够的卖点来激发消费者的购买欲望。卖点一般通过商品详情页进行展示，当然为了在第一时间吸引消费者关注，商家也可挑选具有代表性的卖点在主图中展示。由于主图图片大小有限，所以卖点展示必须简练明确，这就需要商家深入分析目标消费群体的特点，挖掘他们的真正需求。一般来说，商品的性能、特点、价格、质量、促销信息、细节等都是消费者想要了解的信息，都可作为卖点展示在主图中，如通过商品使用图、细节图、配套商品及赠品进行展示，也可搭配文案展示。图 3-13 中的耳机文案“可洗澡”和将耳机置于流水中的场景就展示了该商品深度防水的卖点。

图 3-13　卖点展示

（3）文案优化

商品的主图关系着品牌形象与品牌定位，不能使用“牛皮癣广告”式的文案。一般来说，主图文案都比较简洁，要求能够直击商品要点。同时，在文案排版、文案颜色、图文比例上也有一定要求。

- **文案排版**：文案通常有左右排版、中心对称排版、中心围绕排版、上下排版等排版方式，具体采用哪种排版方式要根据图片的实际效果而定。例如，较规则的、整体呈竖式的商品，可采用中心对称排版和左右排版。图 3-14 所示即为左右排版的文案。

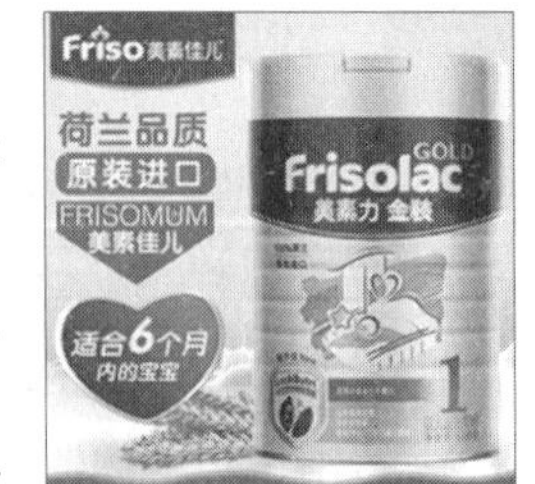

图 3-14　文案排版

- **文案颜色**：文案颜色一般根据商品颜色来定位，如可选择同色系或补色系，保持整个商品主图效果的和谐。
- **图文比例**：为使商品主图重点突出，在搜索页面中更具优势，一般商品占整个主图的 2/3 以上，文案内容建议不超过 1/2。

3.2 商品数据分析与优化

通过对商品数据的分析，商家可以更直观地了解店铺商品的销售情况。下面将具体讲解使用生意参谋对商品概况、重点单品、异常商品进行分析的方法，并诊断异常商品的数据表现，进行有针对性的优化。

↘3.2.1　分析商品概况

商品概况包括商品信息总况、商品销售趋势、商品排行概览等信息，其中商品信息总况提供了流量相关、访问质量以及转化效果 3 个方面的商品数据。在分析时，商家可以查询不同时间段（最近 1 天、最近 7 天、最近 30 天）和不同终端（所有终端、PC 端、无线端）的数据。打开生意参谋首页，然后单击“转化看板”右上角的“商品分析”超链接，单击“商品分析”页面左侧导航栏中的“商品概况”选项，即可查看商品概况。图 3-15 所示为某店铺 1 天内所有终端的商品概况数据。

图 3-15　商品概况

从图 3-15 中可以得知，该店铺流量呈下降趋势，详情页跳出率比前一日高 3.25%，平均停留时间低于前一日；同时，加购件数与商品收藏次数较前一日均有所降低，有待提高，商家可通过一些促销手段来提高转化效果。

↘3.2.2　分析重点单品

商家对一些比较重视的单品进行分析可以制定更全面的推广策略，从而取得更精准的单品引流效果，打造更加适合市场的爆款商品。在“商品分析”页面左侧的导航栏中单击“单品分析”选项，打开“单品分析”页面，在搜索框中输入需要分析的商品关键词、商品 ID 或粘贴商品 URL，并在提示列表中选择目标商品即可对选择的商品进行分析，如图 3-16 所示。

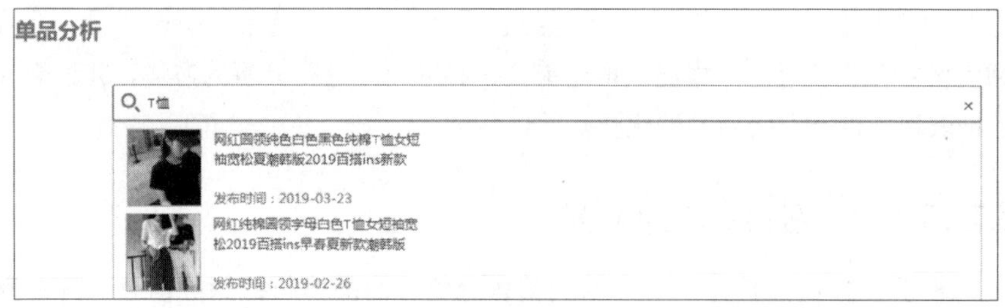

图 3–16　单品分析

单品分析包括来源去向、销售分析、访客分析和促销分析 4 个部分，下面分别进行介绍。

1. 来源去向

商家通过来源去向可以分析引流来源的访客质量、关键词的转化效果、来源商品贡献等，清楚地看到引流策略的实际效果。图 3-17 所示即为某单品的关键词效果分析，从图中可以得知，这几个关键词所带来的曝光量和点击量都很少，对此可采用 3.1.4 小节中所讲解的标题优化方法对其进行优化。

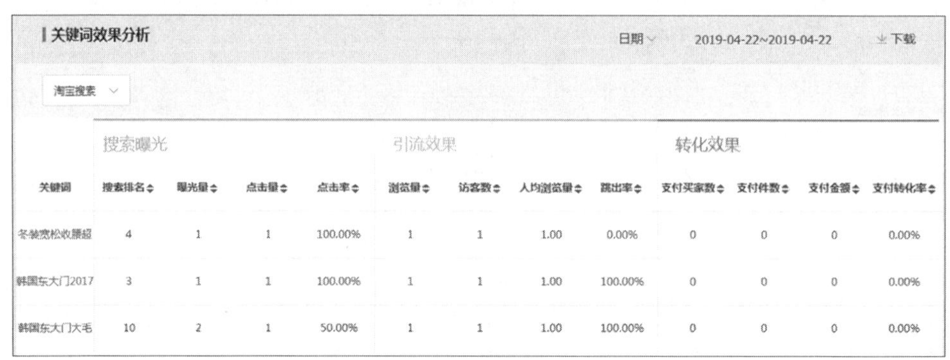

关键词效果分析　日期　2019-04-22~2019-04-22　下载

淘宝搜索

	搜索曝光				引流效果				转化效果			
关键词	搜索排名	曝光量	点击量	点击率	浏览量	访客数	人均浏览量	跳出率	支付买家数	支付件数	支付金额	支付转化率
冬装宽松收腰超	4	1	1	100.00%	1	1	1.00	0.00%	0	0	0	0.00%
韩国东大门2017	3	1	1	100.00%	1	1	1.00	100.00%	0	0	0	0.00%
韩国东大门大毛	10	2	1	50.00%	1	1	1.00	100.00%	0	0	0	0.00%

图 3–17　单品关键词效果分析

2. 销售分析

通过销售分析可以查看商品的销售趋势和 SUK 销售详情。

- **销售趋势分析**：商家在销售趋势板块中可以查看商品一段时期内的（时间区间可以自定义）销售趋势变化情况，从而掌握规律、迎合变化，提高店铺转化率，如图 3-18 所示。在该板块右上角下拉列表框中可以选择查看不同的指标，包括销售相关指标（商品访客数、被访问商品数等）、访问质量指标（详情页跳出率、平均停留时长等）、转化相关指标（下单转化率、加购件数等），以及搜索相关指标（曝光量、点击率等）。

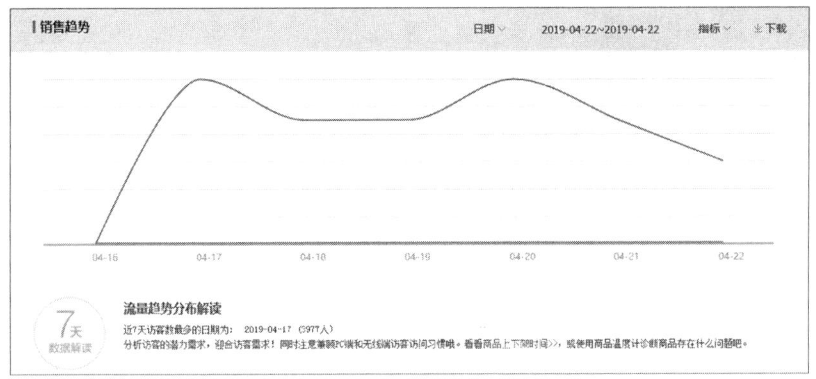

图 3–18　销售趋势

- **SKU 销售详情分析**：商家在 SKU 销售详情板块中可以查看一个商品的 SKU 销售情况，从而布局近期内商品库存，避免积压，有助于商家进行库存管理，如图 3-19 所示。从图 3-19 中可以得知，该商品各 SKU 的当前库存都比较充足，不需要立即补货。商家在实际的运营过程中不能只关注数据，还应注意季节，以及当下流行趋势的变化，综合分析各种因素再进行库存管理。

SKU销售详情　日期　2019-04-18~2019-04-18　指标　下载

SKU信息	价格	当前库存	新增加购件数	下单件数	下单买家数	支付件数	支付买家数	操作
黑色:M	128	549	207	44	39	36	35	查看趋势
黑色:L	128	614	189	35	31	33	32	查看趋势
黑色:S	128	720	113	15	14	14	14	查看趋势
黑色:XL	128	721	95	18	17	17	17	查看趋势

图 3–19　SKU 销售详情

SKU 的含义

SKU 的英文全称为 Stock Keeping Unit。淘宝网 SKU 是指保障库存控制的最小可用单位，实际上就是淘宝网商品的销售属性集合，如商品颜色属性、尺码属性等都属于 SKU 的一种。以一款女装为例，粉红色的 S 码、M 码、L 码都是一个 SKU。

3. 访客分析

商家通过分析商品访客数据，如新老访客占比、性别分布、地域分布、来访时间分布等，有助于有针对性地提高消费者满意度。图 3-20 所示即为某款连衣裙的访客分析情况。

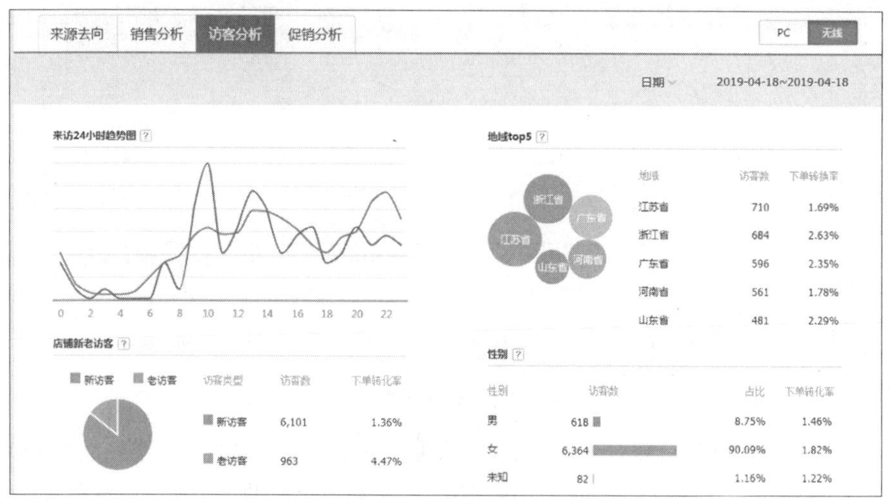

图 3-20　访客分析

- **来访时间**：商家通过查看访客来访时间的分布情况，可推测消费者网购的高峰时段，进而优化商品上下架时间。从图 3-20 中可以得知，该商品的访客来访时间主要分布在 9：00 ~ 11：00、12：00 ~ 15：00 以及 19：00 ~ 22：00，商家可以据此安排该商品的上下架时间。
- **地域分布**：商家通过查看访客地域分布情况，一方面可以了解该商品的访客与店铺自身定位的消费人群是否一致，考察为该商品引入的流量是否精准，另一方面可以明确该商品接下来应该在哪些地域进行重点推广。从图 3-20 中可以得知，该商品的访客主要集中在江苏省、浙江省、广东省等地区，且相应的转化效果都很好，商家应该对这些地区加以重视，制订相应的营销方案，如在新建直通车推广计划时，可将投放地域设置为这些地区。
- **性别分布**：商家通过查看访客性别分布可以判断该商品的引入流量是否精准。从图 3-20 中可以得知，该款连衣裙的访客中，女性占比在 90% 以上，下单转化率的数据表现很好，说明其流量比较精准。
- **新老访客占比**：对于商家来说，老客户在客单价和转化率方面的贡献都要高于新客户。商家通过查看新老访客占比情况，并结合下单转化率进行分析，可以考察新老客户对店铺的满意度和忠诚度，为后续的会员管理提供数据支撑。从图 3-20 中可以得知，该商品的访客中，老访客占比 13.63%，且转化率很高，说明老访客对该店铺比较满意、信任，愿意长期关注店铺的上新动态。

4. 促销分析

商家在促销分析页面可以查看 5 款最适合关联搭配的商品，如图 3-21 所示。商家通过查看促销分析，可以量化商品搭配效果，制定商品搭配策略，提高客单价，如在商品详情页中引导消费者单击“关联搭配商品”超链接，并推出商品组合的优惠套餐，以及在售前客服时将一组关联搭配商品一并推荐给消费者。

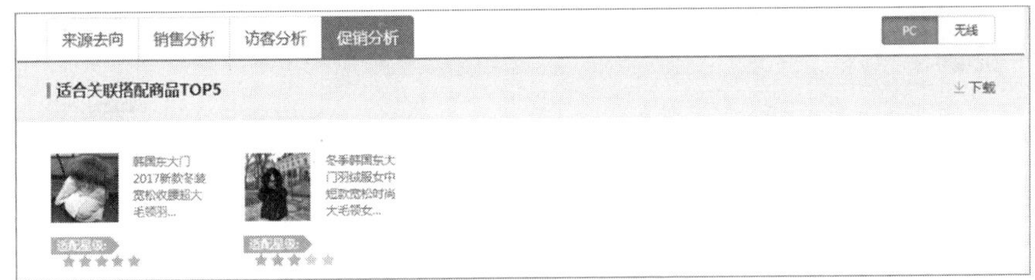

图 3–21　促销分析

3.2.3　诊断异常商品数据并优化

通常店铺中商品众多，如果依次分析将花费大量时间，因此生意参谋提供了异常商品分析的功能，帮助商家快速定位店铺异常商品并制定优化策略。

1. 诊断异常商品数据

在生意参谋“商品”页面左侧的导航栏中选择“异常商品”选项，打开“异常商品”页面，查看当前表现异常的商品，包括流量异常、支付转化率异常、跳出率异常、支付异常、库存异常等，如图 3-22 所示。从图 3-22 中可以得知，该店铺的异常商品主要是支付转化率低（低于同类商品平均水平）的商品，商家应该进一步分析支付转化率低的原因。

异常商品

为您提供各类异常商品的TOP50，会有一个商品存在多种异常的情况，请关注哦。

流量下跌 (0)　支付转化率低　高跳出率 (2)　支付下跌 (0)　零支付 (0)　低库存 (1)

支付转化率低商品：支付转化率（支付买家数/商品访客数）低于同类商品平均水平；

建议：优化商品标题和描述，通过促销优惠促使买家下单转化。

商品名称	最近7天访客数	最近7天日均支付转化率	操作
雪纺黑色波点蛋糕裙春夏碎花半身裙a字不规则长款波点裙2019新款 发布时间：2019-02-26	42,144	2.27%	商品温度计 单品分析
网红圆领纯色白色黑色纯棉t恤女短袖宽松夏潮韩版2019百搭ins新款 发布时间：2019-03-23	1,345	15.91%	商品温度计 单品分析
很仙的法国小众复古v领红色雪纺波点连衣裙2019初春新款女夏短款 发布时间：2019-02-26	595	1.34%	商品温度计 单品分析

图 3–22　异常商品

下面针对其中一件商品进行具体分析。单击异常商品后的“商品温度计”超链接，打开“商品温度计”页面，查看当前商品的转化情况，如图 3-23 所示。从图 3-23 中可以看出，该商品访客中离开店铺的访客数远高于同类商品平均值，生意参谋给出的建议是优化详情页的页面性能、描述，以留住访客。

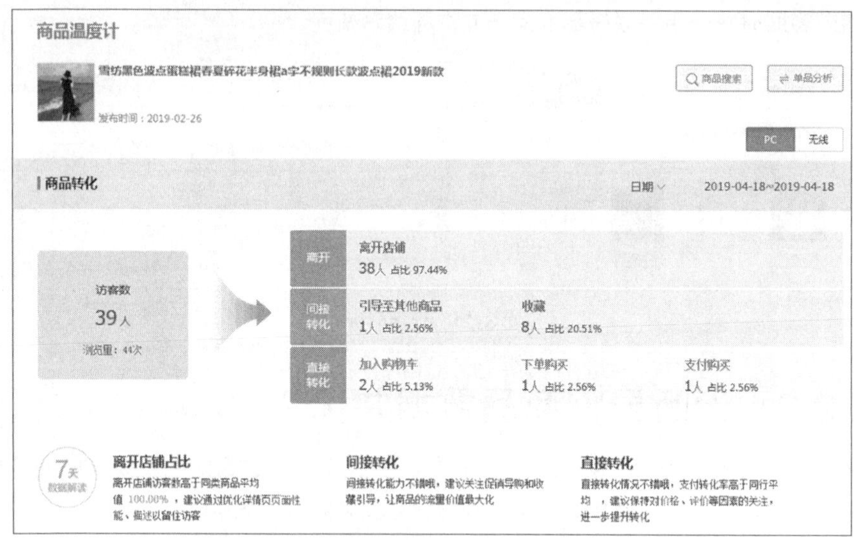

图 3-23　商品转化情况

同时，在“商品温度计”页面下方的“影响商品转化因素检测”板块中可以对影响商品转化的因素进行检测，包括页面性能、标题、价格、属性、促销导购、描述、评价等因素，如图 3-24 所示，生意参谋会给出对应的经营策略供商家参考。从图 3-24 中可以看出，导致该商品转化率低的主要原因是详情页的页面性能、描述等方面存在问题。

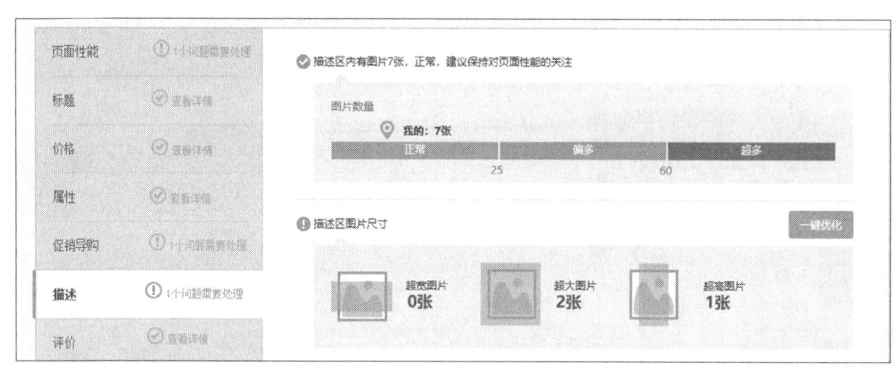

图 3-24　对影响商品转化因素的检测

2. 优化商品详情页

根据上面的分析可以得知，详情页对商品的转化率起着至关重要的作用。消费者通过各种渠道进入店铺查看商品时，主要通过商品详情页来了解该商品的基本信息。商品详情页的质量，直接影响消费者的购买行为和商品的销量。

（1）详情页的展示流程

为了更有针对性地进行详情页优化，首先需要了解详情页的展示流程。下面就按照其展示顺序依次进行介绍。

① 诱发消费者的兴趣：诱发消费者的兴趣是详情页优化的第一步，目的是给予消费者良好的视觉体验，通常可以通过商品效果图、细节图、焦点图等商品图或吸引人的文案作为详情页第一屏的内容。但需要注意的是，如果详情页第一屏出现过度美化、过度复杂不合理的关联营销等图片，不仅会影响详情页的整体美观度，而且容易让消费者反感，降低消费者继续查看的欲望。图 3-25 所示即为新鲜车厘子的详情页图片，其通过良好的视觉体验让消费者似乎真的看到了鲜嫩多汁的水果，吸引消费者继续查看其他信息。

图 3-25　诱发消费者兴趣

② 展示商品的卖点：消费者在购买商品时，最关注的是商品的作用，以及它带来的收益，所以突出展示商品卖点是打动消费者购买商品、促成交易的主要手段。卖点挖掘常见流程一般是依次描述商品的特点、作用，以及它带给消费者的利益等。商家在挖掘卖点时，一定要突出该商品与同行竞品之间的差异，同类商品基本都具备的卖点，不足以让消费者产生购买行为。挖掘卖点的途径很多，可以从商品本身的特点进行挖掘，从商品使用环境中挖掘，也可以从商品对比中挖掘。图 3-26 所示为一款婴儿浴盆的详情页，其主要突出的卖点就是材质环保、设计科学。

图 3-26　突出商品卖点

挖掘痛点

挖掘痛点也是吸引消费者购买商品的重要手段。痛点是指消费者在使用这类商品时容易出现的不满和落差，商家通过为消费者消除这种不满和落差，来促成商品的交易。

③ 展示商品的细节：展示商品细节通常就是展示商品质量的环节，对于部分商品而言，细节与卖点有一定程度的重合，有时细节也是卖点。质量是消费者最关注的商品品质之一，质量好的商品可以提升消费者的购买欲望，提高消费者的访问深度，从而提高商品转化率。质量的展示是多方面的，如功能、性能、工艺、参数、材质、贴心细节、性价比等方面都可以用于展示商品质量。在展示商品质量时，应注意展示方式，如在展示参数、性能、工艺等数据信息时，不要直接使用烦琐的文字和数据，最好通过简单直白的图片搭配数据方式进行展示，让消费者能够一目了然。在展示功能、细节、性价比等信息时，通常使用图片搭配简单文案的方式进行展示，即图片为主，文案为辅，注意详情页的整体视觉效果，突出商品本身。图 3-27 所示即为两款家具的详情页，分别展示了该商品优良的材质、合理的设计。

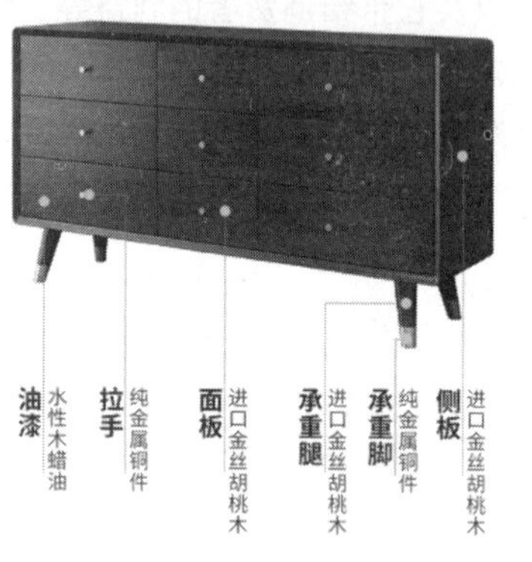

图 3-27　展示商品细节

④ 用保障打消消费者顾虑：在完整展示商品的基本信息后，还需进一步打消消费者的顾虑，进一步诱发消费者的购买欲望。证书、售后服务、评价、包装、物流、消费保障等都是进一步打消消费者顾虑的有效方式。图 3-28 所示分别为一款家具和冰箱的详情页，家具的详情页展示其专业包装以证明运输安全，冰箱的详情页则强调其正品和售后保障。

图 3-28　家具和冰箱的详情页

（2）优化详情页技巧

商家在实际优化详情页时，主要可以从页面布局、加载速度、关联营销、添加品牌文化几个方面入手，下面分别进行介绍。

① 详情页页面布局优化。

详情页的布局效果直接决定了消费者对商品的视觉感受，优质的详情页布局可以引导消费者深入查看详情页信息并做出购物行为。详情页优化要从详情页的整体布局、图片布局和文案搭配等方面进行优化。

- **整体布局：**详情页的整体布局应该遵循统一整洁的原则，即颜色统一、风格统一，版面整洁规范。同时，在内容布局上应具备一定的逻辑性，如在挖掘商品痛点时，应先列出消费者关注的痛点，再提出解决方案，从而引导消费者阅读。
- **图片布局：**商品详情页一般以图片为主，因此需要突出图片的表达效果。在图片布局时，应尽量做到同等级的图片大小统一、颜色和谐。
- **文案搭配：**虽然图片是商品详情页的主体，但文案也是必不可少的因素。将文案中的设计元素与目标消费人群的喜好、详情页风格等相结合，不仅能使文案起到描述商品的作用，还能让图片中的内容更加生动充实，为商品增色。商品详情页的文案内容一般较少，且为保持图片美观，文案不能覆盖图片本身。为了让文案排版更统一美观，商家还需对文字大小、字体搭配、颜色搭配进行优化和处理。

② 详情页加载速度优化。

详情页的加载速度是影响消费者网购体验很重要的一个因素。商品详情页图片过多、容量过大，或详情页内容屏数过多，会延长消费者加载网页的时间，而加载时间太长，就非常容易增加消费者的跳失率。一般来说，服装类目的详情页屏数都较多，建议在完成详情页图片制作后，先将其切片为合适的大小，再上传到淘宝店铺中。这样做的目的是使系统在加载每一张图片时，不需要花费太长的时间，且图片依次加载，不影响消费者查看。

③ 关联营销优化。

商品详情页中的关联营销实际是一种店内促销手段，其常见形式包括商品搭配套餐、商品搭配推荐、促销活动、商品推荐等。在商品详情页中添加适当的关联营销，不仅可以激发消费者潜在需求，提高客单价，还可以引导消费者查看相关商品。如果消费者在查看完详情页的所有内容后，依然没有产生购物行为，则表示商品的某个或某些方面无法满足消费者的需求，但商品或店铺本身又对消费者具有吸引力，此时商家可以通过关联营销的形式为消费者推荐其他相似商品。在设置关联营销时，推荐的商品主要“精”而不是多。关联营销的位置一般可放在详情页页首，或放在商品信息之后、售后信息之前。在设置关联营销时，注意要设置商品的跳转链接，方便消费者在查看关联商品的同时可以快速了解商品的属性、特点、价格等内容。

④ 添加品牌文化。

如果商品有良好的品牌文化，或具有一定的品牌知名度，则商家也可在详情页前面添加该商品品牌的相关信息。品牌介绍不仅可以增加商品可信度，传递商品价值，还可以增加商品曝光度，让更多人了解和记住品牌。注意，品牌信息不宜过多，否则容易引起消费者的视觉疲劳，品牌介绍一般选择优质的商品图片并搭配可体现品牌风格和特色的简单文案即可。

3.3 交易数据分析与优化

交易分析是对店铺经营过程中的交易数据进行分析，如下单金额、支付金额、支付买家数、支付转化率、客单价等数据，商家通过生意参谋对这些数据进行分析，可以掌握店铺的交易情况，并有针对性地对这些数据进行优化，提高店铺的销售额和利润。下面将详细介绍交易数据分析优化的方法。

3.3.1 了解店铺交易概况

在生意参谋“交易分析”页面左侧的导航栏中选择“交易概况”选项，打开“交易概况”页面，对交易总览和交易趋势的数据进行查看和分析。其中，在交易总览板块，商家可以查看任意天数的访问量、下单买家数、客单价、转化率等数据。同时该板块还显示了从访客进入下单、支付的交易漏斗，让商家可以清晰直观地看到店铺的支付转化情况，如图 3-29 所示。从图 3-29 中可以得知，该店铺的整体交易状况较前 1 天表现不错，访客数、下单金额和客单价等数据都有所提高。但需要注意的是，下单 - 支付转化率（统计时间内，下单且支付的买家数 / 下单买家数）仅为 78.95%，这意味着有许多消费者下单后没有支付，商家应重点进一步分析其原因并进行优化。

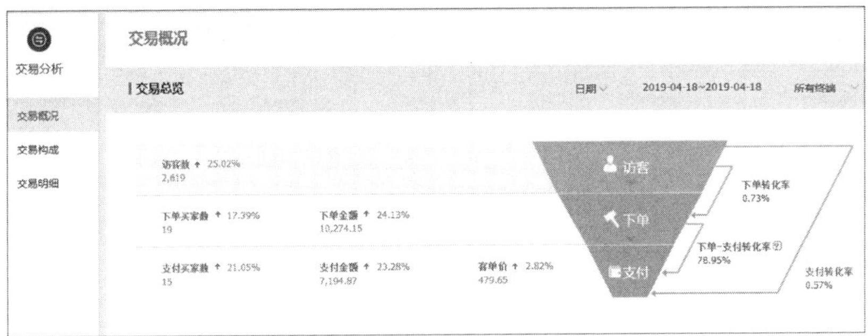

图 3–29　交易概况分析

↘3.3.2　查看交易构成情况

生意参谋主要从终端构成、类目构成、品牌构成、价格带构成、资金回流构成 5 个方面对交易构成数据进行分析，可帮助商家了解终端、类目、品牌等各方面的交易构成数据，以便有针对性地进行完善和优化。在生意参谋“交易分析”页面左侧的导航栏中选择“交易构成”选项，打开“交易构成”页面，即可查看交易构成数据。图 3-30 所示为最近 30 天某店铺交易的终端构成和类目构成，从图中可以得知，该店铺的交易基本上都来自无线端。半身裙和 T 恤的销售额则分别占据店铺交易总额的 89.13% 和 10.06%。根据该数据表现，商家应重点关注移动端的运营，以及半身裙和 T 恤类目的销售情况。图 3-31 所示为最近 30 天某店铺交易的价格带构成，从图中可以得知，该店铺交易中，买家支付金额普遍分布在 70 ~ 200 元，商家可以根据此信息来比对自己店铺的价格定位，必要时及时做出调整。

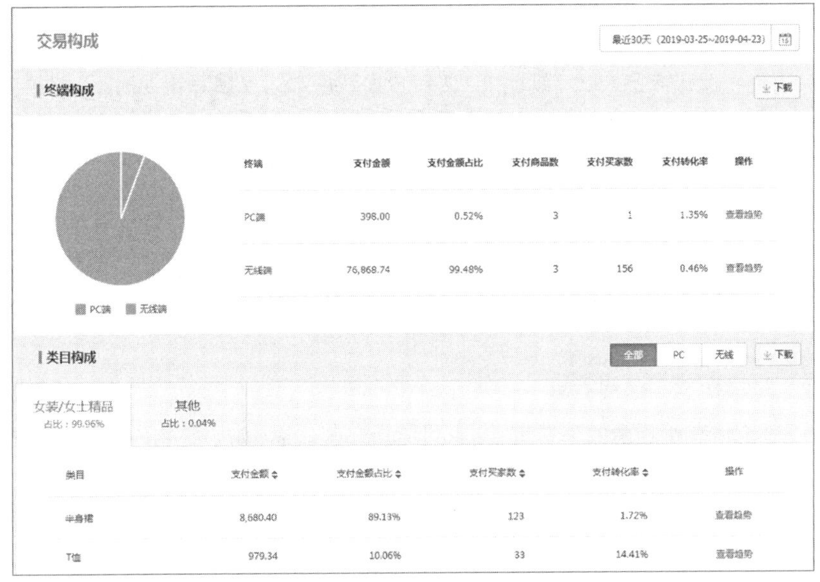

终端	支付金额	支付金额占比	支付商品数	支付买家数	支付转化率	操作
PC端	398.00	0.52%	3	1	1.35%	查看趋势
无线端	76,868.74	99.48%	3	156	0.46%	查看趋势

类目	支付金额	支付金额占比	支付买家数	支付转化率	操作
半身裙	8,680.40	89.13%	123	1.72%	查看趋势
T恤	979.34	10.06%	33	14.41%	查看趋势

图 3–30　交易的终端、类目构成

价格带构成　全部　PC　无线　下载

价格带	支付买家占比	支付买家数	支付金额	支付转化率	操作
0~20元	0.00%	0	0.00	0.00%	查看趋势
40~70元	1.60%	2	57.42	1.72%	查看趋势
70~200元	100.00%	125	9,681.33	1.72%	查看趋势
200~350元	0.00%	0	0.00	0.00%	查看趋势

图 3-31　交易的价格带构成

3.3.3　优化店铺交易数据

知识链接

催付禁忌

通过前面的数据分析可以得知，该店铺的表现不错，只有下单-支付转化率较低，直接影响店铺的销售额。支付环节是交易成交前的临门一脚，消费者在下单后没有支付，等于订单到手边却流失掉，是十分可惜的。因此，商家要对下单支付率较低的原因进行分析并采取相应策略优化该数据。

1. 下单未支付原因

从消费者角度进行分析，消费者下单未支付的原因有以下几个。

- 消费者已经产生购买意向，但对该商品仍存有顾虑，相关的因素包括商品质量、售后保障、价格等。例如，服装类商品消费者担心实际上身效果与商品描述差异太大。
- 消费者想要货比三家，对照其他店铺的商品。
- 消费者选错商品SKU，或地址、联系方式等基本信息填写错误时，可能放弃支付。
- 消费者不会进行网上支付操作，此情况下的消费者多为新手消费者。

2. 制定优化策略

了解消费者下单未支付的原因后，可制定相应的优化策略。对于有消费意愿但由于技术性原因而尚未成功支付的消费者，只需客服及时介入沟通，细心引导其进行正确操作即可促成其支付。而对于其他原因，则需要商家采取一些特殊的策略来促进其支付转化。

（1）给予优惠，促成交易

对于对价格有所顾虑的消费者，商家可给予一些优惠，如小礼物、试用品、优惠券等。这一方面可让消费者感到物有所值，使商家与消费者建立良好的关系，并使消费者成为店铺的忠实会员；另一方面也能在无形之中对店铺、商品起到推广宣传的作用。商家在推出新品、打造爆款时，可借机做一个前期的市场调研，根据消费者收到后的反馈来制定下一步营销策略。

（2）巧用库存，提醒消费者及时交易

对于想要货比三家的消费者，巧用库存催付是一个很好的办法。商家在使用该方法时要把握好分寸，既要向消费者透露商品很抢手的信息，又不能给其一种强硬、居高临下的感觉。例如，商家可告诉消费者："有喜欢的就带回家吧，下次可能没有您要的尺码，现货活动供不应求，随时断码，手慢无呢！"。同时也要根据不同消费者的性格灵活处理，避免使其反感。

（3）巧用促销结束时间，尽快完成交易

对于拍下特价商品而未支付的消费者，商家也可以采取与上面类似的策略，即提醒消费者该商品是限时特价，如果不及时支付，之后再买就无法享受这样的优惠，使其产生危机感。例如，商家可以告诉消费者："亲，我们店铺的周年庆活动马上就结束了哟，今天是活动最后一天，过了就恢复原价哦，请抓紧付款哟~"

（4）巧用快递发货时间，促进立即付款

对于商家来说，每日的快递发货时间一般是固定的。对于临近发货时间还在犹豫的消费者，商家可以发货时间为由进行催付。例如，商家可以告诉消费者："亲，您在15:00之前完成付款，客服今天就可以为您安排发货，最近仓库发货量大，先付款先发货哟！"这样的表达非常委婉，消费者也会觉得商家是为自己着想，因而也不容易产生抵触情绪。

（5）适度承诺，打消顾虑

对于担心实际效果与商品描述差异大、质量不佳或售后没有保障的消费者，商家可向其做出适度的承诺以打消其顾虑，如承诺7天无理由退换、赠送运费险，或提供详细的售后保障说明。同时对商品详情页进行考察，分析消费者的这些顾虑是否由于详情页中各种服务承诺、售后保障等描述不完善、不醒目造成的。如果是详情页的问题，商家应对详情页进行相应的优化。

3.4 客服数据分析与优化

对于店铺来说，客服除了能够耐心解答消费者的疑问，并读懂消费者的需求外，更重要的作用是将自己的服务转化为店铺的实际利润，而这些利润主要是通过各种销售数据表现出来的，包括接待数据、销售数据、客单价及成交率等，本节将重点介绍使用生意参谋分析并优化客服数据的方法。

3.4.1 分析客服销售数据

客服销售数据包括客服整体和个人客服两个方面。下面分别进行分析。

- **客服整体分析**：在生意参谋"服务洞察"页面左侧的导航栏中选择"客服销售"选项，打开"客服销售"页面，在"贡献转化"板块可查看店铺客服整体的引导成交转化效果，有助于实时监测客服团队绩效，并与同行同层优秀服务效果进行对比，如图 3-32 所示。其中，重点监测指标包括客服支付金额、客服支付买家数、客服客单价、客服件单价、客服询单－支付转化率、客服询单人数等数据。从图 3-32 中可以得知，该店铺客服整体在客服支付金额、客服支付买家数等数据都较前一日有所提高，但客服客单价较前一日有所下滑，商家应制定相应的优化方案，如商品销售套餐等。

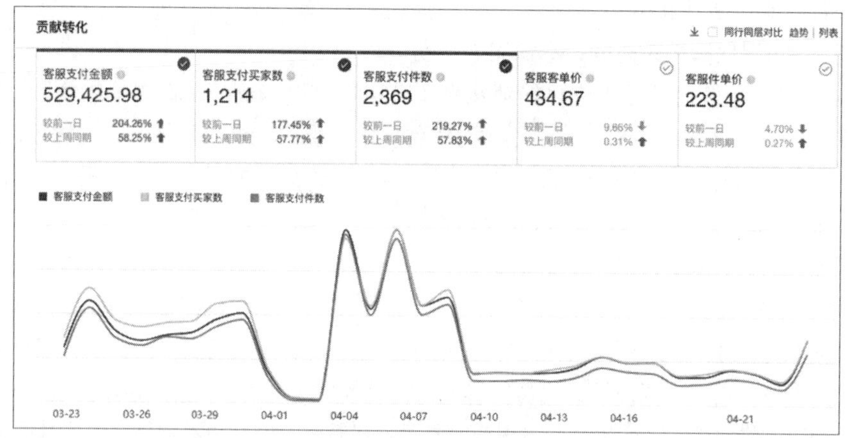

图 3–32　客服贡献转化

- **个人客服分析**：在生意参谋“服务洞察”页面左侧的导航栏中选择“客服销售”选项，打开“客服销售”页面，在“客服贡献排行”板块可以查看每一个人工客服的贡献转化数据，其中，重要监测指标包括客服支付金额、客服支付买家数、客服客单价、客服件单价、客服询单－支付转化率、客服询单人数等，如图 3-33 所示。商家根据该统计数据可对每位客服进行绩效考核，有助于客服团队建设。

客服贡献排行　　首次聊天引导　下载

全部聊天引导 / 首次聊天引导 / 末次聊天引导

☑ 客服支付金额　☑ 客服支付买家数　☑ 客服支付件数　☐ 客服客单价　☐ 客服件单价　☐ 客服下单金额　/3 重置
☐ 客服下单买家数　☐ 客服下单件数　☐ 客服询单-下单转化率　☐ 客服询单-支付转化率
☐ 客服询单人数

排行	子账号名称	客服支付金额	客服支付买家数	客服支付件数	操作
升4名	较前一日	3,655.00 +33.49%	55 -20.00%	70 +25.00%	个人分析
升6名	较前一日	3,454.80 -	50 -50.00%	75 -	个人分析
持平	较前一日	2,788.00 -14.84%	30 -20.00%	45 -25.00%	个人分析

图 3–33　个人客服贡献排行

↘3.4.2　考查客服服务质量

客服服务质量数据包括客服整体和个人客服两个方面。下面分别进行分析。

- **客服整体分析**：在生意参谋“服务洞察”页面左侧的导航栏中选择“接待响应”选项，打开“接待响应”页面，在“接待效率”板块可快速查看客服整体的接待效率和近 30 天的数据走势图。其中，重点监测指标包括客服平均响应时长（秒）、客服首次响应时长（秒）、客服回复次数、客服 30 秒响应次数等，如图 3-34 所示。从图 3-34 中可以得知，相较于前一日，该店铺的客服平均响应时长（秒）、首次响应时长（秒）有所增加，客服 10 分钟未响应次数大幅增长，客服响应时间过长意味着消费者的咨询久久等不到回复，说明该店铺客服的接待效率有待提高，商家应进一步分析其原因。

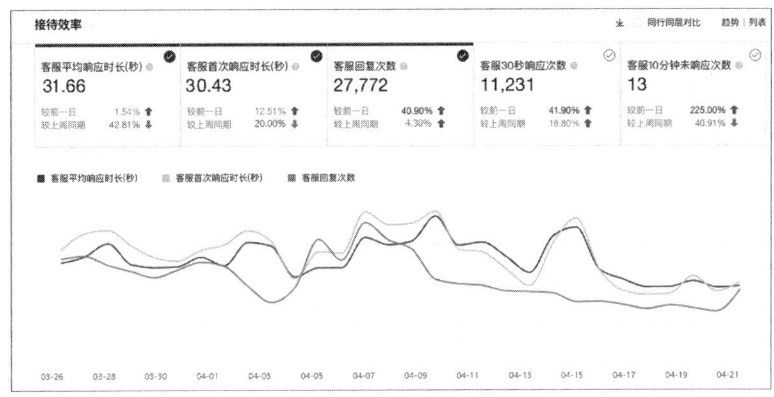

图 3-34　客服接待效率

- **个人客服分析**：在生意参谋“服务洞察”页面左侧的导航栏中选择“接待响应”选项，打开“接待响应”页面，在“个人接待效率排行榜”板块可以查看每一位人工客服的接待效率数据，如图 3-35 所示。商家通过对每位个人客服数据的考察，可以更细致地监测店铺个人客服接待效率，有针对性地提出优化方案。例如，经过查看发现，店铺整体数据表现不佳是由于某位客服的接待响应时长明显偏长，商家可直接与其沟通，找出问题并促其改善。

个人接待效率排行榜

客服平均响应时长(秒)　客服首次响应时长(秒)　客服回复次数　客服30秒响应次数　选择 3/3 重置
客服10分钟未响应次数　客服未回复人次　客服接待超1小时次数

排行	子账号名称	客服平均响应时长(秒)	客服首次响应时长(秒)	客服回复次数
升6名	较前一日	20.60 -100.00%	15.16 -55.94%	1,079 -59.38%
升2名	较前一日	16.92 +12.26%	19.24 -25.00%	3,572 +100.00%
升48名	较前一日	29.00 +25.59%	22.00 -50.00%	27 -49.06%

图 3-35　个人客服接待效率数据

↘3.4.3 优化客服数据

通过对客服数据的分析可以得知，影响客服销售数据的因素主要是客服客单价，影响客服服务质量的因素主要是接待响应时长。下面分别对其制定优化策略。

1. 优化客服客单价数据

客单价是指每一个消费者在店铺中平均消费的成交金额，计算公式为：客单价 = 店铺成交金额 / 成交用户数。例如，某店铺有 10 位消费者前来购买商品，他们的总成交金额是 2 000 元，则客单价就等于总成交金额 2 000 元除以成交用户数 10 位，客单价为 200 元。客服客单价的概念与之类似，即某一位客服服务后的成交金额与服务后成交消费者人数的比值，客服客单价决定店铺客单价，所以优化客服客单价对提高店铺的销售额有很大的意义。

对客服来说，提高客服客单价可以从激发消费者购买需求和合理搭配销售两个方面入手，下面分别进行介绍。

（1）激发消费者购买需求

很多时候，消费者的购买需求是潜在的、隐性的，他们对于自己想要购买什么商品的诉求并不强烈，此时店铺客服需要引导消费者，除了运用对商品专业知识的了解突出商品优势以外，还要向消费者介绍店铺商品的活动，从价格方面来引导消费者购买。

- **特价活动**：为促进商品销售，很多店铺会选择在节假日对商品进行促销，常见的一些形式有直接打折、买满 ×× 元包邮及买一送一等。客服需要给消费者介绍店铺的特价活动，让消费者感到这样的活动是难得一遇的，再加上对商品优势的解说，激发消费者对商品的购买欲望，增加消费者的购买量，从而实现客单价的提高。
- **限时限量抢购**：为提高商品的销售量，很多店铺会参加电商平台举办的一些规模较大的商品特卖活动，如聚划算、天天特价及秒杀等。消费者往往会被这些特卖活动中低廉的商品价格所吸引，而此时客服需要不断向消费者讲解此次活动力度的前所未有、活动时间的紧迫性及库存数量的有限性等，使消费者产生一种稀缺感，增强消费者的购买欲望。

（2）合理搭配销售

客单价是以消费者的订单价格来计算的。客服在销售过程中要进行合理搭配，因为商品关联性越强，组合越合理，就越能激发消费者关联购买的欲望。

商品之间的关系可以分为同类型商品、互补性商品，以及没有关联的商品 3 种。例如，一个消费者进入一款保温杯商品页面，另一款保温杯与此款保温杯的关系则属于同类型商品，而杯套、杯刷是这件商品的互补性商品，筷子、勺子则可以归入没有关系的商品行列。销售商品时，客服一般要选择关联销售的同类型商品和互补性商品，除此之外，数据型的商品关联也是常见的商品关联方法，下面分别进行介绍。

- **同类型关联**：同类型关联是指所关联商品在内在属性、使用方法及外在美观性等各个方面具有相似性，客服需要对这类商品进行组合分类，当客服清楚地了解了消费者的需求后，在为消费者推荐商品时才能更具有选择性。如图 3-36 所示，上图是主推商品，下图是关联商品，客服根据主推商品的外在特点，确定了几款与其样式、色彩类似的关联商品，客服要将这些商品都列为推荐选项，让咨询的消费者最大限度地进行购买，增加多购买的可能性。

图 3-36　同类型关联

- **互补型关联**：互补型关联指将在功能、使用方法等方面有互补充性的商品关联在一起，这种关联方式可放在商品描述的各个地方。例如，某店铺在羽绒外套页面加入对打底衫和裤装的推荐。
- **数据型关联**：数据型关联是指根据消费者之前的浏览记录、购买情况等信息，推测商品搭配的可能性，站在消费者需求的角度对商品进行关联销售。商家可采用 3.3.2 小节中介绍的方法，在“促销分析”页面中查看生意参谋给出的商品关联搭配建议。

2. 优化客服响应时长数据

客服响应时长数据是客服是否在线、是否以最佳状态迎接消费者最有力的证据。通常客服响应时间分为客服首次响应时间和客服平均响应时间。客服首次响应时间是指客服在接待过程中，从消费者咨询到客服第一次回应的时间差；客服平均响应时间是指客服对消费者每次回复用时的平均值。

个别客服的响应时间过长，可能是该客服没有掌握有效的回复技巧、对快速短语的设置不熟悉、打字速度慢或对商品不熟悉等原因造成的。

一般来说，客服首次响应时间应控制在20秒左右，而客服平均响应时间则应控制在50秒左右。响应时间数值越小，则留住消费者的可能性越大。如果简短两句话的回复，店铺客服几分钟后才回应，则消费者的购物体验将十分受影响。对于客服响应时长，商家可以从以下4个方面来优化该数据。

- **合理排班**：通过访客时间分析推测客服接待压力高峰时段，结合店内人员情况安排高峰时段的动态值班方案，在高峰时段可尽可能多安排一些客服。同时，调减访客较少时段的值班客服。
- **熟手优先分配**：以客服自身的资历和近期表现为依据，筛选一部分熟练的客服为一组，优先将消费者分配给他们。同时对于经验缺乏的新客服，可以适当调低其接待上限。
- **加强绩效管理**：根据生意参谋提供的数据对客服进行绩效考核，做到奖惩分明，以激发客服的工作积极性。如果店铺客服较多，可进行分组管理，以分组考核的形式加强管理。
- **定期进行培训**：对于响应时间过长的客服，商家需要培养其服务意识，并定期对其进行相关的技能培训，包括回复技巧、店铺信息介绍、打字速度提高及快捷回复等技能培训。
- **延误对话自动转接**：因一些特殊情况，如客服接电话、与同事沟通等情况导致消费者一直没有得到回复时，则消费者的购物体验很可能会受不良影响。而设置延误对话自动转接就可以避免这样的情况出现。

课堂实训

实训1：分析店铺流量数据

实训目标

本实训要求使用生意参谋的“流量分析”功能，分析店铺流量数据，通过练习熟悉并巩固在生意参谋中查看和分析流量数据的方法。

实训思路

根据实训目标，需要先打开生意参谋，在“流量分析”页面查看店铺流量概况、流量来源、店内路径。

（1）打开生意参谋，在页面顶部的导航栏中选择“流量”选项，在打开的页面中查看流量概况，如图3-37所示。从图3-37中可以得知，该店铺的整体流量呈下滑趋势，需加强引流，如优化商品标题、主图或付费推广。

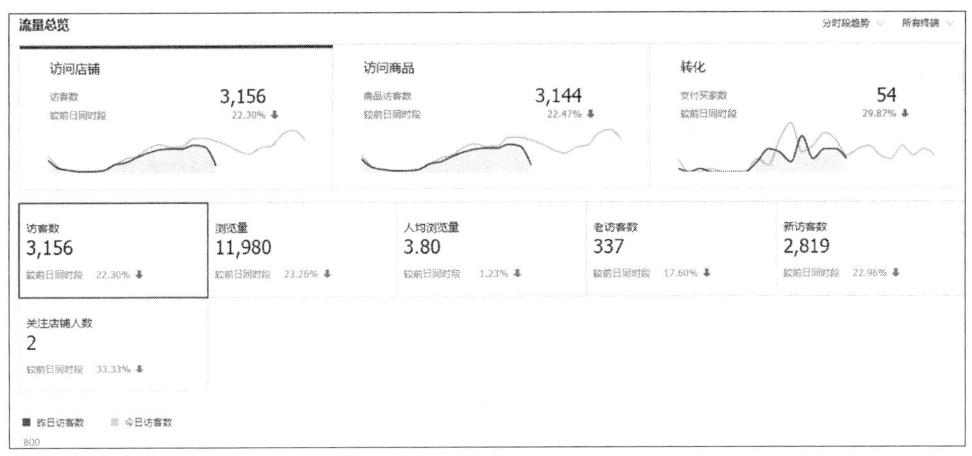

图 3-37 流量概况

（2）在“流量分析”页面中选择“店铺来源”选项，打开“店铺来源”页面，查看店铺流量的来源构成，如图 3-38 所示。从图 3-38 中可以得知，该店铺的流量来源主要包括 3 个，即淘内免费、自主访问和付费流量，通过简单分析可知，淘内免费流量占比约为 75%，自主访问流量占比约为 13%，付费流量占比约为 12%，流量结构比较正常，但各流量构成相对简单，商家可以适当引入其他流量增加转化。大家还可在该页面中查看同行流量来源，分析在同行流量来源中有无值得拓展的渠道。

流量来源	访客数	下单买家数	下单转化率
淘内免费	6,101 +71.91%	134 +74.03%	2.20% +1.23%
自主访问	1,028 +107.68%	131 +111.29%	12.74% +1.74%
付费流量	949 +7.84%	12 +140.00%	1.26% +122.55%
淘外网站	0 -	0 -	0.00% -
淘外App	0 -	0 -	0.00% -
其他来源	0 -	0 -	0.00% -
站外投放	0 -	0 -	0.00% -

图 3-38 查看流量来源

（3）在“流量分析”页面中选择“店内路径”选项，在打开的页面中查看店铺流量的店内路径和页面访问排行。图 3-39 所示即为该店铺的页面访问排行，从图中可以得知，排行第 4 的详情页平均停留时长很短，商家应进一步分析其原因，必要时采取措施进行优化。

页面访问排行　　日期　2019-04-19~2019-04-19

店铺导购页面	首页	商品详情页
访客数 2	访客数 2	访客数 22
占比 7.69%	占比 7.69%	占比 84.62%

排名	访问页面	浏览量	访客数	平均停留时长
1	2019年新大纲初级会计职称考试机考模拟系统2018真...	27	14	14.81
2	2018初级会计职称考试机考手机端系统+押题试卷+新...	27	12	17.66
3	2018年中级会计职称最后6套题押题试卷全真模拟冲刺...	14	11	10.50
4	2018初级会计考试职称考试软件题库真题押题试卷2合1	14	10	5.00
5	2018初/中级经济师考试无纸化机考模拟系统真题题库...	10	10	11.00

图 3-39　查看店内路径

实训2：分析店铺交易数据

实训目标

本实训要求使用生意参谋的“交易分析”功能，分析店铺交易数据，通过练习熟悉并巩固在生意参谋中查看和分析交易数据的方法。

实训思路

根据实训目标，需要先打开生意参谋，在“交易分析”页面查看店铺交易概况和交易构成。

（1）打开生意参谋，在页面顶部的导航栏中选择“交易”选项，在打开的“交易总览”页面中查看交易概况，如图 3-40 所示。从图 3-40 中可以得知，该店铺的访客数、下单买家数、支付买家数、下单金额、支付金额等数据都呈上升趋势，商家可将下单转化率、支付转化率与同行业平均水平进行对比，进一步对转化率进行优化。在下单 - 支付转化率方面，可由客服主动跟进，促成下单，完成支付转化。

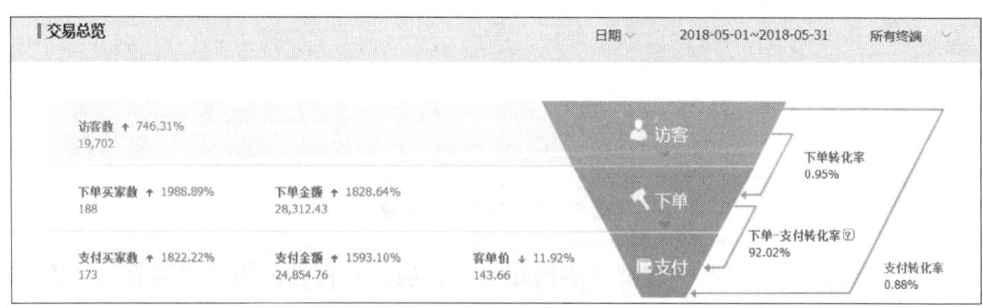

图 3-40　交易总览

（2）在交易分析页面中选择“交易构成”选项，打开“交易构成”页面，查看店铺交易的终端构成，如图 3-41 所示。从图 3-41 中可以得知，该店铺当月无线端交易占比 98.58%，说明无线端流量是店铺的主要流量，商家应重视对无线端各方面的优化。

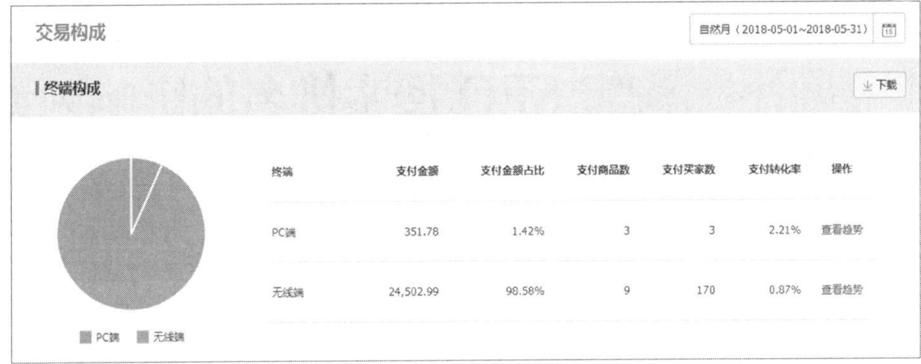

终端	支付金额	支付金额占比	支付商品数	支付买家数	支付转化率	操作
PC端	351.78	1.42%	3	3	2.21%	查看趋势
无线端	24,502.99	98.58%	9	170	0.87%	查看趋势

图 3-41　交易终端占比

（3）查看交易类目构成，如图 3-42 所示。从图 3-42 中可以得知，连衣裙类目是该店铺目前的主要交易类目。

类目构成　全部　PC　无线　下载

女装/女士精品
占比：100.00%

类目	支付金额	支付金额占比	支付买家数	支付转化率	操作
连衣裙	24,854.77	100.00%	173	0.88%	查看趋势
棉衣/棉服	0.00	0.00%	0	0.00%	查看趋势
时尚套装	0.00	0.00%	0	0.00%	查看趋势

图 3-42　交易类目构成

课后练习

练习1：分析商品详情页

以淘宝网上的一款热门商品为分析对象，分析其详情页并回答以下问题。

- 该详情页包含哪些模块？各模块所起到的作用是什么？
- 该详情页的整体布局是否具有逻辑性？图片大小、颜色是否和谐？
- 如果让你来优化详情页，你将从哪些方面入手？

练习2：分析商品主图

以淘宝网上的一款热门商品为分析对象，分析其主图并回答以下问题。

- 该主图展示了什么卖点？其卖点是如何展示的？是否具有吸引目标消费人群的作用？
- 该主图的文案排版是否合理？视觉效果是否和谐？图文比例是否恰当？

拓展知识：淘宝 SEO 搜索排名的影响因素

商品标题是影响SEO搜索排名的决定性因素之一，关键词是否得当直接决定商品是否会被消费者搜索到，以及搜索结果的排名情况。除商品标题外，影响商品SEO搜索排名的因素还有很多，不同的因素对搜索结果的影响程度都不同，重要性越强的因素对搜索结果影响程度越高，即权重越大。下面对影响商品SEO搜索排名的主要因素，以及各因素对排名的影响分别进行介绍。

- **点击率：**新品上架后的随机展示概率是相似的，在固有的展示次数里，如果点击率过高，如某商品 100 次展示机会中获得 20 次点击量，则表示该商品的标题和图片搭配比较合理，能够获得不错的点击率，淘宝网则会继续增加该商品的展示机会。反之，点击率过低即可能降低排名。
- **跳出率：**跳出率是商品描述质量的一种体现，淘宝网根据消费者在店铺的停留时间和跳出率，来推测商品描述页是否吸引消费者，消费者在店铺停留的时间越长、在店铺中浏览的页面越多、跳出率越低，则排名越靠前。
- **转化率：**转化率是商品得到消费者认同的一种体现，一般来说，转化率越高的商品页面，则商品描述越求实，消费者信任度越高，淘宝网将对这类商品的排名进行提高。如果商品转化率过高，则可能进入人工审核系统，审核合格后淘宝网再给予提高排名的处理，反之如果检测结果显示有刷信誉、刷单等嫌疑，则会被降权。
- **商品相关性：**商品相关性主要包括类目、属性、标题 3 个要点，即店铺发布的商品必须与商品的标题、分类、属性等描述相符，如果信息涉嫌弄虚作假，商品将难以获得展示机会。
- **是否作弊:** 是否作弊是指商家是否存在投机取巧、欺骗消费者、刷单等作假行为，如果商家违背淘宝网络交易平台的公平性，淘宝网将予以严厉打击。
- **综合评分：**综合评分包含多种因素，如人气、销量、信誉、价格等都属于综合评分的范畴，根据综合评分可发现，不管是商品质量还是服务质量都需赢得更多消费者的好评和青睐才可能提高综合评分。若商品的综合评分值高，则淘宝网将提高其排名；反之则会给予降低排名和权重的处理。
- **商品上下架时间：**商品上下架时间是指商品上架到商品下架这个过程的最后一段时间，淘宝网商品的上下架一般以一周为周期，商品越临近下架时间，其所获得的排名将越靠前，商家合理设置商品上下架时间，可以获得更多自然流量。

CHAPTER

04 付费推广工具

“裳婴阁”是一家出售童装的淘宝店铺，为迎接“双十一”，提高流量和销量，“裳婴阁”开通了钻石展位推广，针对店铺对“双十一”流量的需求，以及童装特殊的消费群体（年轻妈妈），它选择了首焦和Banner等流量较大的钻石展位进行针对性投放。同时，考虑到移动端的占比，“裳婴阁”还同步开通了移动端的钻石展位投放。在钻石展位与各种促销活动的猛烈攻势下，“裳婴阁”在“双十一”当天成功获得了300万元的销售额，提高了店铺的人气。

由此可以看出，适当地使用一些付费推广工具，可以让店铺流量有较大幅度的提高。因此，掌握付费推广工具的相关知识对于商家来说十分重要。本章将主要介绍3种淘宝付费推广工具，分别为直通车、钻石展位和淘宝客。通过对本章的学习，商家可掌握这3种付费推广工具的相关知识，为店铺带来更多的流量。

学习目标

- 了解直通车的概念及展位
- 掌握直通车的数据优化方法
- 了解钻石展位的类型
- 掌握钻石展位的数据优化方法
- 了解淘宝客的推广方式
- 掌握淘宝客佣金的设置技巧

技能目标

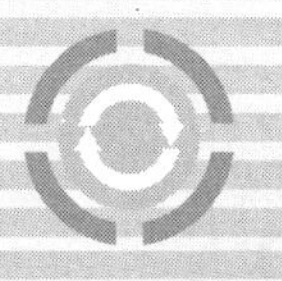

- 掌握利用直通车推广商品的方法
- 掌握利用钻石展位推广商品的方法
- 掌握利用淘宝客推广商品的方法

4.1 直通车

直通车是淘宝网为商家量身定制的一种推广方式。直通车按点击付费，可以精准推广商品，是淘宝商家进行宣传与推广的主要手段。直通车不仅可以提高商品的曝光率，还能有效增加店铺的流量，吸引更多消费者。

↘4.1.1 了解直通车的概念及展位

在进行直通车推广之前，首先需要对直通车的概念及展位有所了解。

1. 直通车的概念

知识链接

直通车的准入要求

直通车是阿里妈妈旗下的一个营销平台，是淘宝网的一种付费推广方式，消费者可通过点击直通车推广展位的商品进入该商品详情页，产生一次甚至多次跳转流量。同时，直通车还给参与商家提供了淘宝网首页热卖单品活动、各个频道热卖单品活动以及不定期淘宝网各类资源整合的直通车用户专享活动，给商品带来流量。

直通车的推广形式是，商家通过设置关键词来推广商品，淘宝网根据消费者搜索的关键词在直通车展位展示相关商品，消费者单击商品产生流量，淘宝网通过直通车流量的点击数进行收费。当消费者单击直通车展位的商品进入详情页后，将产生一次流量，当消费者通过该次单击继续查看店铺其他商品时，即可产生多次跳转流量，从而形成以点带面的关联效应。此外，直通车可以多维度、全方位提供各类报表及信息咨询服务，从而快速、便捷地进行批量操作，商家可根据实际需要，按时间和地域来控制推广费用，精准定位目标消费群体，降低推广成本，提高店铺的整体曝光度和流量，最终达到提高销售额的目的。

2. 直通车的展位

参加直通车推广的商品，其展位主要分为以下几类。

- PC端“掌柜热卖”：淘宝网自然搜索结果页中的“掌柜热卖”是直通车PC端的主要展示区域，包括搜索结果页中、搜索结果页右侧和搜索结果页底部等带有“掌柜热卖”标签的位置。此外，消费者购物车页面底部的“掌柜热卖”也是直通车PC端展位。图4-1所示为搜索结果页底部“掌柜热卖”展位，图4-2所示为搜索结果页右侧“掌柜热卖”展位。

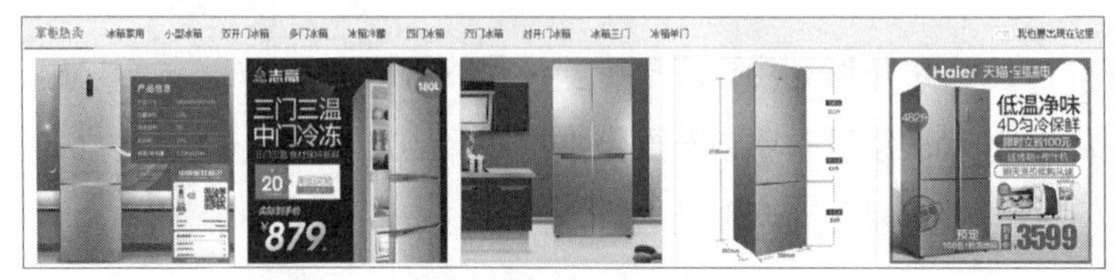

图4-1 搜索结果页底部“掌柜热卖”展位

图 4-2　搜索结果页右侧“掌柜热卖”展位

- PC 端“热卖单品”：淘宝网收藏夹页面底部、已买到的宝贝页面底部、物流详情页页面底部的“热卖单品”也属于直通车的展位，其展位一般有 5 组，每组 5 个展位，自动轮换播放，如图 4-3 所示。

图 4-3　PC 端“热卖单品”展位

- PC 端“猜你喜欢”：进入我的淘宝首页页面后，淘宝网根据消费者搜索记录推荐的商品，以及淘宝网首页的“猜你喜欢”都属于直通车展位，如图 4-4 所示。

图 4-4　PC 端“猜你喜欢”展位

- **移动端展位**：直通车移动端展位与 PC 端展位有些类似，如移动端的购物车页面和收藏店铺页面、手机淘宝网首页的“猜你喜欢”等页面与 PC 端的展位一样。此外，移动端的主要展位还包括自然搜索结果页，其展位与 PC 端略有不同。即移动端自然搜索结果页的直通车展示位置为移动端自然搜索结果页中的第一个商品，同时每隔 5 个或 10 个商品加入一个直通车展位，如图 4-5 所示。

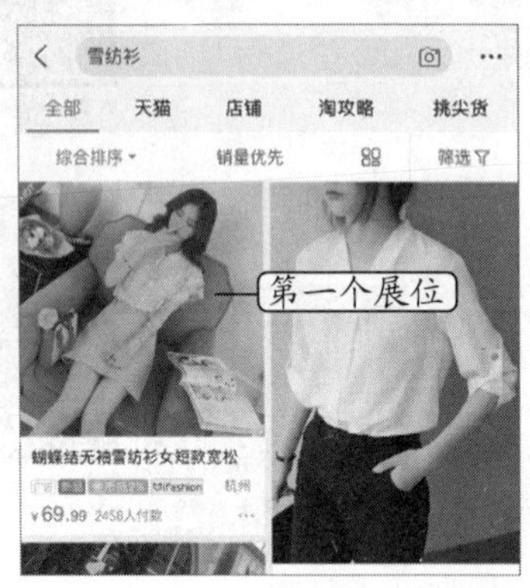

图 4–5　移动端自然搜索结果页展位

4.1.2　新建直通车推广计划

根据店铺的实际情况和推广需求，商家可选择合适的直通车推广方式，在直通车页面中新建推广计划。下面介绍在淘宝网中制订直通车推广计划的方法，其具体操作如下。

（1）登录淘宝网首页，单击页面右上角的“千牛卖家中心”超链接，进入千牛卖家工作台页面，在“营销中心”栏中单击“我要推广”超链接，在打开的页面中单击“淘宝/天猫直通车”下的“即刻提升”按钮，如图4-6所示。

图 4–6　单击“淘宝 / 天猫直通车”下的“即刻提升”按钮

（2）进入直通车首页，在“计划入口”页面中单击 + 新建推广计划 按钮，如图4-7所示。

图 4–7　新建推广计划

（3）单击“选择营销场景”选项卡，在“营销场景选择”板块中单击选中“宝贝测款-均匀快速获取流量”单选项，在“推广方式选择”板块中单击选中“标准推广-系统推荐”单选项，然后单击 下一步，进入推广设置 按钮，如图4-8所示。

图 4-8　选择营销场景

（4）单击“推广设置”选项卡，在“投放设置”板块中设置“计划名称”“日限额”“投放方式”，然后单击“设置‘投放平台/地域/时间’”超链接，如图4-9所示。其中，日限额是指当前推广计划的每天推广费用限额。当日费用达到日限额时，该推广将被系统下线，第二天再自动上线。

图 4-9　进行投放设置

（5）在“推广设置”页面中设置投放平台、投放地域、投放时间，设置完成后单击 保存设置 按钮，然后单击右上角的 × 按钮退出该页面。图 4-10 所示分别为设置投放地域、投放时间的页面。其中，投放时间可以直接采用行业模板设置。如果商家自行设置投放时间则需要注意，商品在不同时段的流量和转化可能有所不同，商家可针对各时段设置不同的折扣，如高峰时段设置为 100%，低谷时段设置为 30%。

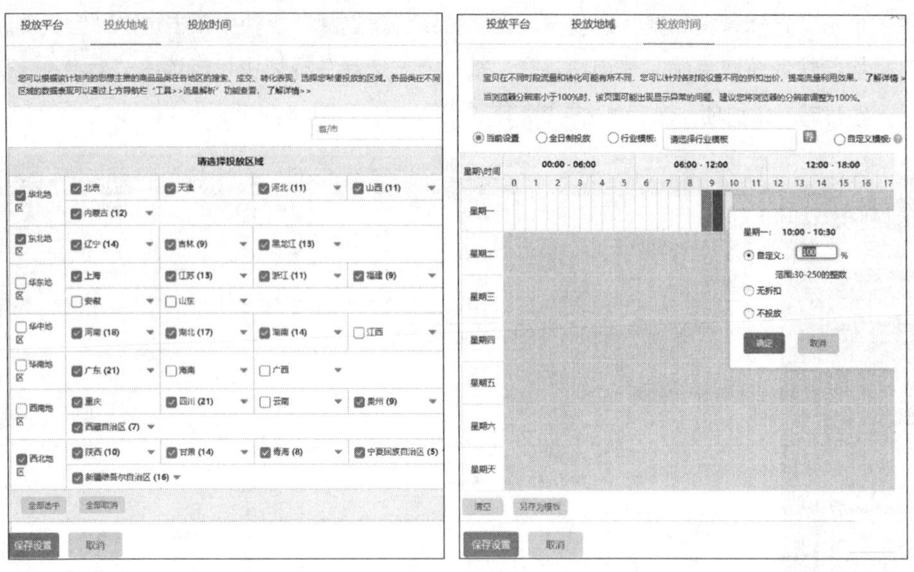

图 4-10 设置投放地域、投放时间

（6）在“单元设置”板块中单击添加宝贝按钮，在打开的页面中选择需要推广的商品，完成后单击确定按钮，并单击右上角的×按钮退出该页面，如图4-11所示。返回“推广设置”页面，此时“创意设置”中已自动生成效果预览图，如图4-12所示。单击页面底部的下一步，设置推广方案按钮，打开“推广方案”页面。

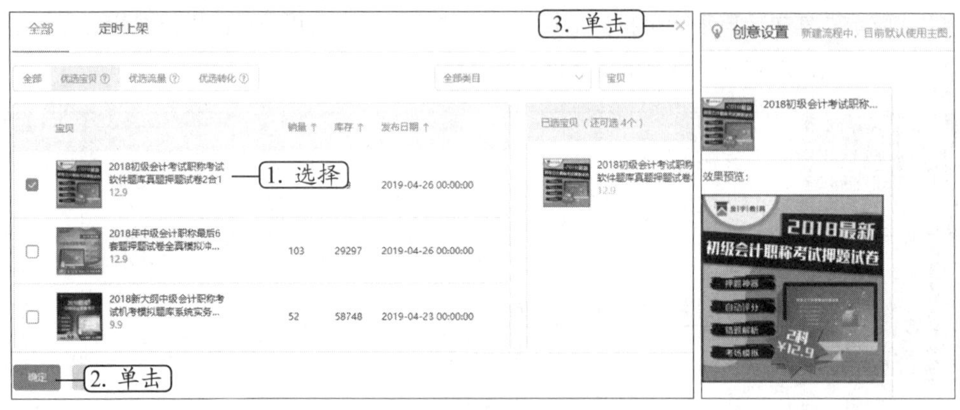

图 4-11 选中需要推广的商品

图 4-12 创意设置

选择其他创意图

新建推广计划时，对于商品图片，系统目前默认使用主图，商家可以在新建完成后的推广页面创意板块中更换商品图片。商家符合淘宝网规定条件就可以上传本地图片，否则只能选择通过商品主副图的替换来完成创意图的替换。

（7）在“推荐关键词”板块中可以看到系统推荐的关键词，单击更多关键词按钮可以自行添加关键词，打开“添加关键词”对话框，单击精准匹配按钮，在右侧的关键词列表框中选择所需的关键词，并将其添加到左侧列表框中。添加完成后，再设置“计算机出价”“移动出价”，最后单击确定按钮，如图4-13所示，返回“推广方案”页面。此外，单击“推荐理由”后的“更多∨”按钮，可以添加更多的关键词，也可以在“搜索关键词”文本框中搜索相关关键词。

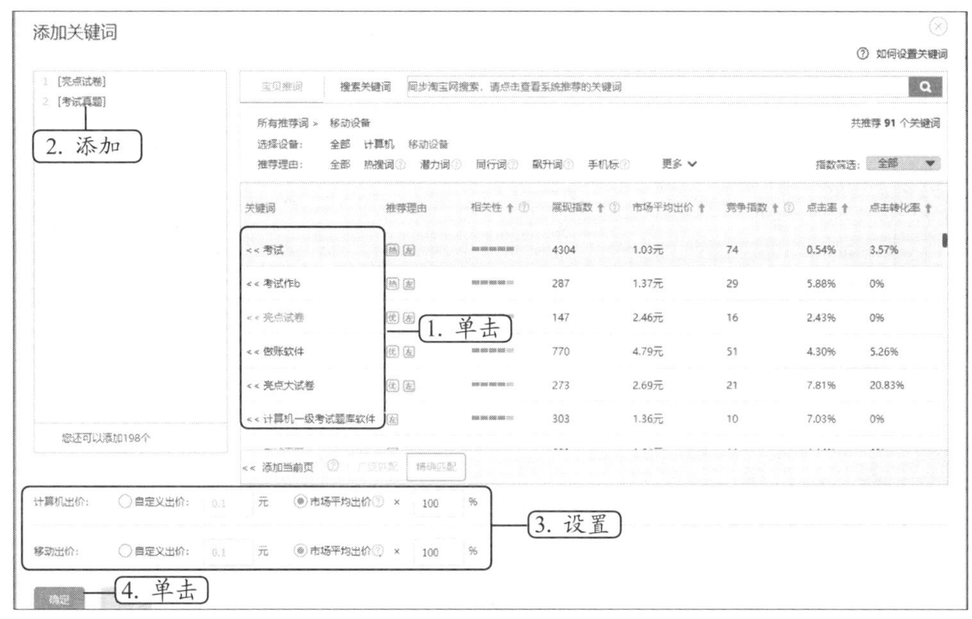

图 4–13　选择关键词

如何选择关键词

在选择关键词时，可以查看该关键词的数据信息，包括相关性、展现指数、市场平均出价、竞争指数、点击率、点击转化率等，商家应根据自己店铺的实际经营情况选择合适的关键词。建议商家每次添加一个关键词，根据该关键词的竞争情况、市场平均出价进行出价，在“计算机出价”“移动出价”文本框中输入相关出价即可。

（8）在“推荐人群”板块中单击新增精选人群按钮，在打开的“添加访客人群”对话框中自定义组合人群，可以组合的人群包括“宝贝定向人群”“店铺定向人群”“行业定向人群”“基础属性人群”等。选择定向人群后设置“溢价”（溢价是指在原本出价上进行加价，出价超出原定价），然后单击确认添加按钮，如图4-14所示，即可返回“推广方案”页面。

图 4-14　添加访客人群

不同的人群定向方式

“宝贝定向人群”指系统结合商品的相关特征和属性，智能挖掘对商品感兴趣的一类人群。“店铺定向人群”指系统结合店铺的特征而智能挖掘的一类人群，以及在该店铺或同类店铺中有过浏览/收藏/加购/购买行为的一类人群。“行业定向人群”指平台基于整个淘宝系统的丰富标签而配置推荐的个性化人群。“基础属性人群”指根据消费者的年龄、性别、月均消费额度等基础属性来推荐的一类人群。

（9）在“推广方案”页面的“定向推广”中设置智能投放出价（设置后商品将有机会在定向推广位置中进行展现），设置完成后单击完成推广按钮，即可完成直通车的新建操作，如图 4-15 所示。

图 4-15　创建完成

4.1.3　直通车数据优化

商家在新建直通车推广计划之后不进行数据优化，很难达到预期效果。下面讲解直通车最重要的 3 个数据的优化方法。

1. 展现量优化

展现量指商品被展示的次数。大部分商家加入直通车推广都是为获得流量，也就是点击量，展现量是点击量的前提，没有展现量的商品，自然没办法获得点击量。商品展现量的多少与关键词的选择和优化关系密切，如关键词的排名、关键词的搜索量等都是影响商品展现量的重要因素。因此，展现量优化主要是指对关键词进行优化。

关键词优化包括两个步骤，第一步是选择关键词，第二步是优化关键词。

（1）选择关键词

商家可在直通车中直接选择关键词，也可在生意参谋 - 搜索分析中选择关键词。

（2）优化关键词

在选择关键词之后，商家通过直通车的流量解析，可分析该关键词在不同时段的展现指数、点击指数、点击率、点击转化率、市场均价、竞争度等数据。具体操作方法为，首先在直通车首页顶部的导航栏中单击“工具”选项，然后在打开的页面中单击“流量解析”选项，打开“流量解析”页面，其次在“流量解析”页面的搜索文本框中输入关键词，最后在页面右侧设置时间范围，即可查看该时间范围内此关键词的相关数据。如果将日期范围设置为一年，则可以查看一年中的关键词数据变化，对于做季节性商品的商家而言，此数据可以帮助其更好地分析商品上新和推广时间。图 4-16 所示即为“连衣裙”过去一年的数据，经营该类目的商家可据此得知该关键词从什么时候开始展现指数提高，从而提前上新、推广。从图 4-16 中可以得知，数据显示 2 月连衣裙展现指数开始快速提高，则商家在 12 月或 1 月即可开始准备上新，在 2 月开始推广抢占市场。

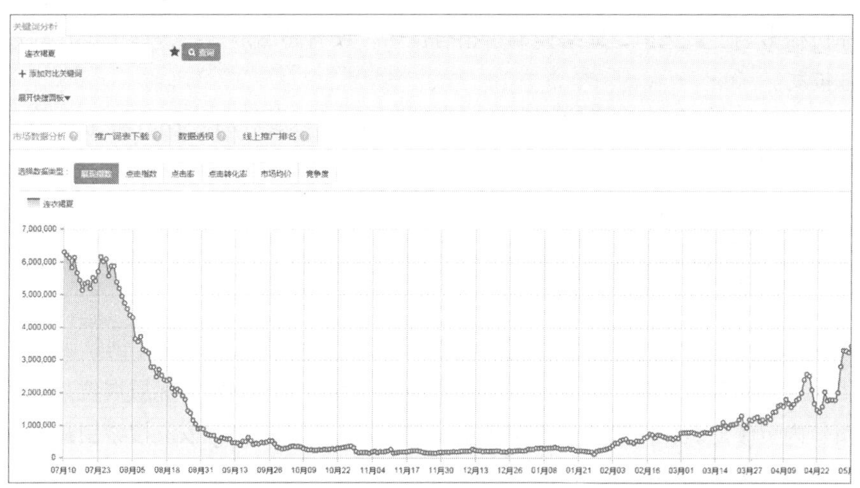

图 4–16　连衣裙关键词流量解析

在该页面中单击“数据透视”选项卡，还可查看不同地区、不同平台的展现指数等数据，通过对这些数据进行分析，商家可针对主要消费人群的地域和平台进行定向推广。例如，南方天气回暖快，春装上新时间早，在 2 月份连衣裙展现指数就开始不断攀升，但北方天气还比较冷，2 月份的时候展现指数比较低，商家就可主要推广南方地区，以节约推广成本，提高转化率。同时，商家分析设备、平台等其他因素，可以更好地进行选择性投放。

2. 点击率优化

提高点击率是很多商家使用直通车的主要目的，点击就等于流量，有流量，才有后续的转化成交。而影响点击率的关键因素就是排名。拥有靠前的排名，商品会有更多的展现机会和流量。排名越靠前，点击率越高。直通车关键词排名主要受质量分和出价两个方面的综合影响，出价越高，可能排名会越靠前，但相应的推广费用也越高。中小商家更适合竞争一些展示指数合理，精准度更高的关键词，这种关键词带来的转化率更高，并且价格低。

同时，提高关键词质量分也是优化点击率的重要手段。质量分是根据推广创意的效果、关键词与商品的相关性、消费者体验等因素综合评定的分数。提高质量分主要从优化关键词、提高客服质量、策划更有创意的推广活动等方面入手。

3. 转化率优化

从本质上说，直通车是一款精准的引流工具，主要作用是为商品或店铺带来流量。而商家进行直通车推广，除获取流量外，最终的目的是获得转化。造成没有转化或转化比较少的因素很多，可能是因为流量少，关键词不精准，或是受商品详情页、商品质量、商品评价、商品销量等因素的影响。因此，要想提高转化率，首先必须做好店铺优化。

此外，若直通车数据显示转化率低，商家也可从多方面进行分析，如虽转化率低，但收藏量不少，说明商品优化没有问题。此时商家可根据实际情况适当降价，测试是否是商品价格影响了转化率，如果商品价格有优势，没有超出消费者心理价位，则转化率可有效提高。

当然，商品详情页的质量也与转化率息息相关，因此，推广图片要有吸引力，商品详情页的图片也需要有吸引力，只有吸引消费者，才能带来转化。

4.2 钻石展位

钻石展位是淘宝网提供的一种营销工具，主要帮助商家依靠图片创意吸引消费者点击，从而获取巨大流量。钻石展位为商家提供了数量众多的网内优质展位，包括淘宝网首页、内页频道页、门户、画报等多个淘宝网站内广告展位，以及搜索引擎、视频网站和门户网等多个站外媒体展位。

4.2.1　钻石展位的类型

知识链接

按展示付费（CPM）和按点击付费（CPC）

钻石展位分为展示广告、移动广告、视频广告、明星店铺 4 种类型，下面分别对这 4 种类型钻石展位的展示位置、创意形式等进行介绍。

1. 展示广告

钻石展位展示广告平台以图片展示广告为基础，以精准定向为核心，面向全网精准流量实时竞价。钻石展位展示广告平台支持按展示付费（CPM，指按照广告创意每 1 000 次展现计费）和按点击付费（CPC，指广告创意按照用户点击次数计费），为客户提供精准定向、创意策略、效果监测、数据分析、诊断优化等一站式全网推广、投放解决方案，帮助客户实现高效、精准的全网营销。

- **展示位置**：包含淘宝网、天猫商城、新浪微博、网易、优酷土豆等几十家淘内淘外优质媒体的上百个大流量优质展位，图 4-17 所示为淘宝网首页的钻石展位。

图 4–17　淘宝网首页钻石展位

- **创意形式**：支持图片、Flash 等动态创意，支持使用钻石展位提供的创意模板制作。
- **收费方式**：在按展示付费（CPM）的基础上，增加按点击付费（CPC）的结算模式。
- **投放方式**：选择资源位，设置定向人群，竞价投放，价高者得。

2. 移动广告

移动广告是通过移动设备（手机、平板电脑等）访问 App 或网页时显示的广告，其主要形式包括图片、文字、音频等。随着移动电子产品的发展，移动广告在受众人数上有非常大的提高，可根据消费者的属性和访问环境，将广告直接推送至消费者使用的电子产品上，传播更加精准。

- 展示位置：在网络视频节目（电视剧、综艺等）播放前/后插播视频贴片。
- 展示形式：视频格式展示，时长 15 秒以内。
- 定向支持：除钻石展位常规定向外，还可支持视频主题定向，即筛选热门动漫、影视、演员等相关视频节目，精准投放。
- 创意形式：可自主上传相关视频，也可在创意实验室中制作视频贴片。

知识链接

钻石展位的准入要求

3. 视频广告

视频广告是淘宝网为使钻石展位获取高端流量打造的品牌宣传类商业产品。视频广告可在视频播放开始或结束时展现品牌宣传类视频，具有曝光环境一流，以及广告展现力强等优势，其配合钻石展位提供的视频主题定向，能够获取更精准的视频流量。

- 展示位置：主要展示在国内主流视频网站中，如 PPS、爱奇艺、优酷、腾讯等大型视频媒体。广告主要展示在视频开始前和视频播放暂停时，如图 4-18 所示。

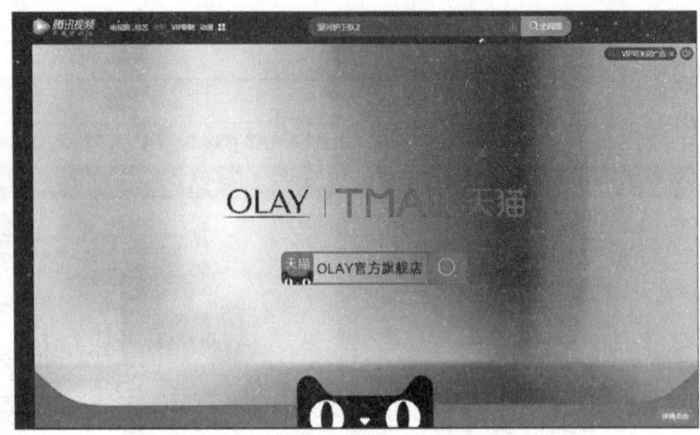

图 4-18　视频广告

- 展示形式：以视频格式进行广告内容的展示，展示形式更新颖。
- 定向支持：针对各视频网站提供视频主题定向支持，根据目前热播剧集的名称、主题进行定向。
- 创意形式：支持 FLV、MPEG 等主流视频格式。

4. 明星店铺

明星店铺是钻石展位的增值营销服务，仅对部分钻石展位商家开放。开通明星店铺后，商家可对推广信息设置关键词和出价，当有消费者在淘宝网商品搜索框中输入特定关键词时，商家的推广信息将有机会在搜索结果页最上方的位置获得展示，这可使商家实现品牌曝光同时赢得转化。

- 展示位置：在淘宝 PC 端、手淘以及 UC 浏览器搜索结果页面最上方。
- 展示形式：当搜索关键词触达投放广告词时，即可在搜索结果页最上方得到展示，确保获得流量的精确性，如图 4-19 所示。

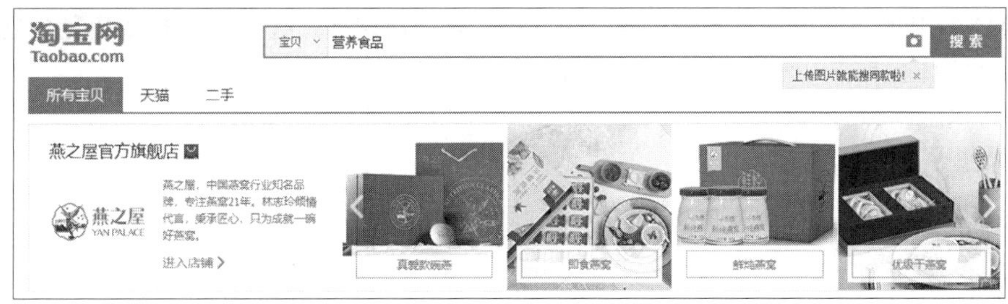

图 4-19 明星店铺

- **创意形式**：可提供多样式创意模板，PC 模板和移动端模板独立，模板由图片和多条文案构成，满足各类消费者的需求。
- **收费方式**：按展示收费。

4.2.2 新建钻石展位推广计划

钻石展位推广计划与直通车推广计划一样，需要商家根据实际情况进行新建和设置。钻石展位推广计划的新建过程主要包括设置营销目标与投放计划、设置推广单元、添加创意 3 个步骤，商家按照钻石展位的操作向导依次进行操作即可。

1. 设置营销目标与投放计划

设置营销目标与投放计划是新建钻石展位推广计划的第一步，其具体操作如下。

（1）在“营销中心”中单击“我要推广”超链接，打开淘宝网推广页面，在其中选择“钻石展位”选项，在打开的页面中单击 进入钻展 按钮，进入钻石展位推广页面。

（2）在页面顶部导航栏中单击“计划”选项卡，再单击 + 新建推广计划 按钮，如图4-20所示。

图 4-20 新建推广计划

（3）在打开的页面中设置营销目标，如选择“全店自定义”选项，单击+自定义计划按钮，如图4-21所示。

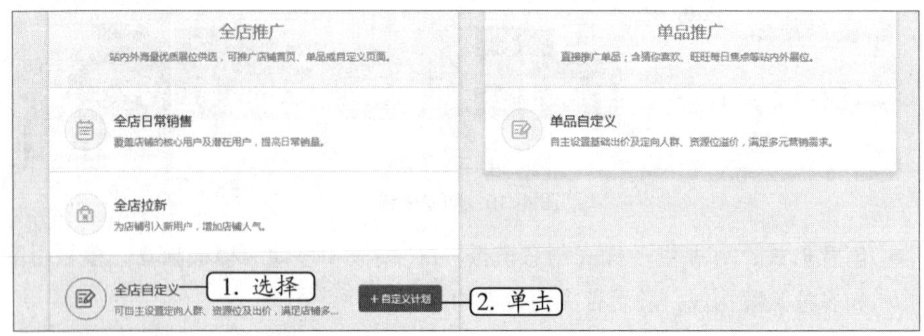

图 4-21　设置营销目标

（4）在打开的页面中设置投放计划，包括对计划名称、付费方式、每日预算、投放日期、投放方式、投放地域、投放时段等进行设置，如图4-22所示。

图 4-22　设置投放计划

两种投放方式

投放方式分为尽快投放和均匀投放两种。尽快投放指将合适流量集中投放，即就算设置几个小时的投放时段，也可能在 1 个小时内就消耗完投放预算；均匀投放指全天预算平衡投放，即将预算均匀分布到所设置的投放时段中。

2. 设置推广单元

完成营销目标与投放计划的设置后，单击下一步，设置推广单元按钮即可进入单元设置页面。设置推广单元主要包括设置定向、添加资源位和出价 3 个部分。

（1）设置定向

合理设置定向，可将推广广告更精准地展示给目标消费群体，获得更精准的定向流量。下面依次介绍常用的定向方式和设置定向的方法。

① 常用的定向方式。

目前钻石展位有通投、群体定向、访客定向、兴趣点定向等多种定向方式，下面介绍常用的几种定向方式。

- **通投：**相对来说人群量非常大，费用流失速度快，流量不精准，前期商家如果要做通投，建议拿多个商品进行测试，如果是针对特定的二级页面、集合页面，则不建议通投 。
- **群体定向：**综合分析消费者历史浏览、搜索、收藏、购买等行为，确定消费者当前最可能单击的商品类型和价格倾向，提炼 21 种主流商品类型，且每种商品类型都有高、中、低 3 种价格倾向。群体定向的优点是较广泛，但精准度较低，适用于需要大流量的情况。
- **访客定向：**综合分析消费者历史浏览、收藏、购买等行为，确定消费者与店铺的关联关系。商家选定店铺 ID 后，系统可以向与选定的店铺有关联的访客投放广告。访客定向的优点是可一次定向较精准的目标消费人群，适用于维护老客户，同时共享竞争对手的客户和潜在客户。
- **兴趣点定向：**兴趣点定向和群体定向的原理基本类似，但兴趣点定向更精准，可精确到叶子类目和部分二级类目，其可选择的兴趣点个数高达 1 500 个。兴趣点定向的优点是可一次定向较精准的目标消费人群，并直达细分类目。

② 设置定向的方法。

在填写推广单元名称和选择定向时，建议新手商家先关闭通投和群体定向，优先考虑设置更精准的访客定向和兴趣点定向。

- 在设置访客定向时，可选择种子店铺或自主添加店铺，其中种子店铺指通过输入的种子店铺，系统会推荐商家对与该店铺风格相似的相关店铺的访客进行定向；自主添加店铺指输入若干店铺旺旺 ID，系统会直接定向这些店铺的访客。自主添加店铺一般比种子店铺更精准，商家设置自主添加店铺时建议多选择几个店铺，并圈定合适的人数，其人数在 10 万 ~ 20 万为佳。
- 商家在设置兴趣点定向时，可输入某店铺旺旺 ID 来获取相应兴趣点，一般输入自己的店铺旺旺 ID 即可，也可直接搜索关键词，添加相应兴趣点。

（2）添加资源位

设置推广单元后，商家即可添加资源位，在添加时首先选择站内的资源位，即名称中带有“网上购物”的资源位。选择资源位主要涉及两个数据，即日均可竞流量和点击率（CTR）。分析和选择较好的资源位后，可将其加入收藏并进行投放测试，如果测试效果良好则可长期投放。

（3）出价

商家一般参考各定向上每个资源位的建议出价即可，在投放过程中可按照获取流量的多少来调整。由于兴趣点定向的流量相对较多，建议商家不要全部添加系统推荐的所有兴趣点，一般来说，只需添加与所推广商品关联性最强的 2 ~ 3 个兴趣点即可。

3. 添加创意

添加创意，首先需要根据之前所选择的资源位的相应尺寸来制作创意图片，因此在制作创意图片前，商家应该仔细查看与该资源位对应的创意要求。不符合要求的创意即使审核通过，也无法投放到所选资源位上。在钻石展位后台的“创意”页面中选择左侧导航栏中的“创意快捷制作”选项后，系统会自动为该店铺推广的商品应用快捷模板，选择“创意模板库”选项，可查看与自己行业商品相关的模板，如图 4-23 所示。制作完成后在创意管理中上传创意图片，等待审核。审核通过后，即可从创意库中选择该创意图片进行添加，并保存推广单元。

图 4-23　创意模板库

商家在进行钻石展位创意设计时，需要注意文案、图片的相关设计要求，具体介绍如下。

- **文案限制**：钻石展位的广告图片中一律禁止使用“最后一天”“仅此一天”“限时 1 小时”等限制时长的文案。文案字数不允许太多（不超过 30 字），文字大小不能超过 3 种，文字颜色最好只有两种，且“外贸”“日单”“尾单”“仿货”等敏感词和品牌模糊词语，以及“最低价”“最佳”“独家”“领衔”“第一”等最高级别的描述都不能出现。此外，无法判定真伪的表达用词也禁止使用。
- **图片限制**：禁止使用任何拼接图片，避免商品图片模糊、不够美观。

4.2.3　调整和优化钻石展位数据

商家在投放钻石展位的过程中，往往会遇到各种问题，如流量少、成本高、投入产出比大等，此时需要进行优化。

- **流量少**：如果钻石展位的推广计划不能为店铺或商品带来足够流量，其原因除账户余额不足、推广计划没有覆盖高流量时段等外，主要应该是出价排名过低或创意点击率过低。对于出价问题，商家应该考虑提高出价，对于创意问题，商家应该对创意进行进一步优化，以提高点击率。
- **成本高**：造成成本高的原因有素材单一、定向不精准、出价过高等。此外，商家在开启钻石展位新计划时要尽量避免在每个小时快结束时开启，因为系统按小时平均分配预算，如该计划设定投放 10 个小时，预算为 600 元，则每小时消耗60元，如果在第55分时开启，则系统要在接下来的5分钟内消耗掉这60元。

- **投入产出比大**：投入产出比指钻石展位投入成本与带来收益之间的比率，其数值越大说明推广效果越差。投入产出比大的原因主要有3个：一是商品竞争力不足，此时应挑选有竞争力的商品进行推广；二是店铺装修和服务质量高，此时应美化店铺装修，提高客服服务质量；三是定向不精准，此时可多维度测试定向，对转化率较高的定向方案进行重点投放。

4.3 淘宝客

淘宝客，简称CPS，是专为淘宝商家服务的营销推广工具。区别于直通车的按点击付费，淘宝客按照实际的交易完成额作为计费依据，帮助商家推广商品并获取佣金。淘宝客支持按单个商品和店铺的形式进行推广，商家可针对某个商品或店铺设定推广佣金。淘宝客佣金的范围很大，佣金越高，商家越容易得到淘宝客的关注。当交易完成后，淘宝网即根据佣金设置情况从交易额中扣除佣金。图4-24所示为商家、消费者与淘客的关系图。

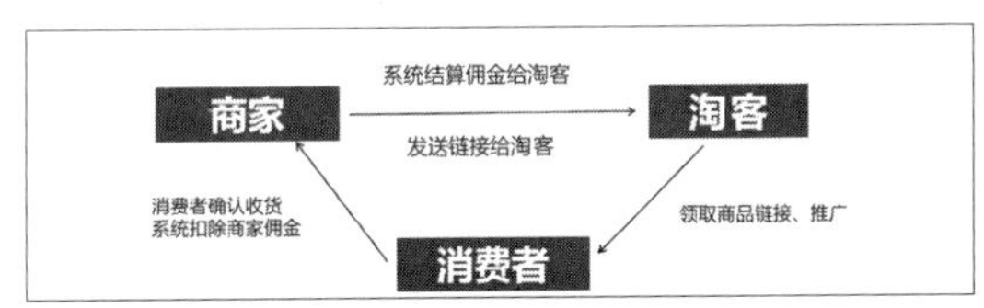

图4-24　商家、消费者与淘客的关系

4.3.1　淘宝客的推广方式

为满足不同类型店铺的需求，淘宝客提供了多种推广方式，如营销计划、定向计划、淘宝客活动和如意投等，商家可根据实际需求设置推广计划。

1．营销计划

营销计划是商家在联盟后台进行单品推广的新计划。该计划支持单品推广管理、优惠券设置管理、佣金管理、营销库存管理、推广时限管理等商家推广所需的基本功能，并支持查看实时数据及各项数据报表。营销计划的优势在于其可让淘客便捷提取商品链接进行推广，获得更多流量，了解商品实时推广效果，并优先推广加入营销计划的商品库。淘宝客营销计划参与流程如图4-25所示。

图4-25　营销计划参与流程

2. 定向计划

定向计划是商家为淘宝客中某一个细分群体设置的推广计划，是一种自选淘宝客的计划，可自动或手动筛选通过申请的淘宝客，佣金设置比例最高为 70%，是一种主动选择的合作形式。定向计划的流量相对较少，但精准度和转化率相对较高，可让商家获取较多的有效流量。在淘宝客首页单击 +新建定向计划 按钮，即可创建定向计划。定向计划最多可添加 10 个，其设置流程包括设置活动标题、计划类型、审核方式、计划时间、类目佣金、计划描述。在设置活动标题时，可直接将佣金加入其中，以吸引更多优质淘客关注。在设置审核方式时，可选择淘客的等级，如果佣金较低，可设置为自动审核方式，如果佣金较高，可设置为手动审核方式。对于手动审核方式的计划，可在“计划详情”的“淘宝客管理”中进行查看和审核，同时还可查看淘客近期推广情况。淘宝客定向计划参与流程如图 4-26 所示。

图 4–26 定向计划参与流程

3. 淘宝客活动

淘宝客活动是淘宝网为商家和淘宝客提供的推广平台，淘客在该平台中推出相应活动，商家选择合适活动进行报名。淘宝客活动参与流程如图 4-27 所示。

图 4–27 淘宝客活动参与流程

淘宝客活动中每个活动的要求不同，只有符合活动要求的商家才可报名。对商家来说，活动由淘客发起，其无须费力寻找淘客。同时每天活动广场中有数万活动任商家挑选报名，推广力度大。且商家没有烦琐的操作，只需挑选商品报名即可。在淘宝客首页左侧选择“淘宝客活动广场”选项，即可进入淘宝客活动广场。淘宝客活动的报名流程包括查看活动、报名、选择商品、设置佣金和创意优化。在查看活动时，商家主要需关注行业类目、活动权限、活动推荐等信息，选择合适的活动并报名后，可选择主推商品，并设置商品佣金。淘宝客活动主推商品的数量以活动方要求为准。报名完成后，商家需等待淘客审核。淘宝客活动创意优化主要是对图片进行优化，对于未设置创意优化的商品，则默认选择商品主图的第一张图片。

4. 如意投

如意投是系统根据商家的如意投设置将商品展现给站外消费者的一种推广方式，按成交计费，因此商家推广风险较低。对于参与如意投的商品，系统会根据综合评分进行排名，由阿里妈妈平台为商家寻找淘客进行推广，而无须商家寻找淘客。如意投具有按成交计费、简单易用、精准推广、流量可控、渠道丰富等优点，主要展示位包括中小网站的橱窗位置和爱淘宝搜索结果页面。如意投参与流程如图 4-28 所示。

图 4-28　如意投参与流程

如意投的展现排名规则以综合得分为主。综合得分等于商品综合质量分乘以佣金比例，而商品综合质量分主要受商品标题属性的相关性、如意投内点击率和转化率、店铺质量等因素的影响。

如意投计划设置方法与其他计划设置方法类似，即进入淘宝客首页之后，在“如意投”选项的“操作”中单击“查看”超链接，即可对该计划进行设置。设置完整体计划的佣金后，也可对单品佣金进行设置，最多可设置 100 个商品。

5. 阿里妈妈推广券

阿里妈妈推广券是阿里妈妈官方唯一指定的淘宝客推广优惠券，可支持淘宝客通过“优惠券 + 商品”的模式进行推广，在站外推广中引入新购买人群，提高单品转化率。阿里妈妈推广券参与流程如图 4-29 所示。

图 4-29　阿里妈妈推广券参与流程

4.3.2　设置合理佣金保证推广效果

淘宝客的推广主要由淘客完成，推广过程中带来的展示量、流量等全部免费，商家只需按照交易支付推广费用，所以对于商家而言，佣金是吸引淘客推广的关键，其设置十分重要。

很多商家在开通淘宝客推广后，由于佣金设置不合理，很容易出现没有淘客推广、没流量、没成交等情况，达不到预期的推广效果，那么商家该如何设置佣金比例？下面介绍几种设置佣金比例的思路。

1. 根据店铺的不同阶段设置佣金比例

当店铺处于不同发展阶段时，为适应店铺发展要求，实现店铺现阶段的发展目标，商家可设置不同的佣金方案。

（1）新店铺发展阶段

刚开张或开张不久的新店铺，在销量、买家评价、卖家信誉等各个方面都显得不足，这个阶段的店铺最需要人气，而为积累人气，商家要考虑最大限度让利淘客。从淘客的角度来看，新店铺人气不足，没有销量和评价，推广这样的店铺或商品需要花费更多时间和精力，相比之下，他们更愿意选择一些有销量、有口碑、有品牌的店铺进行推广。所以，如果新店铺设置的佣金比例不高，很难吸引淘客进行推广。

此外，仅依靠高佣金比例吸引淘客也是不够的，商家最好能传达商品或店铺的优势，展现商品或店铺的潜力，同时支持淘客推广，积极准备淘客所需的推广素材，表现与其共同推广、共同努力的决心。

（2）店铺稳定发展阶段

当店铺发展较稳定时，店铺流量、店铺转化率、成交额都比较稳定，甚至店铺也有一定的口碑和信誉，拥有不错的买家评价，此时很多淘客会主动选择店铺进行推广。该阶段的佣金比例不需要做太大调整，一般可综合店铺利润、行业，以及竞争对手的情况等因素进行设置。

2. 根据活动情况设置佣金比例

使用淘宝客进行推广时，商家还需根据实际推广情况设置不同的佣金比例，如热销品、活动款和常推款的佣金比例设置都不一样。

（1）热销品佣金比例设置

热销品或爆款一般都是店铺的主要引流商品，性价比、口碑、转化率、买家评价等数据都较好，此时佣金设置一般在利润承受范围内，保持中等偏上的比例。一般来说，热销品的佣金比例都不建议大幅度变动，特别是佣金比例降低，很容易影响商家与淘客的关系，以及淘客的忠诚度。

（2）活动款佣金比例设置

如果商家参加淘宝网活动，如聚划算、天天特价等，由于活动期间的商品利润比较低，此时建议将淘客的佣金比例设置在利润可承受范围内，活动结束后再作调整。

（3）常推款和主推款佣金比例设置

常推款即一直在推广的款式，与主推款不同。主推款的佣金比例通常高于常推款，且建议主推款佣金比例尽量高于类目佣金。而常推款的佣金比例根据实际情况设置，在保证利润的基础上最好保持有稳定的成交。

淘客维护

淘客的维护是淘宝客推广中非常重要的一项内容，商家可以通过一些手段来进行，如取得淘客的联系方式，积极与之交流，让商家和淘客之间的合作关系升级为朋友关系；了解他们的工作需求，主动提供店铺推广所需素材，如图片、软文等，简化并配合淘客的推广工作；不定期举办淘客大赛或设置淘客奖励计划，让淘客与店铺产生更多互动，提高淘客的积极性。

课堂实训

实训1：新建直通车推广方案

实训目标

本实训要求利用直通车为一家经营数码产品店铺的新款手机进行推广。要求按照如下参数进行设置。

- 营销场景选择：日常销售－促进成交。
- 推广方式：标准推广－系统推荐。
- 计划名称：手机促销。
- 日限额：30 元。
- 投放平台：计算机设备、移动设备淘宝网站内投放。
- 投放地域：北京、上海、浙江、江苏、广东。
- 投放时间：选择“手机”行业模板。
- 推荐关键词：默认使用系统推荐关键词。
- 推荐人群：喜欢相似宝贝的访客。
- 智能投放出价：0.3 元。

实训思路

根据实训目标，先进入直通车首页，选择营销场景，设置推广方式和推广方案。

（1）进入直通车首页，在“计划入口”页面中单击“+新建推广计划”按钮，打开“选择营销场景”页面，设置“营销场景选择”和“推广方式选择”，然后单击“下一步，进入推广设置”按钮。

（2）在“推广设置”页面分别设置计划名称、日限额和投放平台、投放地域、投放时间并添加商品，然后单击页面底部的“下一步，设置推广方案”按钮。图 4-30 所示即为设置投放地域、投放时间的操作页面。

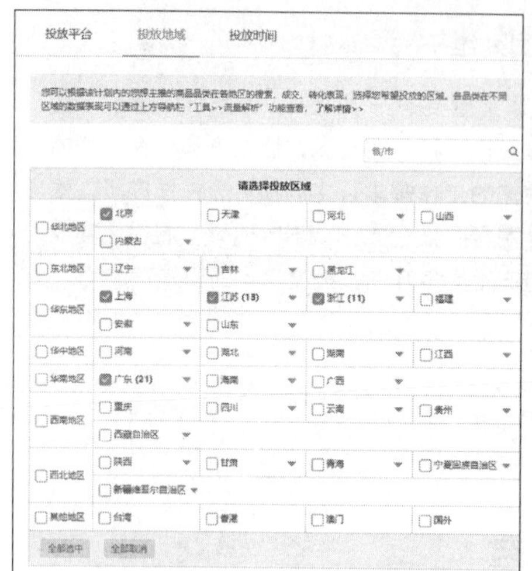

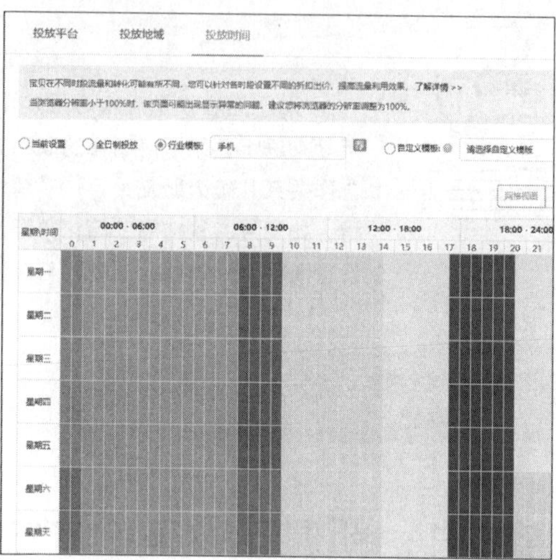

图 4-30　设置投放地域和时间

（3）在推广方案页面分别设置推荐关键词、推荐人群以及智能投放出价，然后单击完成推广按钮，即可完成直通车的新建操作。图 4-31 所示即为添加访客人群的操作页面。

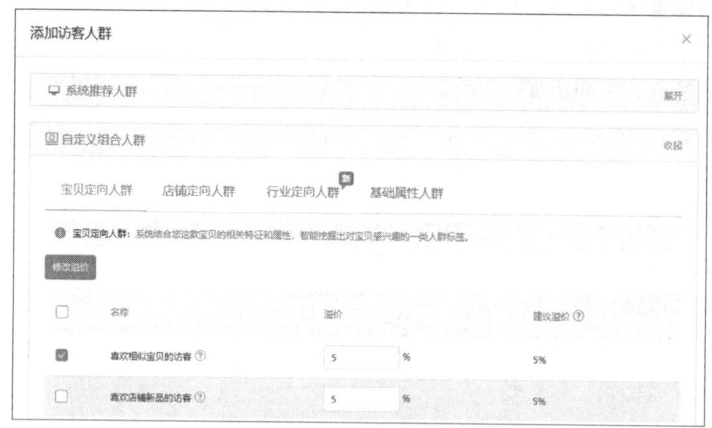

图 4-31　添加访客人群

实训2：解析“半身裙”商品关键词的流量表现

实训目标

本实训要求解析一款半身裙——雪纺半身裙的关键词的流量表现情况。

实训思路

根据实训目标，先进入直通车首页，在“流量解析”页面输入关键词，并查看相关数据。

（1）在淘宝直通车首页顶部的导航栏中单击“工具”选项，单击“流量解析”选项，在“流量解析”页面的搜索文本框中输入关键词“雪纺半身裙”，并设置时间范围为“过去 7 天”，即可查看该时间范围内该关键词的相关数据。图 4-32 所示即为该关键词在过去 7 天内的市场均价变化趋势。从图 4-32 中可以得知，该关键词近期的市场均价为 0.66 左右，商家在为该关键词出价时可参考该数据。

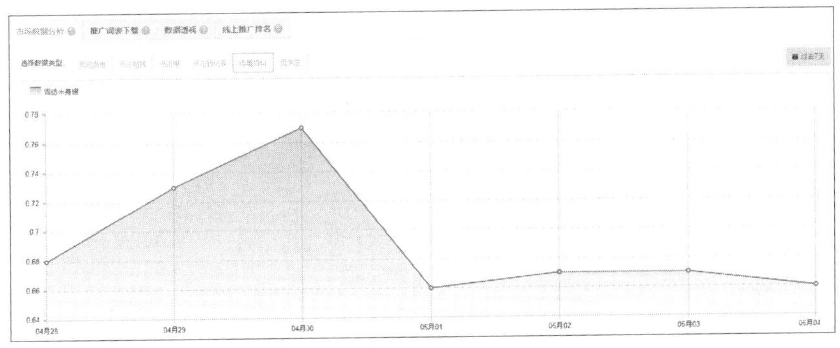

图 4-32　市场均价变化趋势

（2）单击“数据透视”选项卡，设置时间范围为“过去一周”，查看不同地域、平台的展现数据。图 4-33 所示即为该关键词在过去一周不同地域展现指数排行榜。从图 4-33 中可以得知，该关键词在广东、浙江、江苏的展现指数较高，后期商家可加大对这些区域的投放力度。

图 4-33　不同地域展现指数排行榜

课后练习

练习1：找出钻石展位并分析

访问淘宝网、新浪微博、爱奇艺、腾讯视频等网站，找出网站中的钻石展位并回答以下问题。

- 该展位属于哪种类型？其创意形式是怎样的？
- 如果该展位属于展位广告类型，其收费方式是怎样的？
- 该展位创意是否具有吸引力？如果让你来制作钻石展位创意图，应该如何操作？

练习2：总结淘宝客的不同推广方式

总结不同淘宝客推广方式的原理、优势以及参与流程，并回答以下问题。

- 如果商家不想自己寻找淘客，应选择哪种推广方式？
- 如果商家想要主动选择淘客，又应选择哪种推广方式？

拓展知识

1. 招募优质淘客

商家要进行淘宝客推广，必须掌握一定的淘客资源，没有足够的淘客资源，淘宝客推广也就寸步难行，该如何招募优质淘客呢？

- 从淘客的关注点出发：如设置具有诱惑力的佣金计划，选择高性价比、高转化率，质量、评分都有保证的商品。总之，商品质量等一定要过关，这样才能持续、长久地被推广。否则当淘客为商品引入大批流量时，商品质量不过关、卖点不突出，会导致转化率很低。
- 主动挖掘淘客：淘客的推广渠道有很多，包括门户网站、搜索引擎、影音娱乐、社交网站、客户端、浏览器以及各大第三方平台等。商家可在各大站长类网站广发招募贴，或加入相应淘客 QQ、微信群，主动挖掘淘客。

2. 如意投的优化技巧

如意投不仅可以给商品带来转化，同时也是一种有效的引流手段，商家在使用如意投时，要注意对其进行合理的优化。

- 每个商品的佣金比例不能完全一样，这样可以避免影响店铺内同类型商品的排名，还可以降低花费。
- 关注展现量较高的推广商品，同时删除展现量过低的商品，优化转化率。
- 点击率会直接影响商品和计划的质量得分，如果商品的展现量高、点击率低，则及时更换和优化创意推广图。

CHAPTER

05 打造爆款

案例导入

刘丽经营淘宝护肤品店铺半年，生意却一直惨淡。在一次与同行的交流中，刘丽意识到了打造爆款对于网店经营的重要性。通过对爆款特征的了解以及相关市场数据的分析，刘丽选择了店里的三款面膜在直通车中进行测款。测款后发现其中一款主打天然植物成分的面膜数据表现最好，因此刘丽决定使用直通车将该款商品打造为爆款。经过一段时间的推广和维护，刘丽成功地将该款商品打造成了爆款，带来了大量的消费者，同时使店铺实现了盈利。

通过这个案例可以得知，打造爆款是一个循序渐进的过程，从选款、测款、打造到后期维护都需要策略和方法。本章将介绍打造爆款的相关知识，希望能帮助商家成功打造爆款。

学习目标

- 了解爆款特征
- 掌握测款的方式
- 掌握打造爆款的 4 个阶段和 3 种方法
- 掌握爆款的维护方法
- 掌握爆款客户群的维护方法
- 了解爆款夭折的原因

技能目标

- 掌握利用直通车测款的方法
- 掌握设置关联销售的方法

5.1 选款策略

爆款商品是指具有极多的销售量，并且可以为店铺引流，且其详情页可关联其他商品来提高整个店铺销售量的商品。可以说，打造爆款是吸引消费者、增加商品点击率、清理库存、盘活店铺、实现盈利的强有力的手段。那么，实现多少销量才能成为爆款？爆款具有哪些特征、是如何形成的呢？要想弄明白这些问题，商家需要了解爆款的特征，做好前期的选款、测款工作。

↘ 5.1.1 根据爆款特征选款

选择一款具有爆款潜力的商品是打造爆款的第一步。爆款商品一般都具有较大的市场容量，并且具有价格适中、有一定利润空间等特征。下面进行具体介绍。

- **大众化**：爆款商品的首要特征就是受众面广，市场需求量大。通常简单、平实、不挑人的商品适合做爆款。图 5-1 所示的几款百搭款衬衣，款式简洁，不花哨、不夸张，易于被不同年龄、不同喜好的消费者所接受。

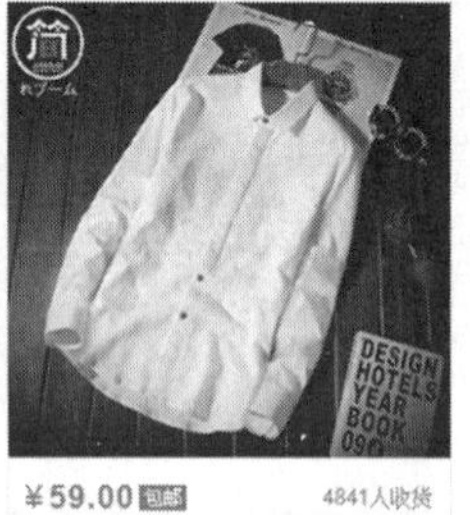

图 5-1　百搭款衬衣

- **价格适中**：不是价格便宜的商品就能成为爆款。商品价格要符合其本身价值，尽可能让各个消费层次的消费者都能接受。过低的价格会让消费者产生“便宜货质量不好”的印象，过高的价格则会让很多追求性价比的消费者打消购买欲望。
- **应季**：一些有很强销售季节性的商品，如短袖、羽绒服等，只有应季销售才可能成为爆款，季后销售或反季销售都不会有很高的销量。
- **有一定基础销量 / 评价**：由于网络购物时不能实际接触商品，所以消费者判断商品质量的依据主要是其他消费者的反馈。因此，有一定的基础销量和良好的基础评价的商品，才能让消费者放心购买。
- **有一定的利润空间**：对于商家而言，打造爆款不光是为了引流，也是为了获得一定的利润，再加上打造爆款需要支付一定的推广费用，因此爆款商品需要有一定的利润空间，否则将导致店铺亏损。而且“低价走量”的运营方式也不利于店铺品牌形象的塑造。

- **补货便利**：爆款商品的库存或者货源应该充足，且生产周期不能过长，商家应确保可以稳定供应商品。否则爆款打造成功，却因为缺货而影响销售，就十分可惜了。
- **紧跟流行趋势**：在资讯发达的时代，流行风尚在很大程度上可以成就爆款，如抖音同款、网红款等。热门影视剧、热门话题等的传播往往也会带来相关商品销量的暴增，商家对此要保持高度关注。图 5-2 所示即为几款抖音同款商品，可以看到其销量都非常多。

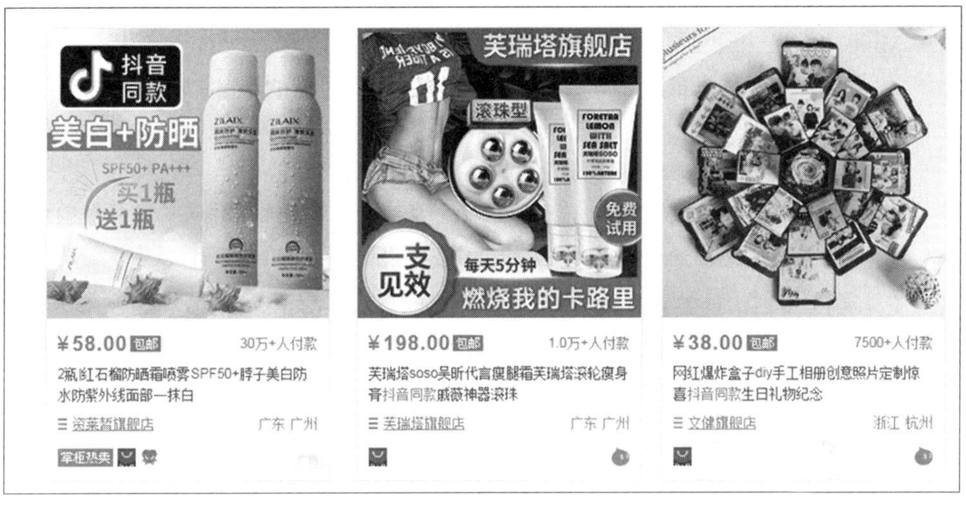

图 5-2　抖音同款商品

- **质量过硬**：商品即便有较高的流量和话题度，没有过硬的质量，也是不可能成为爆款的。商家如果选择以低价低质量的商品来进行爆款打造，即便刚开始吸引了大量消费者购买，也会由于消费者的差评而导致爆款的夭折。

在了解爆款特征的基础上，商家应结合自己店铺的实际情况，在店铺中选择几款合适的商品，对其标题、主图、详情页进行优化，然后进行爆款测试。

运用其他工具选款

商家在选款时，不能单凭自己的主观判断，应该结合数据分析来进行决策，如使用阿里指数分析市场需求、热门属性、价格区间分布，使用生意参谋筛选蓝海商品等。

↘5.1.2 通过爆款测试选出主推款

在选款完成之后，商家需要对其进行投放使用和测试，通过对市场反应的分析，作出有针对性的决策，如是否控制库存数量、是否更换商品、是否抢占先机等。同时，一个爆款的产生，需要商家在直通车、钻石展位等付费流量工具上大量投入，商家应该事先确认该商品具有爆款潜力，因此测款对于商家而言是相当有必要的。

1. 测款的方式

测款的方式主要包括直通车测款和预售测款两种，下面分别进行介绍。

- **直通车测款**：直通车测款是最常规、最快速的测款方式。商家可以将需要推广的几个备选商品通过直通车来进行测试，找出最有潜力成为爆款的商品进行推广。首先，在自家经营的众多商品中选出具有爆款潜力且库存充足的商品，商品的数量一般控制在 5 ~ 6 个，然后制作创意推广图。之后，新建推广计划，保证一个计划只推广一个商品，以避免不同商品之间的影响。最后在保证预算、投放时间、投放平台、投放地域都相同的情况下，观察这些商品的相关数据，选择相关数据较好的商品作为即将要打造的爆款商品。
- **预售测款**：预售测款指的是将所要测试的商品作为下一期预售的商品提前展示给消费者，然后通过观察相关数据表现来判断商品的热度。

2. 测款时需要关注的数据

商家不论是使用直通车测款还是预售测款，都需要考察一段时间内测试商品的数据表现。然后通过比较得到测款数据，选取其中数据表现较好的 1 ~ 2 款商品作为主推款。商家需要关注的数据主要包括以下 5 个。

- **点击率**：点击率直接体现了消费者对这款商品的感兴趣程度。在展现量相同的情况下，点击率更高的商品，能引来更多的流量，也更容易成为爆款。
- **收藏率**：收藏率 = 商品收藏人数 / 商品访客数，其数值反映了这款商品的潜力，收藏率越高，说明潜在消费者越多，后期成交转化的可能性越大。这个指标在测款时比较关键。
- **加购率**：加购率 = 将商品加入购物车的人数 / 商品访客数，其数值直接反映了消费者对商品的购买意愿。一般来讲，加购率越高，消费者的购买意愿越强烈。
- **转化率**：转化率直接反映了消费者对这款商品的接受程度。转化率越高，说明商品实际销量越高，流量的利用率也越高。
- **客户反馈**：客户反馈包括评价、DSR 评分、退换货比率等指标。由于它是消费者收到商品后的第一手反馈信息，所以相较于其他指标来说更直接、更明了。

5.2 爆款打造

爆款不是一夜之间诞生的，而是在有计划、有目标的精准化流程下被打造出来的。对于商家来说，把握打造爆款的 4 个阶段，掌握打造爆款的 3 种方法是十分必要的。

↘5.2.1　把握打造爆款的4个阶段

每一个爆款，都有其公式化的生命周期。在打造爆款时，合理把握好每个周期，可以为店铺赢得更多的销量。下面将介绍在不同阶段打造爆款的策略。

1. 预热期

很多商家在打造爆款的初期，喜欢用直通车、钻石展位等进行密集的广告投放，但其实这种方式的收效并不理想。因为在爆款打造的初期，商品没有销量，没有评价，转化率可能不如人意，所以推广成本会非常高。在爆款打造的初期，商家可以让客服人员利用店铺的现有流量对要打造的商品进行初期预热，在该阶段商家主要可以进行以下 3 项工作。

- **店铺快速上新**：了解商品属性，制作商品主图与商品详情页，安排上下架时间等，争取以最快的速度上架商品。
- **展示爆款**：在店铺明显的位置对商品进行紧急性展示，如店招、首页海报、描述页关联推荐、详情页左侧热卖推荐等，通过全店商品给爆款商品导流。图 5-3 所示为爆款商品在首页的展示效果。

图 5-3　爆款商品在首页的展示效果

- **统计商品销量**：对新上架的所有商品的销量进行分析，观察爆款商品是否有销售记录。没有销量的商品即使再好也会引起消费者的不信任感，此时商家可通过组合销售等方式，先为商品积攒一定的销量。

2. 成长期

如果商品在预热期积累了一定的销量，那说明该商品确实具有推广潜质，则商家对其可以加大推广力度冲销量。该阶段的主要任务是尽快提高主推商品的销量，达到本类目爆款的水平，同时应加大广告投入，通过店铺促销活动带动全店商品的销售。冲销量最常规的方法是降低商品价格，此外还可以通过以下手段来达到目的。

- **活动冲量**：参加淘宝网的销售活动，如淘金币、天天特价、会员购等，这些活动的投入费用不高，但能快速聚集人气，提高销量。
- **付费推广**：为爆款开通直通车、钻石展位等推广计划，测试直通车图片、钻石展位海报的点击率，然后对商品的主图和详情页再次进行优化。

3. 成熟期

冲销量环节结束后，商品的人气、销量提高，并且在淘宝网搜索页中有一定的优势，成熟期主要的任务就是在维持销量的同时提高利润。此时，商家可优化店铺结构，通过关联销售和搭配销售提高整个店铺的销量。可筛选搭配套餐内比较受欢迎的商品，然后将其单独进行销售，以追求利润的最大化。图 5-4 所示为一件上衣的搭配销售，消费者可以从三款下装中选择合适的搭配商品，商家可以以此对三款商品进行测试，分析哪一种商品更受欢迎。

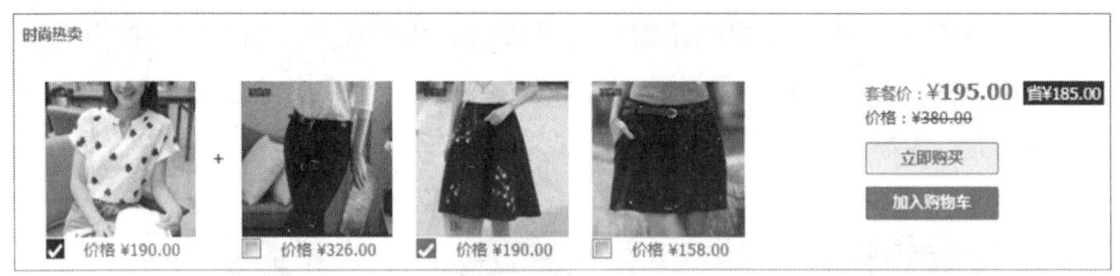

图 5–4　搭配销售

套餐设置技巧

在设置搭配套餐时，可适当降低利润，将卖两件商品的利润调整为卖一件的利润，如一件衬衫售价 99 元，利润 40 元，设置搭配套餐的短裤售价 89 元，利润 35 元，那么搭配套餐售价可为 99+（89–35）=153（元）。

4. 衰退期

随着时间的推移和市场的周期变化，爆款商品的销量与人气将逐渐下降，即使在直通车稳定投放的情况下，店铺流量也会下降，在该阶段商家再对该商品大力推广可能会事倍功半。当爆款商品开始走下坡路，并且其他商品无法替代当前爆款的情况下，店铺的业绩很有可能下滑，为了避免这一情况，打造“爆款群”无疑是个不错的选择，打造“爆款群”即通过当前爆款商品迅速提高店铺其他商品的销量。图5-5所示为某女装店铺按销量高低所显示的商品，可以看出，排列在前面的商品都有上千的销量，都可以打造成店铺的爆款商品。

图 5-5　某女装店铺按销量高低显示的商品

5.2.2　掌握打造爆款的3种方法

商家打造爆款有很多方法，较常用的方法有直通车、钻石展位、淘宝客等。商家可以结合自身情况选择适合店铺的方法。

1. 利用直通车打造爆款

直通车是将商品展现给消费者的一个快捷方法，在打造没有独特优势的商品时，尤其需要利用直通车。但是利用直通车打造爆款需要在前期投入成本，因此在使用时更要讲究策略。

中小商家在挑选直通车商品的关键词时要注意避开行业主关键词，若直接选择主关键词进行推广会增加竞争压力，很可能导致推广效果不理想，如一款露背连衣裙，用直通车推广时，将关键词设置为“露背连衣裙”比设置为“连衣裙”的展示概率更大，并且定位人群也更加精细，这就减少了流量的浪费。

使用直通车推广爆款商品时，商家可以同时推广两组相似的商品，并设置相似的标题，此时直通车会不定时地将两组商品轮流推广出去，商家可对比哪一组商品的点击率更高，推广效果更好，将数据表现更好的商品设置为长期推广的对象。此方法还能同时打造两个爆款，更大程度上实现店铺的盈利。

2. 利用钻石展位打造爆款

钻石展位推广也是提高销量的一种途径。利用钻石展位打造爆款需要商家投入推广成本，而怎样充分利用钻石展位，在控制成本的基础上达到推广的效果是商家要重点考虑的问题。其实，影响钻石展位投放效果的因素有定向、素材、展位和投放时段等，其中有创意的素材与定向精准的流量是确保钻石展位帮助商家带来流量和销量的重要因素。商家在开通钻石展位后，需要对各个因素进行测试，然后根据自身需要不断地进行优化。例如，在广告文案相同的情况下，设计不同的宣传画面，以测试消费者最愿意点击的图片。

制订测试方案

在使用付费推广方式时，商家可制订的测试方案有很多。例如，广告画面相同，但文案和促销点不同，测试消费者最感兴趣的宣传点。同一资源位置，多次测试，使用不同的创意，再根据点击率、转化率等数据表现进行再次筛选。

3. 利用淘宝客打造爆款

淘宝客作为一种独特的推广形式，也具备打造爆款的功能。其好处在于使用淘宝客打造爆款时，商家可以将推广风险降到最低，并且不用提前投入推广成本。在完成前期测款后，根据爆款所处的不同阶段来设置相应的佣金比例。通常淘宝客佣金比例设置的范围为5%～50%，商家可以在这个范围内任意调整。下面具体介绍不同阶段淘宝客佣金的设置策略。

- **初期**：对于刚上架不久的商品，商家在设置佣金比例时，可考虑最大限度地让利淘客，以获得更多的推广机会，此时应适当提高佣金比例回报淘客，如50%。此外，当淘客按 30 天的佣金支出进行搜索时，佣金越高的店铺，商品排名也越靠前。
- **中期**：随着销量的逐渐提高，商品有了较大的市场占有率，此时商家可适当降低佣金比例，逐步实现盈利。
- **后期**：当市场销量比较稳定后，该商品的推广佣金也要稳定下来，且不要轻易更改，以免淘客流失。

5.3 爆款维护

淘宝爆款在进行一段时间的推广之后就进入了稳定期，此时商家最需要做的就是跟进与维护爆款。只有维持爆款的热度，才能提高客单价和转化率。

5.3.1 维持爆款热度

对于商家来说，维持爆款热度主要有两种方法，即饥饿营销和关联营销。下面分别进行介绍。

1. 利用饥饿营销维持爆款热度

在市场营销学中，“饥饿营销”是指商品提供者有意调低产量，以期达到调控供求关系、制造供不应求“假象”、维持商品较高售价和利润率的目的。饥饿营销的操作方法很简单，即淘宝商家在用惊喜价将潜在消费者吸引过来后，限制供货量，造成供不应求的热销假象，从而提高售价，或使消费者产生紧迫感，催促其下单，以赚取更高的利润。“饥饿营销”在爆款衰退期时，可以在一定程度上维持爆款的热度。图5-6所示即为利用“饥饿营销”的方式保持爆款热度的商品，其中的“限量秒杀”“限时领券”“每日前30名”等都是“饥饿营销”的常用手法。

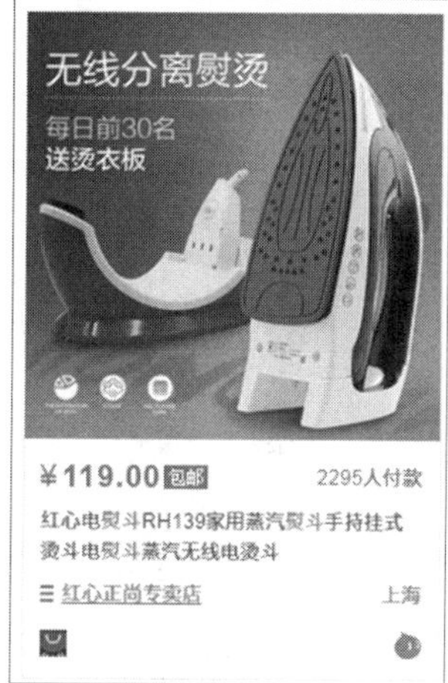

图 5-6　利用“饥饿营销”保持爆款热度

2. 利用关联营销维持爆款热度

所谓关联营销，即快速打造全店的爆款群，把店铺的全部商品贯穿在一起，用一个爆款带动另外一个爆款。许多商家在关联商品时比较随意，店里有什么商品就关联什么商品，很显然，在大多数情况下，这种关联营销是没有任何效果的。那么该如何进行科学的关联呢？下面对关联营销常用的技巧进行介绍。

- **多渠道关联**：除了在详情页中进行商品关联外，关联商品的途径还有很多，如网红、达人、意见领袖的分享，这些都可达到关联商品的目的。
- **活动专题式关联**：活动专题式关联的方式有很多，如买就送、满就减、搭配套餐、换季清仓、庆典促销、买赠活动等。
- **场景诱导化关联**：一般情况下，消费者在购买某一种商品时，基本都会有特定的应用场景，而往往在这种特定的应用场景下，需要不止一种商品，如图 5-7 所示，帐篷为野外露营设备，而登山鞋、背包等都属于在野外露营时可能会使用到的辅助设备。
- **关联同等消费档次的商品**：不同消费水平的消费者能接受的价位是不同的，消费者在浏览商品时一般会优先选择符合心理价位的商品，因此商家做关联营销时，关联的商品要与消费者浏览的商品处于同等消费档次。

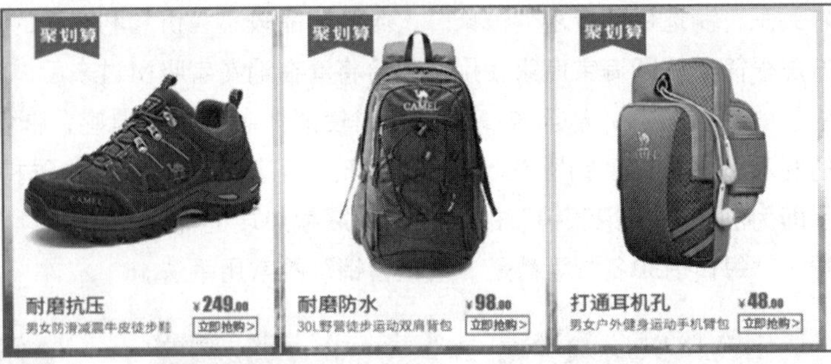

图 5-7　场景诱导化关联

- **关联同种风格但不同细节的商品**：引流商品的风格与属性在一定程度上是为消费者所喜欢的。因此，在做关联营销时，关联同种风格但不同细节的商品更容易获得消费者的关注与点击，图 5-8 所示即为关联的同种风格但不同细节的商品。

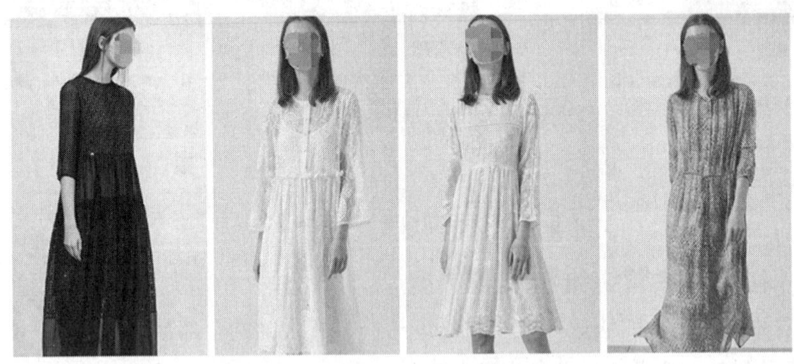

图 5-8　关联的同种风格但不同细节的商品

- **关联可以搭配或者互补的商品**：如图 5-9 所示，引流商品是一件白色雪纺上衣，推荐区中直接关联了可以与之搭配的几款碎花裙。

图 5-9　关联可以搭配或互补的商品

↘5.3.2 维护爆款带来的客户群

爆款打造成功后势必会带来较高的销量，甚至提高店铺中其他商品的销量，此时商家需要做的就是维护爆款带来的客户群，如果店铺仅仅依靠新客户的一次购买，当爆款热度下降或爆款下架后，就很难再继续盈利，所以抓住爆款带来的客户群，将新客户培养成老客户，使其持续为店铺创造收益就变得十分重要。

1. 维护客户群的好处

一般来讲，爆款能够在短时间内带来大量的新客户，形成一个客户池。如果商家能够用心维护，将能为店铺带来以下3个方面的好处。

- **提高店铺的DSR动态评分**：店铺的DSR动态评分是商家晋升为金牌商家的重要考核标准。若店铺的复购率高、评价好，DSR动态评分也会得到相应的提高。对淘宝商家而言，成为金牌商家能够提高消费者对店铺的信任度，并且可以获得淘宝网给予的更多特权，如橱窗位和会员频道优先展示、优先参与淘宝网官方活动和免费获得学习教程等。
- **提高店铺的流量价值**：流量对于每个店铺而言都是十分可贵的，因此，许多商家会花钱用直通车、钻石展位、淘宝客等来提高流量，但流量的转化率都很难有保障。若是老客户进入店铺，由于其对店铺的了解较多，店铺的商品比较符合其要求，因此成交率比较高，店铺的流量价值也会得到提高。
- **提高客单价**：若是商家设置了优惠套餐活动，老客户参与的积极性也会更高，这有利于提高客单价。

2. 维护客户群的方法

维护客户群有很多方法，商家首先可以在店铺内设置VIP，让消费者在消费到一定金额后升级为VIP，而VIP代表着贵客，可以享受更多的优惠待遇。

其次，选择恰当的时机与老客户进行互动。例如，打电话邀请老客户参加店庆活动、节日活动，发送问候短信、贺卡和小礼品，或赠送打折券等。及时告知店铺促销情况以及新品上市情况，保证店铺在老客户群中的曝光率，提高店铺的人性化服务质量。和老客户互动，商家既可以维持老客户的忠诚度，提高店铺销量，又可以趁机引导老客户带来新客户。

↘5.3.3 由夭折爆款总结的经验教训

“失败乃成功之母”，若商家打造爆款失败了，也千万不能灰心，而需要找出原因，为后面成功打造爆款积累经验。一般而言，打造爆款失败可以在以下6个方面寻找原因。

- **商品定位不明确**：有些商家自身的商品都不错，但在打造爆款的后期还是失败了，这时再去分析其他对手的爆款，即可发现，自己商品的卖点不够突出，没有将卖点清晰地展示给消费者，因此，对消费者没有足够的吸引力。此时，商家需要从商品的主图、详情页和商品文案等方面入手，在深入了解商品的特点与功能后对其进行进一步优化。

- **没有破零的商品：**没有销量的商品会使消费者产生不信任感，因此打造爆款时，销量破零是必须的。爆款商品比普通商品的破零要求更高，如果普通商品 10 件破零，那么爆款商品破零就需要 100 件，从新品上市到突破 100 件销量并不是一件轻松的事，此时商家可考虑将有需求的朋友变为消费者，再通过他们的推广达到破零的目的。
- **商品推广不到位：**在浏览淘宝网时可发现，绝大部分爆款会出现在等级较高且月销售额较高的店铺中，因为这些店铺的商品曝光率高。如果商品曝光率不高，商家可以通过推广提高商品的曝光率。
- **货源无法保证：**若在爆款打造过程中，供应链时常断开，则可能会导致商家无法正常发货，进而出现消费者退款、给出差评等情况。当然相比外部货源，自营货源更有保障。另外，许多商家喜欢采用预售的形式来销售商品，以此避免成本的增加。
- **资金补给漏洞：**爆款打造是一个长期的过程，因此要求商家准备足够的资金以应对一些突发情况，如实现商品销量在短时间内快速提高需要投入资金加大推广力度等。
- **战略战术上失利：**没有结合自身的资源情况找到适合自己的营销方式，也会导致爆款打造的失败，所以在前期，商家一定要做好市场考察和定位，选择最适合自己商品的营销方式。

课堂实训：利用直通车测款

实训目标

本实训要求利用直通车为 A、B、C、D 这 4 款职业风的真皮女鞋进行测款。

实训思路

根据实训目标，需要先新建 4 个推广计划，按照相同的投放参数进行设置，然后观察各款女鞋的数据表现并选择一款作为主推商品。

（1）进入直通车推广页面，为 A 款女鞋新建推广计划，将投放平台设置为移动设备淘宝网站内投放，将投放地域设置为北京、上海、广东，将投放时间设置为“女鞋”行业模板，设置关键词为“春款女鞋”“百搭女鞋”“职业女鞋”“真皮女鞋”，并按市场平均出价。

（2）按照同样的参数为 B 款、C 款、D 款女鞋新建推广计划。

（3）一天后观察 4 款女鞋的数据表现，选择其中转化率、点击率、收藏率等数据表现较好的一款作为主推商品，即预备要打造的爆款。

课后练习：分析爆款商品并回答问题

在淘宝网中找出几款爆款商品进行分析，并回答以下问题。

- 该商品具有哪些爆款特征?
- 商家使用了哪些手段来保持爆款热度?
- 如果商家采用了关联营销的方案，其关联商品与爆款商品之间有什么关联?

拓展知识

在打造爆款前，商家需要做好相关的准备，首先需要考虑的就是资金的预算，资金预算与商品的品类、目标销量、推广方式的选择有直接的关系。制定爆款资金预算可通过以下 3 个步骤进行。

- 确定目标销量：店铺的实力不同，所经营的品类不同，对爆款销量的概念也是不同的。图 5-10 所示分别为几种不同商品的爆款销量。一个月销售 4 000 件的爆款和一个月销售 20 000 件的爆款，需要的预算也不相同。因此，打造爆款首先需要确定目标销量。假设爆款目标月销量为 15 000 件，按照 80% 的确认收货率（不同的类目，确认收货率不同），那么一个月要有 18 750 人付款。

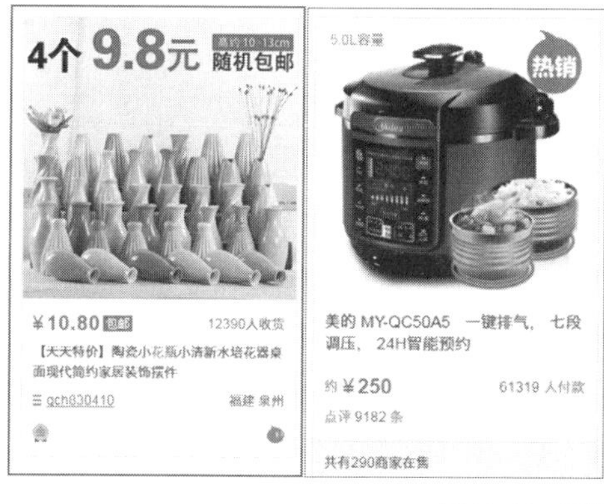

图 5-10 不同商品的爆款销量

- 确定促销与推广方式：不同的促销活动，其促销力度、推广方式不同，所需要的资金预算也是不同的，如相同的时段内钻石展位的推广成本高于直通车，而淘宝客的推广风险比较低。确定促销与推广方式后，商家就需要制订推广计划，确定推广的人群、地区、资金预算、重点推广时段等。假设确定了推广方式为直通车，商品出售价格、成本价、邮费分别为 168 元、80 元、5 元，行业市场转化率为 4%，预计订单量为 18 750，则通过计算需达到的独立访客数为：18 750 ÷ 0.4%=4 687 500，商家要通过直通车获取 4 687 500 位访客，才可能有毛利，其毛利为成交件数 ×(出售价格 - 成本价 - 邮费)=18 750 × (168-80-5)=1 556 250（元）。

- 确定其他相关费用：除了考虑推广计划中的成本，商家还需要考虑备货成本、好评返现成本、包邮成本，以及活动亏损费用等项目的费用。

CHAPTER 06

站内活动营销

洪雅的店铺经营美妆商品，为了进行商品的推广并吸引消费者进店，她参加了阿里试用，将店铺中最具代表性的几种商品，如遮瑕膏、唇彩免费提供给消费者试用，自己不收取任何运费。这些试用的商品数量为每种 3 ~ 5 件，消费者必须先关注店铺，成为店铺的粉丝并填写申请报告才有机会获得试用资格。这种方式为店铺带来了很多新粉丝，也促进了相关商品的销售。

由此可以看出，参加淘宝网营销活动可以为店铺带来更多的流量，是一种非常有效的营销手段。因此，掌握站内营销活动的相关知识对于商家来说是十分重要的。

本章将主要介绍阿里试用、聚划算和淘金币 3 种营销活动。通过对本章的学习，商家可以了解多种店铺的营销手段，有助于提高销售业绩。

学习目标

- 掌握免费试用的报名条件和报名流程
- 掌握聚划算的参聚类型
- 掌握淘金币的作用和准入要求

技能目标

- 掌握报名免费试用活动的操作方法
- 掌握报名聚划算的操作方法
- 掌握开通淘金币和报名淘金币活动的操作方法

6.1 阿里试用

阿里试用是一个由商家提供试用品供消费者免费试用的营销导购平台和试客分享平台，集用户营销、活动营销、口碑营销、商品营销为一体，汇集了百万个试用机会和百万种试用商品，试用者试用商品后可以提交全面而真实的试用报告，为其他消费者提供购买建议。商家则可以通过阿里试用对店铺和商品进行宣传和推广，提高品牌价值与影响力。

6.1.1 参加阿里试用的意义

阿里试用是全国最大的免费试用中心，在消费者中具有很高的影响力。对于商家来说，参加阿里试用的意义主要体现在以下3个方面。

- **增加曝光量和粉丝量：**阿里试用不仅可以给消费者带来实在的福利，还直接对有购买意向的申请者产生了宣传效果。由于商家提供的试用品有限，但申请试用的人数很多，所以当消费者申请试用时，商品就得到了更多曝光。同时，消费者在申请试用时，会被提示关注店铺，这也有效提高了店铺的收藏量和粉丝量。
- **导入优质流量：**通过阿里试用导入的流量比较精准，大部分消费者申请试用的商品都是自己目前需要的商品。商家在申请试用之后，页面下方还会显示店铺当前的相关商品，连带销售可以提高店铺的整体流量。
- **试用报告口碑宣传：**试用报告可以通过赞、转发和评论等方式进行互动，对其他消费者而言具有很高的参考价值，同时这样的评价更容易赢得其他消费者的信任，打消消费者的购买疑虑，从而对商品起到口碑推广的作用。

6.1.2 阿里试用的报名条件和报名流程

阿里试用可以推广品牌，提高品牌影响力，获得更多潜在消费者，是比较受商家青睐的一种推广方式。但淘宝网也对阿里试用的报名条件和报名流程进行了规定，只有满足相关条件，按照规定流程操作的商家才能成功报名。

1. 阿里试用的报名条件

淘宝网不仅规定报名阿里试用的店铺需要满足一定条件，还对试用品提出了相关的要求，下面分别进行介绍。

（1）店铺要求

- 集市店铺的店铺信用等级一钻以上，店铺综合评分4.6分以上，并且加入消费者保障服务。
- 商城店铺的店铺综合评分 4.6 分以上。
- 店铺无严重违规及售假处罚扣分。

（2）试用品要求

- 试用品必须为原厂出产的合格全新且在保质期内的产品。
- 试用品总价值（报名价×数量）不得低于1500元，商家不得虚报价格。
- 试用品免费发送给消费者，消费者产出试用报告，商品无须返还商家。
- 入驻菜鸟仓库的大家电、天猫物流宝及天猫国际的商品会采用名单发放的形式，不会生成订单，商家按试用后台名单发货。
- 对于报名参加试用活动的商品，移动端系统会自动设置收藏店铺申请条件，商家无须设置；PC端系统不做申请条件设置。
- 如报名包含多个SKU的商品，系统会随机选择SKU下单，建议双方协商发货，如果协商失败，商家需按照报名的SKU发货。为避免损失，建议下架其余不期望参加活动的SKU，谨慎报名。

2. 免费试用的报名流程

参与免费试用一方面可以展示店铺最优质的商品，提高店铺流量，另一方面，也可以培养店铺潜在消费者，增加微淘和店铺收藏量。当店铺和商品满足报名条件后，商家即可申请参与试用，其流程如图6-1所示。

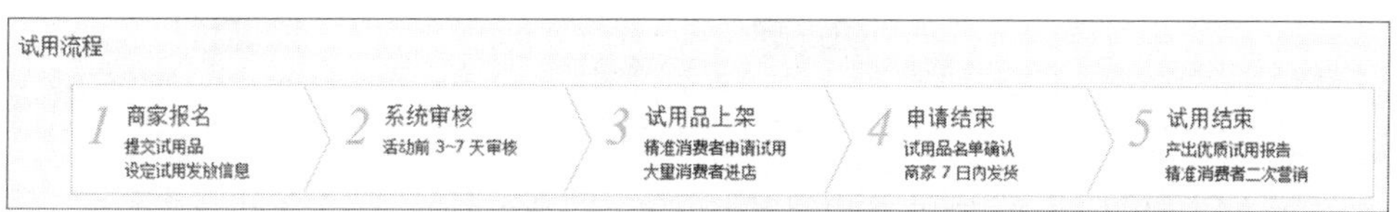

图6-1 免费试用报名流程

↘6.1.3 报名参加阿里试用活动

微课视频

报名参加阿里试用活动

商家可以根据实际情况和自身需要选择报名参加的活动，申请通过后即可获得在阿里试用展示的机会。下面介绍报名阿里试用的方法，其具体操作如下。

（1）进入淘宝网千牛卖家工作台，在“营销中心”中单击“试用”超链接，如图6-2所示。

图6-2 单击“试用”选项

（2）进入试用中心，单击报名免费试用按钮，在打开的页面中选择排期，然后单击我要报名按钮，如图6-3所示。

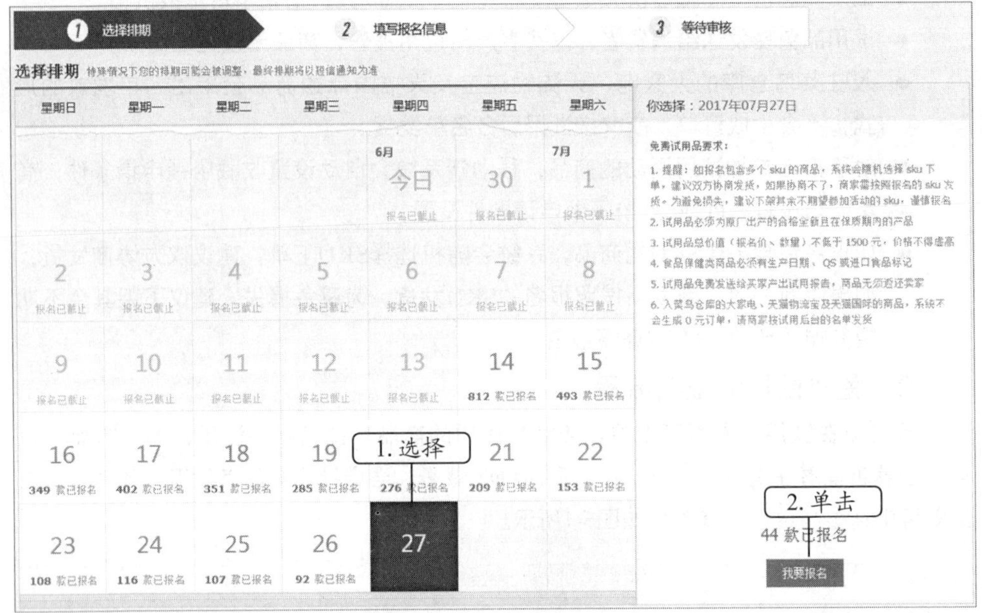

图 6-3　选择排期

（3）进入信息填写页面，在该页面中填写试用活动基本信息，包括试用活动名称、商品链接、试用品类目、提供数量、试用品总价值、试用品图片等，如图6-4所示。

（4）然后填写商家信息，包括联系旺旺和联系电话，设置完成后单击提交报名申请按钮提交申请即可，如图6-5所示。

图 6-4　填写试用活动基本信息

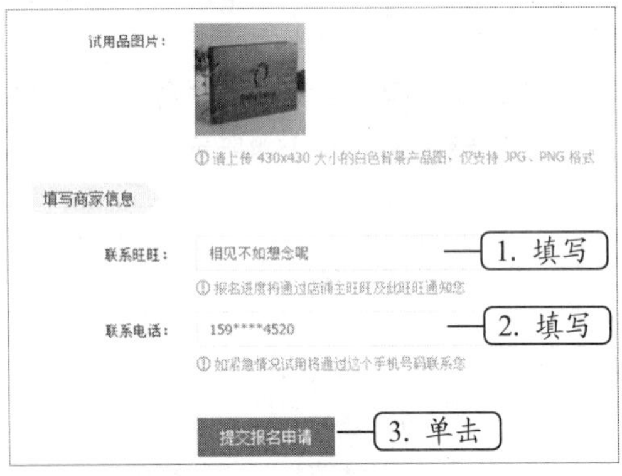

图 6-5　填写商家的联系方式并提交申请

6.2 聚划算

聚划算是淘宝网中爆发力最强的营销平台，汇聚了大量的流量，能产生非常可观的营销效果。商家通过参加该活动，可以达成超过店铺日销量数倍的营销数据，获得更多的收益。聚划算对招商商品的要求较严格，除了基础招商标准外，还对不同类目的商品有不同的要求。参与的商家通常需要缴纳一笔保证金和基础费用，聚划算将按照不同类目以相应的费率进行收费。

↘6.2.1 了解聚划算的参聚类型

聚划算主要包括商品团、品牌团、聚名品、聚新品、竞拍团 5 种类型。下面对每种聚划算的类型进行介绍。

1. 商品团

商品团是一种限时特惠的体验式营销模式，具有坑位（即参与名额）数多、参聚概率相对较大、主团展示、流量稳定的特点，可以说是较好的爆款营销渠道和成本较低的消费者获取方式，可以帮助商家规模化快速地获取新消费者。商品团的报名流程主要包括：选择活动、选择商品、选择坑位、填写商品信息报名、商品审核、费用冻结、上团前准备 7 个阶段，如图 6-6 所示。

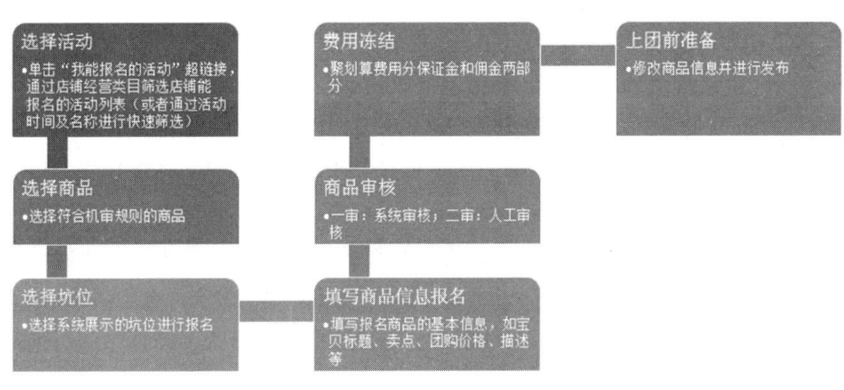

图 6–6 商品团报名流程

2. 品牌团

品牌团是一种基于品牌限时折扣的营销模式，商家通过品牌规模化出货可以快速抢占市场份额，提高品牌知名度。品牌团的报名流程主要包括品牌报名、商品报名、上团准备 3 个阶段。

- **品牌报名：**品牌报名包括商家报名、商家审核、素材提交 3 个流程。商家需要在每月的 4 ～ 12 日，选取对应类目的品牌团报名入口进行报名，并在其中填写品牌名称、期望上团日期、报名类目等信息；商家审核的时间为每月 13 ～

15日，由系统根据商家分值进行排序，择优选取，影响分值的内容主要包括日均店铺成交额、店铺3项DSR评分、历史参聚表现、旺旺响应速度等；商家需提交的素材主要包括品牌营销Logo、品牌营销banner、品牌入口、流量入口图、无线banner、新版品牌入口、品牌主题、品牌故事介绍（PC端）、品牌故事介绍（移动端）等内容。

- **商品报名**：品牌团商品报名步骤与商品团报名步骤一致，商品审核与商品团二审类似，若商品审核不通过，在商品审核时间截止前，商家可重新补报商品。品牌团建议参团商品数为6 ~ 80款，以最终实际参加活动的商品数为准。
- **上团准备**：品牌团上团准备工作与商品团一致。

3. 聚名品

聚名品是一种精准定位"中高端消费人群"的营销模式，以"轻奢、超in潮流、快时尚"为核心定位，聚集高端品牌，佣金收费方式较灵活，具有单品团、品牌团等多种玩法。聚名品的招商对象为符合聚名品规则要求的天猫旗舰店、旗舰店授权专营店、天猫国际旗舰店、全球购（需认证）、淘宝网集市店铺，适合参与聚名品的商品主要类目包括男装、女装、男鞋、女鞋、运动用品、户外用品、母婴童装、美妆、箱包、服装配饰、眼镜、家居等。

符合聚名品招商条件的品牌可以申请加入聚名品品牌库，店铺则加入聚名品商家库，成功加入后即可选择"聚名品"频道类型，选择所有可报名的活动。

4. 聚新品

聚新品是新品营销效率最高的平台，可以快速引爆新品类及新商品，快速积累新消费者群体，形成良好的口碑。聚新品适用于高潜力、高增长的新品类，参与品牌为国际品牌、国内知名品牌、知名淘品牌；参与商家为营销能力强且具备规模化的供应链及服务能力强的大中型商家；参与商品为创新设计、创意概念、创新技术应用、属性升级的商品。聚新品采用"保底 + 佣金 + 封顶"的收费模式，要求商品没有销售记录或销量在10件以内，且备货量达到30万件或40万件。在审核时，淘宝网会根据品牌影响力、店铺日常运营能力、投放计划、销售预估、价格优势等指标在报名商家中进行选择。图6-7所示为聚新品的参团示意图。

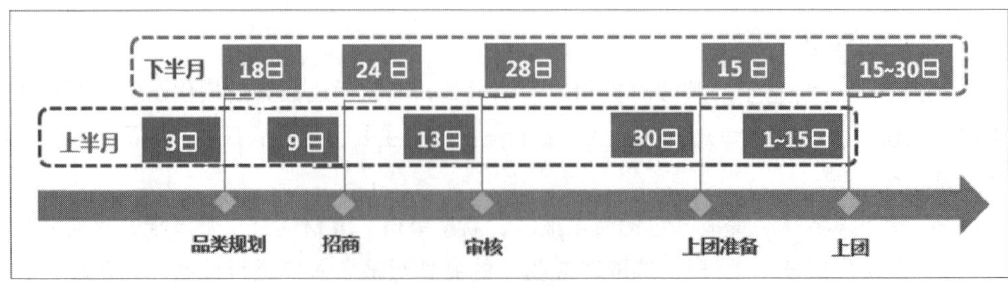

图6-7 聚新品的参团示意图

5. 竞拍团

竞拍团是一种适合中小商家快速参与聚划算的营销模式，其通过市场化的竞价方式，增加中小商家的参与机会。参加竞拍团的商家需要通过聚划算首页进入竞拍团报名页面，找到竞拍坑位入口，然后选择店铺优秀款商品进行提交，进入提交商品页面，填写商品价格和数量。审核通过后，商品即处于待排期状态。此时，商家可进入竞拍大厅参与竞拍，对坑位进行出价，竞拍成功后可以在保证金页面或者宝贝管理页面支付保证金。

聚划算竞拍团与商品团的区别

不同于商品团的佣金模式，竞拍团采用的是竞拍模式。竞拍模式是商家以竞拍方式获得排期资格，是否得到坑位由商家自由竞价决定，且取得坑位后排期不会被更换。参与竞拍的商家都只能在有效出价时间内进行出价，竞拍结束后，系统按照出价高低和出价时间确定入围商家。竞拍模式的优点是自由竞拍，商家拥有更大的主动权和决定权，所以对于竞拍团来说，商家操作的重点不是报名，而是竞拍坑位。

↘6.2.2　报名参加聚划算活动

店铺符合参加聚划算的报名资格，并做好充分的准备后即可进入淘宝网聚划算页面，报名参加聚划算中的活动，其具体操作如下。

（1）登录淘宝网，单击 聚划算 超链接，如图6-8所示。进入聚划算平台，单击右上角的“商户中心”超链接，如图6-9所示。

图 6-8　单击“聚划算”超链接

图 6-9　单击“商户中心”超链接

（2）跳转到商户中心首页，查看相关规则与招商公告等信息，然后单击 我要报名 按钮，如图6-10所示。

图 6-10　单击“我要报名”按钮

（3）在打开的页面中可查看聚划算的各种活动，商家可以根据自己店铺的实际需要选择报名。这里选择第一个活动“周末吾折天【品牌清仓】主题团【2天团】”，单击 去报名 按钮，如图6-11所示。

图 6-11　单击“去报名”按钮

（4）在打开的页面中可查看活动详情、收费规则信息，如图 6-12 所示，查看完毕后单击 下一步 按钮。

图 6–12　查看活动详情

（5）打开“协议签署”页面，单击“点击这里”超链接，如图6-13所示，在打开的页面中签署保证金协议。签署完毕后返回当前页面并刷新即可继续报名。

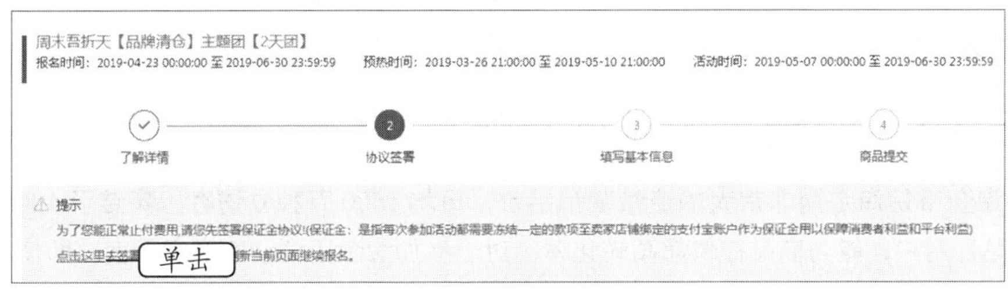

图 6–13　签署保证金协议

（6）在刷新后的页面中即可看到《“聚划算”商家退货运费险保险保障计划投保协议》，阅读完毕后单击选中“本人已阅读并同意《“聚划算”商家退货运费险保险保障计划投保协议》”复选框，单击 提交 按钮，如图6-14所示。

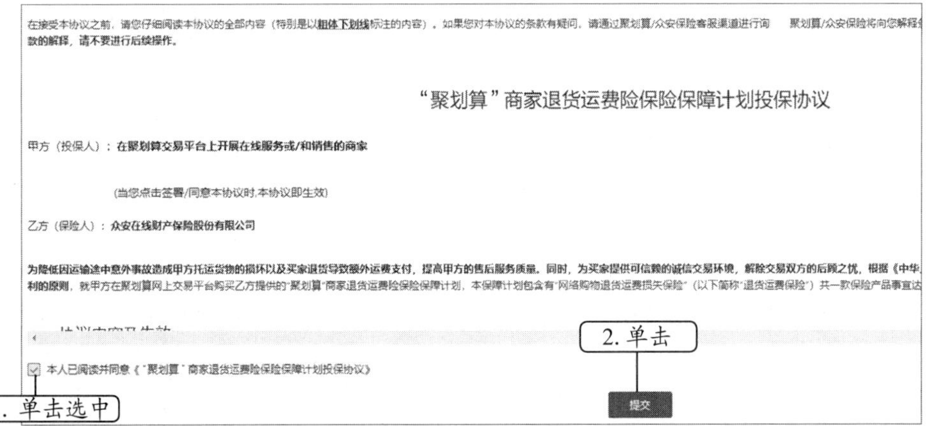

图 6–14　阅读协议

（7）在打开的页面中根据提示签署支付宝代扣协议，然后刷新页面，并根据提示填写基本信息、商品信息、玩法设置后即可完成报名活动的申请，通过审核后即可发布商品参加聚划算活动。

选择合适的聚划算商品

聚划算具有很高的推广价值，商家都想通过它实现销量的大增，但是在此之前，选择合适的聚划算商品是成功参加推广活动的关键。聚划算商品的选择可参考爆款商品的选择方法，尽量选择需求量大、款式流行、价格合理的商品。

6.3 淘金币

淘金币是淘宝网的一种虚拟积分，是淘宝网的用户激励系统和通用积分系统，淘宝网向活跃的高质量用户奖励金币，用户在提供抵扣的商品交易中使用金币获得折扣，商家在交易中赚取金币，并通过花金币来获得平台流量，并提升店铺用户黏性。

6.3.1 淘金币的类型及作用

淘金币是淘宝网非常大的流量营销平台，日均1500万独立访客，集结了1.8亿淘金币黏性用户，能为商品提供超高转化率。对于参加淘金币活动的商家而言，即使活动结束，该平台也会持续为店铺带来回购消费者，同时免收销售佣金，所需活动成本十分低。下面对淘金币活动的类型及其作用进行具体介绍。

- **淘金币抵扣**：淘金币抵扣是指全店支持消费者使用淘金币抵扣部分商品金额，其作用是促成消费者下单，提高店铺的成交转化率。
- **店铺签到送淘金币**：店铺签到送淘金币是指商家赠送浏览店铺并签到的消费者或者浏览店铺并有过购买记录的消费者一定数量的淘金币奖励，以促进消费者持续进店浏览，提高二次购买率。
- **关注 / 收藏店铺送淘金币**：关注 / 收藏店铺送淘金币指商家对关注 / 收藏店铺的消费者以一定数量的淘金币奖励，其作用是提升店铺收藏人气。
- **淘金币频道商品推广**：淘金币频道商品推广是指商家在淘金币频道内按商品被点击次数支付淘金币给淘金币官方账户的方式进行商品推广。系统将根据消费者的喜好以及购买偏好对目标消费群体展示商品，从而为商品带来精准流量。
- **淘宝群任务送淘金币**：淘宝群任务送淘金币是指已开通淘金币打卡的商家，可设置针对连续打卡的消费者给予额外的淘金币奖励，其作用是提高淘宝群的活跃度。

↘6.3.2　淘金币的准入要求

淘宝网针对申请加入淘金币的店铺和商品均制定了一系列的准入条件，下面进行详细介绍。

1. 店铺基础要求

淘宝商家应满足如下要求。

- 符合《淘宝网营销规则》。
- 店铺开通商家淘金币账户，并设置全店抵扣。
- 店铺淘金币数量≥ 0。
- 符合淘宝网各类目的行业资质标准。
- 无因出售假冒商品（C 类）被处罚的记录。
- 店铺内非虚拟交易占比≥ 90%，虚拟类目（如本地生活、房产、卡券类等）除外。

天猫商家、天猫国际商家应满足如下要求。

- 符合《天猫营销活动报名基准规则》。
- 符合天猫各类目的行业资质标准。
- 商家未因虚假交易被违规扣分达到 48 分及以上，且 90 天内无因虚假交易被违规处理的记录。

2. 商品基础要求

报名商品应满足如下要求。

- 有基本资质。
- 淘金币抵扣比例（淘宝网）≥ 1%。
- 活动结束后的 15 天内不得以低于参与淘金币活动的折扣价（淘金币抵扣后）报名其他营销活动或在店铺内进行促销。
- 图片为 600 像素 ×450 像素，JPG 格式或 JPEG 格式，1MB 以内。不允许出现水印、Logo、文字信息等任何冗余内容，只突出商品本身，要求高精度、强质感。
- 商品名称不能含有滥发信息限制词，不可多于 24 个字符，详情页须突出淘金币活动氛围。

↘6.3.3　设置淘金币抵扣

淘宝商家通过报名淘金币活动，可以获得更多优质消费者、稳定流量和超高转化率，而要想报名参与淘金币活动，商家必须首先通过千牛卖家工作台设置淘金币抵扣。

微课视频

开通淘金币

1. 开通淘金币

首次参加淘金币活动的商家需要先申请淘金币账户，申请方式非常简单，其具体操作如下。

（1）进入淘宝网千牛卖家工作台，在“营销中心”中单击“我要推广”超链接，再在打开的页面中的“常用入口”中单击“淘金币”板块中的 GO 图标，如图6-15所示。

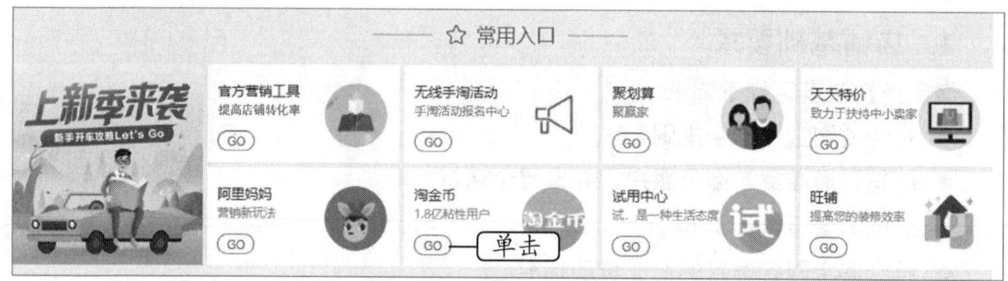

图 6-15　单击“GO”图标

（2）打开淘金币首页，在页面中单击 点击开通金币卖家账户 按钮，如图6-16所示。

图 6-16　单击“点击开通金币卖家账户”按钮

（3）此时系统会提示商家还没有淘金币账户，单击 立即申请淘金币账户 按钮，如图6-17所示。

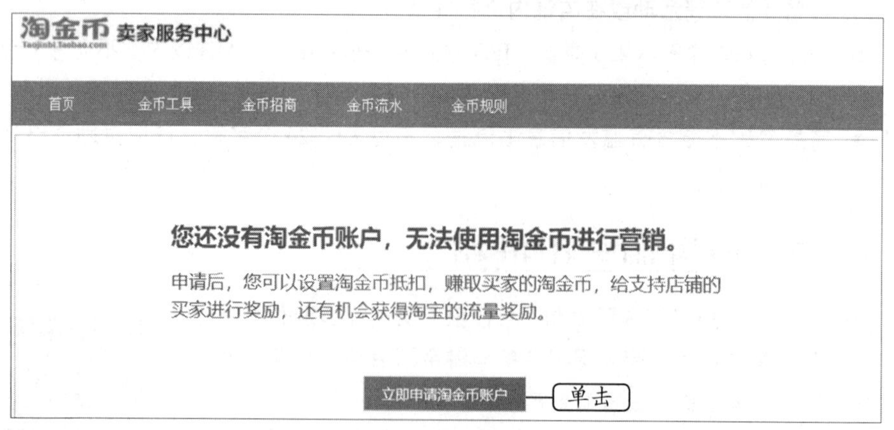

图 6-17　单击“立即申请淘金币账户”按钮

（4）在打开的页面中阅读《淘金币用户服务协议（卖家版）》，单击 同意协议并申请账户 按钮，如图6-18所示。在打开的页面中单击确定按钮，完成申请。

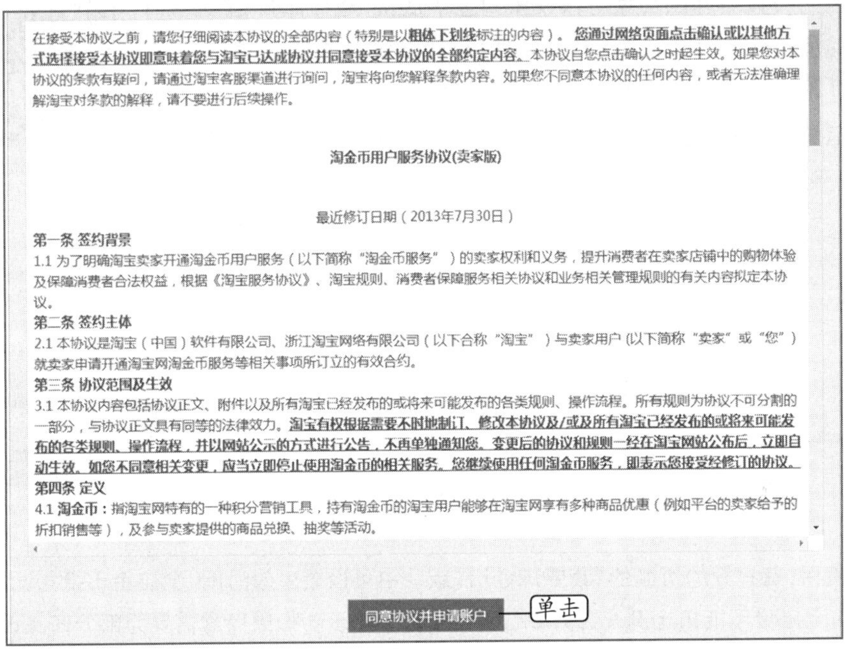

在接受本协议之前，请您仔细阅读本协议的全部内容（特别是以**粗体下划线**标注的内容）。**您通过网络页面点击确认或以其他方式选择接受本协议即意味着您与淘宝已达成协议并同意接受本协议的全部约定内容。**本协议自您点击确认之时起生效。如果您对本协议的条款有疑问，请通过淘宝客服渠道进行询问，淘宝将向您解释条款内容。如果您不同意本协议的任何内容，或者无法准确理解淘宝对条款的解释，请不要进行后续操作。

淘金币用户服务协议(卖家版)

最近修订日期（2013年7月30日）

第一条 签约背景

1.1 为了明确淘宝卖家开通淘金币用户服务（以下简称"淘金币服务"）的卖家权利和义务，提升消费者在卖家店铺中的购物体验及保障消费者合法权益，根据《淘宝服务协议》、淘宝规则、消费者保障服务相关协议和业务相关管理规则的有关内容拟定本协议。

第二条 签约主体

2.1 本协议是淘宝（中国）软件有限公司、浙江淘宝网络有限公司（以下合称"淘宝"）与卖家用户（以下简称"卖家"或"您"）就卖家申请开通淘宝网淘金币服务等相关事项所订立的有效合约。

第三条 协议范围及生效

3.1 本协议内容包括协议正文、附件以及所有淘宝已经发布的或将来可能发布的各类规则、操作流程。所有规则为协议不可分割的一部分，与协议正文具有同等的法律效力。**淘宝有权根据需要不时地制订、修改本协议及/或及所有淘宝已经发布的或将来可能发布的各类规则、操作流程，并以网站公示的方式进行公告，不再单独通知您。变更后的协议和规则一经在淘宝网站公布后，立即自动生效。如您不同意相关变更，应当立即停止使用淘金币的相关服务。您继续使用任何淘金币服务，即表示您接受经修订的协议。**

第四条 定义

4.1 **淘金币**：指淘宝网特有的一种积分营销工具，持有淘金币的淘宝用户能够在淘宝网享有多种商品优惠（例如平台的卖家给予的折扣销售等），及参与卖家提供的商品兑换、抽奖等活动。

同意协议并申请账户　单击

图 6–18　单击"同意协议并申请账户"按钮

2. 设置淘金币抵扣

设置淘金币抵扣，即全店支持消费者使用淘金币抵扣部分商品金额。消费者用于抵扣的淘金币 70% 会存入商家淘金币账户，供后期店铺营销活动发放使用，此外，商家设置淘金币抵扣将有机会获得淘宝网会员俱乐部的展示位。

（1）淘金币抵扣规则介绍

淘金币抵扣是指在消费者下单时，可以使用淘金币抵扣一定比例的商品金额，促进消费者成交，同时，商家也可获得相应的金币（消费者抵扣金币的70%存入商家淘金币账户，30%回收到淘金币平台）。此外，开通淘金币抵扣的店铺还必须符合以下规定，如图6-19所示。

门槛类型	门槛要求
卖家类型	集市
店铺星级	≥4星
开店时间	≥90天
近90天有成交	是
账户B类违规处罚	＜12分
账户C类违规处罚	＜12分

图 6–19　开通淘金币抵扣的门槛

（2）设置淘金币抵扣

符合开设条件的商家可以设置淘金币抵扣开始时间、全店商品的淘金币抵扣比例、高抵扣商品和不抵扣商品等具体事项。下面介绍设置淘金币抵扣的方法，其具体操作如下。

首先，进入淘金币首页，在“金币工具”板块单击 立即开通 按钮，如图 6-20 所示。

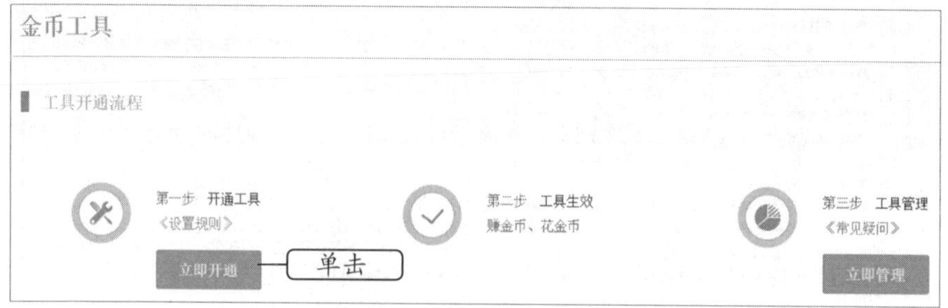

图 6-20 单击“立即开通”按钮

然后，在打开的页面的“我要赚金币”版块中可设置生效时间、全店金币抵扣比例等，这里将全店金币抵扣比例设置为 2%，如图 6-21 所示。如果商家需要为部分商品设置高抵扣比例，或者设置不参与抵扣，也可以在该页面中进行。

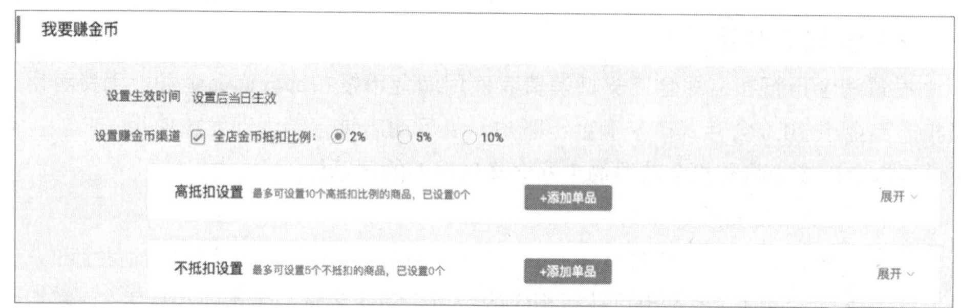

图 6-21 进行相关设置

最后，设置成功后，全店商品的淘金币抵扣比例将显示为 2%，如图 6-22 所示。

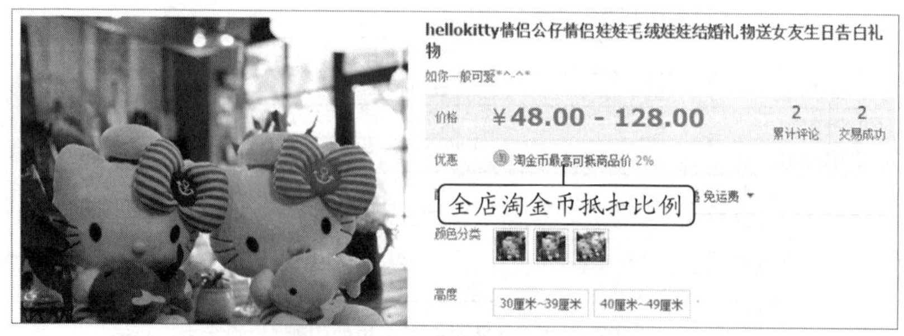

图 6-22 淘金币抵扣比例为 2%

设置淘金币抵扣比例

在开通淘金币抵扣时，全店商品淘金币抵扣比例只能为 2%、5% 或 10%。商家要注意计算经营成本，避免抵扣比例设置不当，产生亏损。

6.3.4　报名参加淘金币活动

在开通并设置淘金币抵扣比例之后，就可以报名参加淘金币活动了。商家需要先选择报名的日期，再提交给系统审核，报名的具体操作如下。

（1）进入淘金币首页，单击报名活动按钮，如图 6-23 所示。

图 6-23　报名活动

（2）打开“报名日历”页面，在日历中选择报名日期，此时页面中将显示相应的活动，单击需要报名的活动右上角的立即报名按钮，如图 6-24 所示。

图 6-24　选择需要报名的活动

（3）打开活动说明页面，在其中可查看活动的基础信息和活动报名情况，单击“操作”栏中的 选择此活动 按钮，如图 6-25 所示。

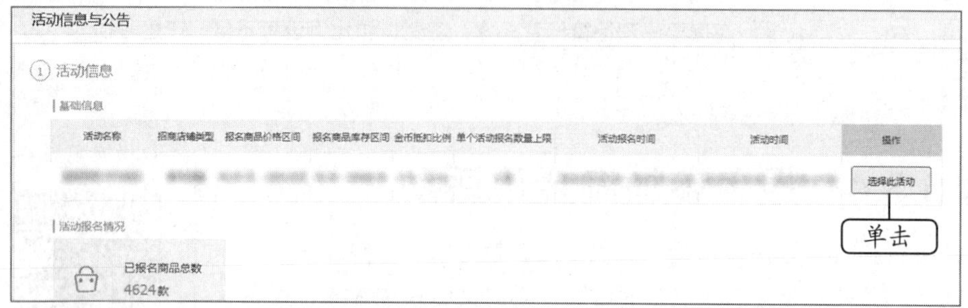

图 6–25　查看活动信息并选择

（4）此时页面下方的“活动公告”被展开，仔细查看活动公告的内容，确认符合要求后单击 确认报名 按钮，如图 6-26 所示。

（二）超级抵钱（原半价币兑）库存及售价规则（重要，必看）：
1、超级抵钱（原半价币兑）的最低库存货值要求：1500元 5折兑货值
举例：商家报名商品的报名价为100元，因为是半价活动，则实际活动售卖价为50元，需要报名1500元的货值，则计算库存公式如下：1500/（100/2）=1500/50＝30件；报名时，所填的活动库存必须大于这个数，少于这个库存值的商品，将不予审核通过。

2、c店卖家还需设置金币比例，如设置为10%（与5折抵扣比例叠加，即50%+50%×10%），则当一款商品报名价为100元时，实际用户的购买金额为：50元－50元×10%＋（50+50×10%）×100个金币＝45元+5500金币（其中超级抵钱5000金币平台回收，商品抵扣的10%的部分即500个金币，金币按照30%给淘宝平台回收，70%给卖家）

3、超级抵钱商品（原半价币兑）的实际库存：卖家填写报名库存时，应当大于最低的库存要求，当最低库存卖完后，商品会继续在频道内展示，并且按商品的正常活动价售卖。
举例：活动商品报名价100元，商品报名的金币抵扣为10%；则该商品的超级抵钱（即半价售卖的部分）的库存为 30 件，商家后台报名时的库存则必须大于30件　；
半价售卖的30件库存兑完后，剩余的库存下，商品的售价为：100元-100元×10%+100元×10%×100个金币= 90元+1000金币（金币按照30%给淘宝平台回收，70%给卖家）

活动指导：
1、活动期间装修店铺，增强店铺营销氛围；
2、活动期间对新老会员进行短信等营销；
3、注意库存校验。请在活动前一天16：00之前完成活动商品的库存修改！将库存修改为报名库存（允许上下浮动超过10%）
高能预警：系统会在活动前一天的17：00对商品的库存进行校验，如商品实际库存浮动超过报名库存的10%（校验库存为后台总库存，包括分销、被锁定渠道库存等），则将取消商品的活动资格。

确认报名

图 6–26　确认报名

（5）打开提交商品报名页面，在“填写商品信息”“活动价与库存”“参加活动的条件”“填写商家联系信息”板块填写对应的信息，确认后单击 提交报名 按钮进行报名即可。图 6-27 所示为“填写商家联系信息”板块。

④ 填写商家联系信息

联系人姓名（可选）

手机号（必填）

旺旺（必填）

邮箱（可选）

☑ 我已阅读并愿意遵守淘金币活动协议。查看协议

提交报名

图 6–27　填写报名信息

课堂实训：报名参加淘金币活动

实训目标

本实训要求为店铺报名参加淘金币活动。

实训思路

根据实训目标，首先需要进入淘金币首页，选择报名日期和活动并填写相关信息。

（1）进入淘金币首页，单击报名活动按钮，打开“报名日历”页面，在日历中选择报名的日期和报名的活动。

（2）打开活动说明页面，查看活动公告的内容后单击确认报名按钮。

（3）在打开的页面中填写相关的信息并单击提交报名按钮进行报名。

课后练习

练习1：回答聚划算参聚类型的相关问题

总结聚划算的5种参聚类型，并回答以下问题。

- 商品团的报名流程是怎样的?
- 聚名品定位于哪个消费层次的目标人群?
- 聚新品采用什么样的收费模式?
- 竞拍团为什么可以增加中小商家的参聚机会?

练习2：回答阿里试用的相关问题

进入阿里试用首页，查看几款商品的“试用报告”，并回答以下问题。

- 根据你自己的理解，谈谈报名参加阿里试用有什么意义?
- 如果让你选择店铺中的商品报名阿里试用，你会选择新品还是热卖商品？为什么?
- 淘宝网对于报名参加阿里试用的商品有什么要求?
- 报名参加阿里试用的流程是怎样的?

拓展知识

1. 竞拍团的竞拍技巧

竞拍团每天的竞拍出价时间为10:00～10:55。每天11:00公布当天竞拍结果。参与竞拍的商家，尤其是中小商家，如果想以最合理的价格竞拍到坑位，可以参考以下两个技巧。

- **分析数据**：竞拍模式依靠价格排序，价格高的竞拍者入围。商家在竞拍坑位时，要理智竞拍，提前分析自己的销售行情、成本收益和竞争优势。如果竞拍价格太高，但是产品收益却不足以保持盈利，那么这次竞拍就无法达到理想的效果，甚至可能造成极大的亏损。
- **出价**：每位参与竞拍的商家的出价次数是有限的，但竞拍出价时间却接近1小时，建议不要提前出价。如果出价太早，每次出价就浪费一次机会，出价次数用完则失去继续出价资格。可以以自己可接受的最终竞拍金额为前提，在出价人数和别人出价次数达到一定高度的时候再开始出价。

2. 参加活动前要备货

参加淘宝网活动的商品，一定要库存稳定。选用库存不稳定的商品将为店铺带来很多不利的影响，如出现库存不足或发货时间无法保证的情况时，活动平台将根据规定取消商家的活动参与资格，并限制商家下次参加该活动的时间，此外，发货时间延误不仅会使商家产生经济损失，还会对店铺评分产生影响。活动商品缺货、缺码，会给消费者带来糟糕的购物体验，不利于店铺营销活动的开展。

为了保证活动期间商品发货井然有序，商家需提前做好发货准备。

- **清点入库**：清点入库主要是指清点不同尺码和颜色的商品，做到有备无患。
- **质检打包**：提前做好商品的质检和打包，可以避免很多售后问题，节省发货时间，提高物流质量。在做商品打包时，可以分开设置不同的包装来区分不同的商品，以方便直接发货，如此，即使发货量大，也能做到有条不紊。

CHAPTER

07 站外流量运营

来自四川的戴小强开了一家淘宝店铺，出售自己酿造的糯米酒。刚开始店铺的流量非常少，经营状况不如人意。一个偶然的机会，戴小强发现当地一家经营土特产的门店在微信上做宣传，他当即受到启发，决定使用微信公众号和朋友圈为自己的产品做广告。于是他申请了微信公众号，将其命名为“糯米酒香戴小强”。通过微信公众号日常的推广促销活动，在半年多的时间里，该微信公众号已有近 30 000 名粉丝，每月为店铺带来近 6 万元的销售额。为了回馈这些粉丝，戴小强定期通过微信公众号发放店铺优惠券，以刺激老客户进一步消费。

社交媒体正日益改变人们的生活，越来越多的商家开始意识到必须利用社交媒体强大的引流能力来为自己的店铺做推广。于是，当下热门的微博、微信、抖音等平台成了新的营销阵地。

学习目标

- 了解通过微信为店铺引流的常用方法
- 掌握在朋友圈进行营销的方法
- 了解微博引流的常见方式
- 掌握利用微博增加与维护粉丝的方法
- 掌握抖音营销的优势及账号定位

技能目标

- 掌握微信公众号推文的内容规划方法
- 掌握提高微博内容热度的方法
- 掌握抖音营销短视频的内容规划方法

7.1 微信

微信对于大家而言并不陌生，它是基于智能移动设备而产生的主流即时通信软件，也是一个可以及时与用户建立互动的交流平台，可以实现一对一的互动交流。微信的渗透率高、覆盖面广，截至 2018 年第一季度已经累积了超过 10 亿的活跃用户，并渗透到人们生活和工作的方方面面，因此，微信拥有着巨大的流量。流量对于电商的重要性不言而喻，商家要想在电商领域内有所作为，必须要把握好微信这个站外引流的重要渠道。

↘7.1.1 微信引流的常用方法

微信引流是指在微信平台开设账号，发布内容并引导消费者单击商品或店铺地址，甚至主动搜索店铺或品牌名称。在微信上为店铺引流不受时间、地点限制，相对于传统广告来说成本更低、互动性更强，因此，微信已经成了主要的站外引流平台之一。

通过微信为店铺引流有两种常用的方法，即微信个人账号引流和微信公众号引流，下面分别进行介绍。

1. 微信个人账号引流

微信个人账号引流主要是指商家通过微信个人朋友圈发布一些碎片化、及时性的状态来传达店铺或商品的信息，通过朋友圈的频繁互动来拉近与消费者的距离。这种方法可以为目标人群提供更持续、更精准的服务，并在服务基础上进行一定程度的口碑传播。

2. 微信公众号引流

微信公众号引流是指商家通过微信公众号为店铺引流。相较于微信个人朋友圈状态，微信公众号推文所能辐射的范围更大，能吸引的潜在消费者更多，推广效果更好，从而能为店铺吸引更多的流量。微信公众号主要通过推送一定篇幅的文章来进行引流，呈现内容更详细，呈现形式更多样，具有更强的感染力。

目前，商家在进行微信公众号引流时主要有两种策略：一种是自己打造微信公众号，这样推广成本相对较低，也有助于形成自己的品牌，但需要较长的周期才能产生明显效果；另一种是与一些较为成熟的、符合自身店铺定位的微信公众号进行合作，合作的方式主要是在微信公众号推文中进行广告植入。这种方法需要支付一定的推广费，但很快就能见到效果。

↘7.1.2 通过微信朋友圈引流

在当下，微信朋友圈已经成为大众日常生活必不可少的一部分，每天浏览朋友圈已经成为很多人的生活习惯。商家通过申请微信个人账号进行朋友圈营销，可以将朋友圈的流量引入自己的店铺，提高店铺销售业绩。

在进行朋友圈营销时，有两个因素是需要商家重点把握的，一个是好友数量，另一个是发布的内容。一定数量的微信好友是基础，而发布的内容真正决定引流的效果。下面分别对这两个方面进行介绍。

1. 添加微信好友并进行后续维护

除了微信平台自身的广告，微信朋友圈中一般只会出现好友发布的信息。也就是说，如果没有足够多的好友，后期发布的内容再有吸引力也无法为店铺带来流量。因此，商家在申请微信个人账号以后，应该首先大量添加好友，其途径有很多，包括手机通信录、扫描二维码、微信发现、社群或其他社交平台中留下的微信号等。

商家添加微信好友之后，需要进行细心的维护才能进一步获得好友的信任。例如，经常与好友进行互动，加强与好友之间的联系，但注意保持礼貌和适当的频率。在维护好友的过程中要保护微信好友的隐私，不要私自泄露给他人；有问题需要咨询或讨论时，尽量提前组织好语言；发送语音之前，提前询问对方是否方便；结束时，表达谢意。节日问候、话题讨论等都是比较常用的互动方式。

2. 发布朋友圈状态

有了一定数量的好友后，商家就可以在朋友圈发布状态进行营销推广来为店铺引流了。朋友圈比较私人化，在朋友圈中进行营销要注意策略，切忌随意地天天发广告，这样很容易流失好友，无法为店铺带来稳定的流量。发布的朋友圈状态既要有可看性，又要能实现引流的目的，这就需要商家掌握如下技巧。

（1）适度发布商品信息

商家发布朋友圈的目的最主要的还是为店铺引流，所以可以适当地在朋友圈中晒一晒自己的商品上新信息、商品详情信息、促销活动、发货情况等内容。但是不能太过频繁，一天一到两次或两天一次最佳，这样的分享也会刺激一些潜在消费者产生购买的冲动，如图7-1所示。

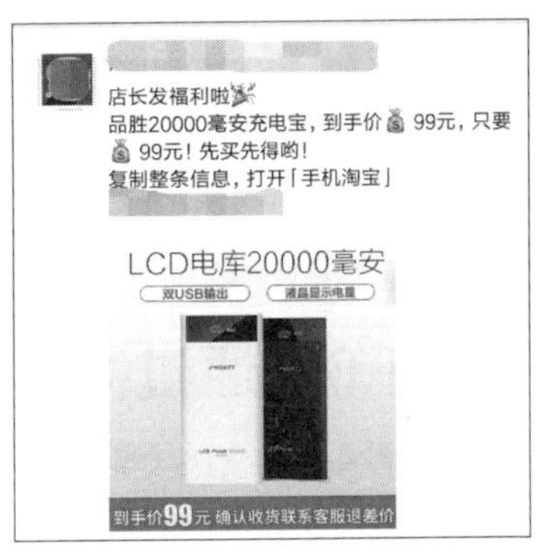

图7-1　直接发布店铺促销信息

（2）在生活分享中植入广告

朋友圈是一个分享个人信息的平台，硬推广这种方式虽然可以直观地推广自己的商品，但也很可能造成朋友圈好友的反感。特别是对于商家来说，其好友的数量非常多，有些可能根本就不认识，此时采用生活分享的方式来进行商品或店铺的推广，会给微信好友一种亲切、自然的感受，让他们在不知不觉中认可你所分享的信息，达到软推广的目的，同时有利于树立账号拥有者本人的形象，让好友觉得你是个有生活情调的人。发布生活分享类朋友圈状态并不复杂，只要写出自己生活中的趣事，然后将需要推广的信息自然而然地融入其中，让微信好友在真实的生活场景中感受和了解推广信息即可。图7-2所示为一个经营数码产品的商家发布的一条融合商品信息的朋友圈状态，说的是朋友聚会，并晒了美景和自拍，实则分享的是自家的手机商品，这种表达方式比较倾向于软推广，往往可以起到意想不到的效果。

图 7-2　生活分享中植入手机广告

（3）分组发布广告信息

流量的多少并不是决定店铺销量的唯一因素，从某种程度上来说，稍少但更精准的流量反而有助于提高店铺的转化率。因此，商家不要抱着密集投放的传统营销思维，而要做好信息的分组发布。分组发布有两种思路，一是根据用户的类型分组，二是将好友按照熟悉程度进行分组。前者主要表现为根据用户的类型进行推广，如某一条广告比较幽默诙谐，包含了很多网络现象和词汇，可以设置给指定分组的年轻人群进行查看。后者主要表现为根据商家与好友的熟悉程度进行推广，如对于刚添加不久的好友，可以推广一些客单价不高的商品，对于有了信任基础或交易记录的老客户，可以进一步推广客单价更高的商品等。

7.1.3　通过微信公众号引流

除了通过微信个人账号发布朋友圈状态以外，商家还可以通过微信公众号为店铺引流。微信公众号拥有巨大的阅读量，是目前电商营销的主战场。微信公众号包括服务号、订阅号、小程序和企业微信 4 种类型，其中订阅号是目前商家使用最频繁的类型。商家要想通过微信公众号引流，可以自己打造微信公众号，也可以与一些较为成熟的、订阅群体与店铺目标消费者一致的微信公众号合作，下面分别进行介绍。

1. 运营自己的微信公众号

自己打造微信公众号这种方式需要有足够的精力和资源来运营微信公众号，因此比较适合有实力、想要塑造自己品牌的商家。打造微信公众号的流程大致为先申请开通一个微信公众号，包括根据店铺定位为微信公众号命名，然后选用适合的图片作为头像等一系列步骤，申请成功后再定期推送文章并维护粉丝。这里重点介绍写作微信公众号推文的技巧。在写作推文内容时要从其标题、正文内容两个方面来进行策划，下面分别进行介绍。

（1）命名标题

目前微信上推文的数量巨大，要想让自己的推文脱颖而出，标题一定要能做到在第一时间抓住读者，其吸引力的大小常常决定了该推文的点击率和传播度的高低。如果标题比较恰当，将会对推文的传播与引流效果予以数倍“放大”。因此在创作中，标题是十分重要的，下面对标题的命名方法进行介绍。

- **宣事式标题：**就是指直接点明商品宣传意图的标题，这种标题常会开门见山地宣告某事项或直接告诉消费者他获得哪些利益或服务，让消费者一看标题就知道这篇文章的主题是什么。很多关于店铺促销活动、商品上新以及抽奖活动的推文就常用这种标题，直接在标题上显示关键信息，让人一目了然，从而激发消费者前往店铺进行购买的欲望，如《Redmi 7 全球首发！ 699 元起！现在来店抢购还送 500 元大礼包！》。
- **提问式标题：**是指用提问的方式来引起消费者的注意，使他们去思考问题，并想要读完全文一探究竟的标题。值得注意的是：商家在考虑要提的问题时，应从消费者关心的利益点出发，同时要与所推商品相关，如女装商家就可以把问题集中在穿搭、时尚等方面，这样才能吸引精准的流量。提问式标题可以是反问、设问，也可以是疑问，如《你的手机经得起热量测试吗？》《月入 5 000 元，如何穿得像月薪五万元？》。
- **对比式标题：**该标题将当前事物的某个特性同与之相反的或性质截然不同的事物进行对比，通过这种强烈的对比引起消费者的注意。此类标题常常通过与行业内不同品牌同质商品进行比较，借助两者之间的差异来突出所推广商品的性能和特点，引导有这类需求的消费者点击文章，从而为店铺引流，如《A 款手机测评：B 款手机的劲敌表现如何？》。
- **证明式标题：**该标题以见证人的身份阐释商品或品牌的好处，既可是自证，也可是他证，以此增强消费者的信任感，使其在有相关需求时首先想到你的商品或品牌。该类型标题常使用口述的形式来传递信息，语言通俗，如《据说用了就可以 4 天不洗头的洗发水！》《亲测！这可能是我用过最好用的洗面奶》。
- **号召式标题：**一般以动词开头，同时结合店铺优惠券、打折等福利，吸引消费者前往店铺。商家在写作时要注意用语委婉，避免语气强硬、给消费者居高临下之感，如《关注这个彩妆店铺，让你的夏天美出新高度》《收藏并转发到朋友圈，领取 ××× 一个月的使用权》等。
- **悬念式标题：**这种标题侧重于借助某个点去引起人们的好奇和思考，让消费者带着思考去阅读，在其中探索答案。注意标题中一定要带上品牌或商品的关键字，以加深消费者印象，如《百度搜索了 ×× 品牌汉服，竟然……》。
- **话题式标题：**需要紧跟时尚热点，且必须具备时效性。商家构思标题时要注意结合商品特性和品牌风格，《春风十里，不如 ×× 内衣陪你》这个标题就使用了“春风十里”这个流行语，同时春风这个词让人产生柔软、舒服等感觉，从侧面突出了所推广的商品的特性。

（2）写作正文

微信公众号推文的写作方法是通过巧妙的结构组织、图文并茂的描述来一步步引导消费者的思维，让消费者接纳与信赖，从而达到推广引流的目的。下面介绍微信公众号推文正文的两种写法。

- **以商品为核心**：以商品为核心进行正文写作是一种常用的微信公众号推文写作方法，它以商品作为贯穿全文的线索，在文章开头用一段话引出商品或直接介绍商品，再对商品的功能或核心卖点进行写作。具体来说，就是在文章开头先明确主题，再从能够体现主题的方面来进行扩展讲述，使文章始终围绕一个主题来表述。这种写法可以集中篇幅介绍商品的卖点，用生动细致的描述打动受众，这时只要在文末添加商品链接就可以迅速将流量引入商品页面。图 7-3 所示为典型的以商品为核心的微信公众号推文，在开头直接点明其主题：丝绒能够衬托女人的气质，然后通过丝绒材质、丝绒搭配、丝绒单品挑选等来围绕这个观点展开叙述，加强消费者对丝绒的了解并推广商品。

图 7-3　以商品为核心

- **以情动人**：是指通过捕捉并渲染一些平常容易被忽略的情感，来引起消费者的共鸣。商家采用这种写法时首先要明确定位自己商品的目标消费群体，仔细揣摩他们当下的一些共同的情绪，然后通过细腻真挚的语言予以抒情化地表达，击中消费者内心较为隐秘的地方，赢得他们的认同，这时再将话题往商品上引导，指出该商品在生活情境当中起到的作用，甚至将商品拟人化，将其塑造为一个默默陪伴在消费者身边的朋友。图 7-4 所示为酒类电商“江小白”的公众号推文，其通过对酒中藏着的故事这个情感话题的挖掘，从毕业散伙饭、多年后的同学聚会、工作应酬等不同生活情境中提炼生活的喜怒哀乐，短短几句就直抵人心。之所以能起到这样的效果，主要是这篇推文的角度选得巧妙，将商品“酒”与情感结合在了一起，抓住了酒在人们生活中扮演表达、宣泄情感的角色这一关键点，将商品与生活情感紧紧联系起来，同时有意识地选取了都市年轻人生活中的不同片段，有很强的针对性。有了这样的情绪感召，再引导消费者前往店铺购买商品就不是什么难事了，且文末添加了提示语“点击阅读原文，敬人生如酒”，消费者根据提示就可进入商品购买页面。

有的酒是不想散的宴席
散伙饭画下学生时代休止符
攒了一肚子掏心掏肺的话
说不尽这四年的故事

有的酒是久别重逢的不快乐
一别多年的同学会已然变调
话里的客套掺杂着炫耀
酒过三巡才能解除防备

有的酒维持成年人的规则与体面
酒杯里装的是城府
面红耳赤也难掩言不由衷
是否真情你我心知肚明

有的酒是难以推却的无奈
把酒喝光也未必攻下这一单业务
总想少一些应酬
却被“生活”套上枷锁

有的酒安慰着生长的梦
光鲜的背后总是刻着孤独
汗水里藏着期盼的梦
一杯单纯的酒能品出生活百味

有的酒装着一见钟情的心动
揣着长相厮守的勇气
藏在心里的话都说成了酒话
一不小心就让你闯进了心房

有的酒是岁月酿造的风味
和老爸碰杯谈人生
看懂他的英雄主义
他的阅历都在“酒话”里

有的酒独饮
有的酒欢聚
有的酒随意

每顿酒都承载着一份情绪
每种情绪背后都有故事

. 互动话题 .
一句话证明你是个有酒有故事的人

图 7–4　以情动人

借故事来引导

除了上面两种方法，商家还可以通过讲述一个或感人、或有趣、或悲惨、或八卦的故事，让消费者充分融入故事情节中，继续跟着故事的发展阅读下去，被故事的发展线索所引导，在文章快结尾时，再提到需要推广的商品、植入店铺地址，给消费者一种顺理成章的感觉。采用这种写作方法一定要保证故事的特色性和情节的合理性，这样才能使故事有看点，便于推广对象的植入。

2. 与成熟微信公众号合作

长期维护一个微信公众号需要花费大量的时间，效果也不一定好，因此一些中小商家可以采用与成熟微信公众号合作的方式来为店铺引流。成熟的微信公众号一方面一定有相当的关注人数和点击量，另一方面在文章创作能力、资源获取能力方面也要远远强于新的微信公众号，因此这种方式目前被许多商家所采用。

当然，与成熟微信公众号合作是需要支付一定的广告费的，因此出于成本效益的考量，广告投放的效果就至关重要了。怎样从众多的微信公众号当中选择适合自己的合作对象，成了每一个想要选择这种方式进行推广引流的商家必须考虑的问题。下面就针对商家如何寻找适合投放广告的微信公众号这个问题进行讲解。

（1）根据自身定位确定微信公众号类型

目前的公众号琳琅满目，各种类型都有。如果随便找一家人气高的微信公众号投放广告，即便能带来一定流量，但也会由于流量不精准而并不能提高店铺的转化率，因此，微信公众号的受众要与店铺目标消费群体高度相关。例如，店铺经营的是服饰鞋包，则商家就应该在穿搭类微信公众号当中寻找合作对象。

（2）提取关键字搜索微信公众号

首先根据店铺所售商品提取关键字，如“数码”“美妆”“养生”等，然后在微信中搜索该关键字，就可以看到一系列相关的微信公众号了，如图7-5所示。

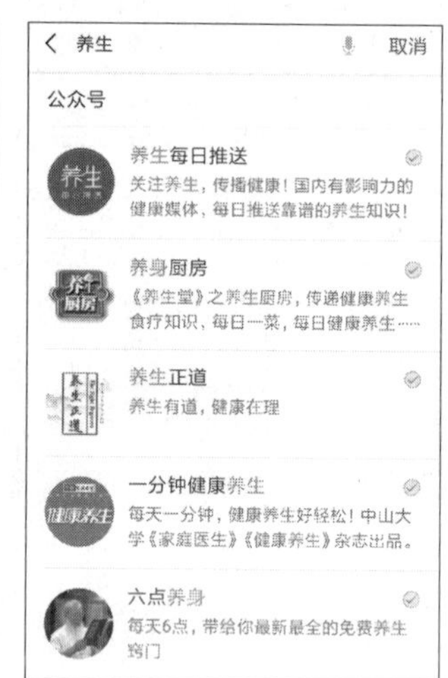

图7-5　关键字搜索公众号

（3）查看微信公众号的自我定位、阅读量

在搜索出来的微信公众号里，选择一个单击进入，在页面上方可以看到该微信公众号的头像、自我介绍、原创文章数量以及关注该微信公众号的好友数量，从中可以了解该微信公众号的内容定位、创作能力等，如图7-6所示。然后单击该公众号的近期推文，拉到文末查看其阅读量、点赞数，如图7-7所示，综合各篇推文考察这两项数据。阅读量可以直观地体现该微信公众号的影响力，行业内通常用“10万+”来作为微信公众号爆款文的标准。

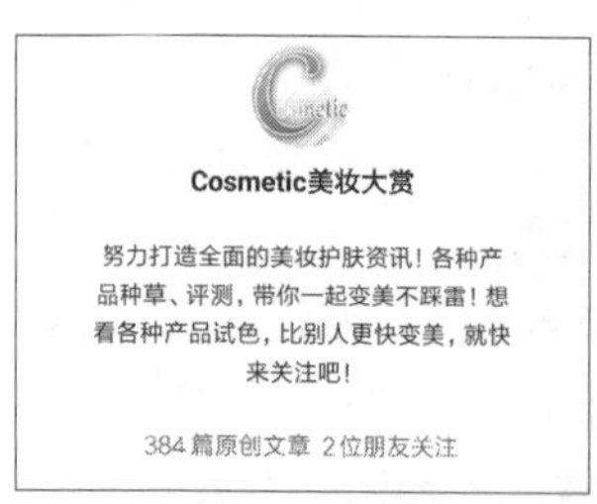

图7-6　了解定位

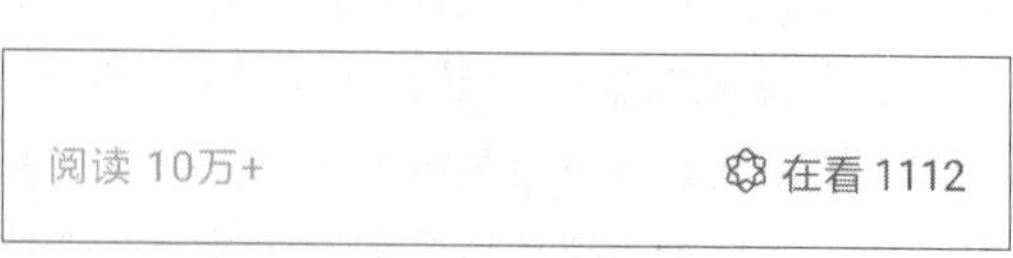

图7-7　查看阅读量

（4）查看该微信公众号以前的推文

浏览该微信公众号的近期推文，观察其是否有为其他商品写过推文，如果有，说明该微信公众号有承接广告的业务，单击查看该推文的内容、呈现方式、阅读量以及下面的留言反馈，如图 7-8 所示，然后单击文中商品链接查看其推广商品的近期销量。如果各方面情况都比较理想，就说明该微信公众号有一定的推广引流能力。

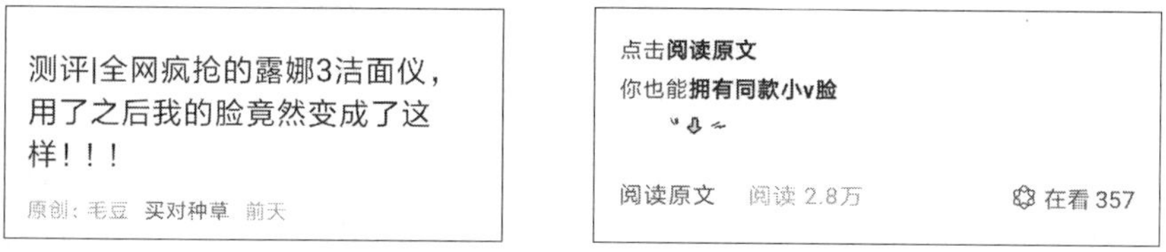

图 7-8　查看之前的推文

7.2 微博

微博是一个即时信息传播平台，在信息传播和分享的过程中，可以为用户提供最短的路径，让用户快速准确地获取有价值的内容。在微博这个平台上，用户既可以作为读者浏览自己感兴趣的信息，也可以作为发布者发布内容供其他用户浏览。微博蛛网式的传播方式给了流量运营很大的发挥空间，因此在微博上也有很多商家运用各种手段为店铺引流。

7.2.1　微博引流的常见方式

微博引流是指商家通过运营将微博上的流量引入店铺的行为。使用微博引流是一种基于粉丝基础进行的运营，商家要注重价值的传递、内容的互动、系统的布局和定位的准确。商家可以通过微博向粉丝传播品牌信息、商品信息，树立良好的店铺形象，提高品牌影响力。

对于利用微博进行引流的商家而言，常见的微博引流方式有以下 3 种。

- **利用微博热搜**：微博热搜聚集了大量的流量，且微博热搜大多具有很强的话题性，因此商家可以利用讨论热搜话题、在最热微博下留言等方式来增加曝光率，植入商品广告。在讨论热搜话题时，应以 # 热搜关键词 # 开头，然后对该热门话题发表意见，并植入商品地址。这样当用户查看这个热搜关键词时，就可以搜到这条微博。也可以在最热微博下留言，但此时留言量一定很多，所以商家应掌握好时机多次操作。
- **利用关键词搜索**：其也是通过在微博中嵌入关键词来加大被其他用户看到的概率。商家也可以搜索与店铺商品相关的关键词来定位目标受众，如经营五谷杂粮的店铺就可以搜索关键词“养生”，查看有哪些用户发布过含有该关键词的微博。这些用户一定都是关注过这个话题的，与店铺消费群体高度吻合，属于精准流量，商家可以主动与其联系，介绍自己的商品。

- 发布内容：运营微博最重要的还是内容。通过发布内容来增加商品曝光率，以优质的内容吸引粉丝关注、转发、传播，是目前微博引流最主要的手段。相对于其他方式，发布内容能带来持久稳定的流量，更有利于塑造店铺的形象，体现店铺自身的特色和个性，提高品牌价值。

↘7.2.2 分享商品为店铺引流

微课视频
分享商品为店铺引流

自从阿里巴巴成为新浪微博的股东以来，微博越发有了电商色彩。其中最直观的一点就是微博提供了分享店铺商品的接口，这就意味着商家可以直接将自己的商品信息通过发布微博的方式传播出去，这样做简单直接且成本极低。下面介绍使用手机微博App分享淘宝店铺商品的操作步骤。

（1）下载淘宝手机客户端和微博手机客户端。打开淘宝手机客户端，登录淘宝网账号，选择一款要分享的店铺商品，打开所选商品页面，如图7-9所示。

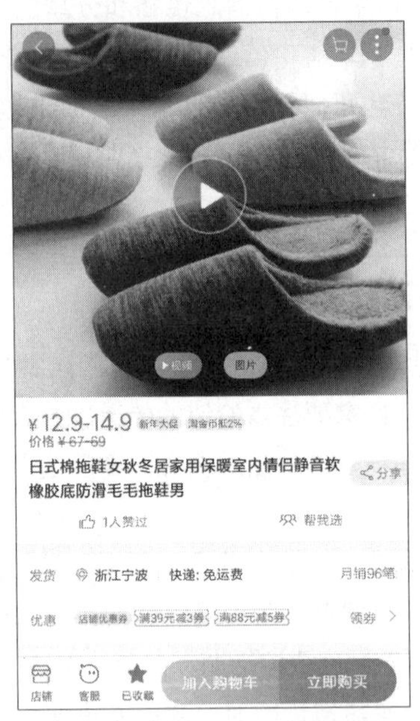

图7–9 打开商品页面

（2）单击商品主图，保存几张高质量的商品图片。单击商品标题旁边的“分享”按钮，此时将出现图7-10所示的提示信息，单击“微博”图标。

（3）页面会自动跳转到你的微博页面，手动编辑微博文字内容，然后添加之前保存在手机上的商品图片，添加完后单击“发送”按钮即可将商品分享到自己的微博上，如图7-11所示。

图 7-10　选择分享到微博

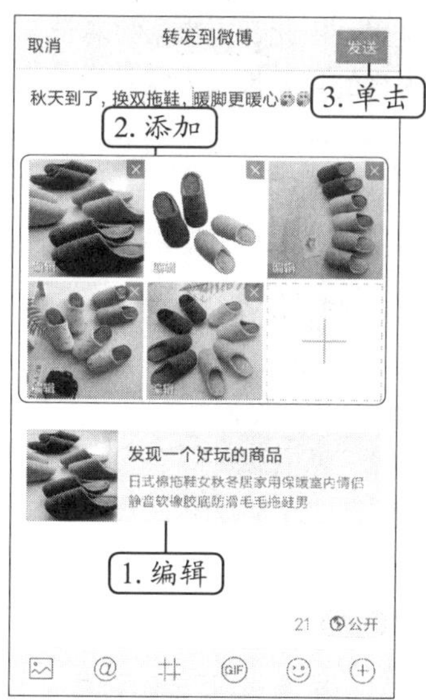

图 7-11　手动编辑微博图文内容

在将商品信息转发到微博时，系统会自动将商品的标题、主图作为微博的图文内容。需要注意的是，为了保证引流效果，此时最好不要直接单击转发，而应该对微博内容加以手动编辑。对于微博的文字部分，可以自己写一段贴合商品的文字，也可以直接使用商品详情页文案，给人一种用心分享而非机械转发的感受。另外，多添加几张高质量的精致美图可抓住粉丝的眼球，吸引其单击下方的商品链接。

除了直接分享以外，商家也可以复制店铺商品的淘代码，然后打开微博，粘贴进微博文本编辑区，通过发微博的方式分享出去。

7.2.3　发布微博内容为店铺引流

和微信相比，微博是一个公共资讯传播平台，更加开放，消息的引爆速度也更快。微博几亿的用户，每天产生的信息数量非常庞大，每一位用户几乎都只会关注自己感兴趣的信息。在微博引流的各种方式中，通过发布内容引流是最重要、最有长期价值的。

相较于微信公众号推文，微博更加碎片化。如何写出既能为店铺引流又能留住粉丝的微博，对于商家来说是一个难题。通过对五花八门的电商营销微博进行分析，可以归纳出其内容主要分为以下 5 类。

1. 发布店内优惠或上新信息

此类微博旨在将店铺促销、新品上架等信息直接传达给粉丝，通过商品自身的品质以及促销活动的刺激来吸引粉丝查看商品，达到为店铺引流的效果。这类微博操作门槛较低，写起来相对简单，只需要将店内商品详情页使用的文案加以筛选提炼，再配以高品质的商品图片，最后附上店铺地址或商品链接即可，如图 7-12 所示。需要注意的是，此类微博趣味性不强，如果一个账号长期发布这样直白的促销微博，很难获得良好的粉丝运营效果。因此，商家最好将此类微博与其他形式的微博进行一定比例的搭配，保证所发布内容的可看性和趣味性。

图 7-12　店内上新

2. 开展有奖互动活动

微博具有很强的互动性，如果商家只把微博当成一个单向发布的账号，是无法真正拉近自己与粉丝之间的距离的。因此，商家要将自己的微博账号拟人化，使冷冰冰的网络账号变成亲切活泼的“小伙伴”，充分体现亲和力。所以互动是非常重要的，商家除了日常回复、转发粉丝留言外，还可以经常发起一些粉丝比较关注的话题或投票活动，然后许诺参与互动有奖。至于获奖规则，可以灵活多样，如第 10 层、20 层回复有奖，转发抽奖，最多赞有奖等。如图 7-13 所示，该微博发动粉丝为新品投票，承诺凡参与者均有店铺优惠券奖励，以刺激大家的参与热情。这样操作既可以与粉丝互动，为店铺引流，又可以宣传自己的新品，并及时获取消费群体的反馈，一举多得。

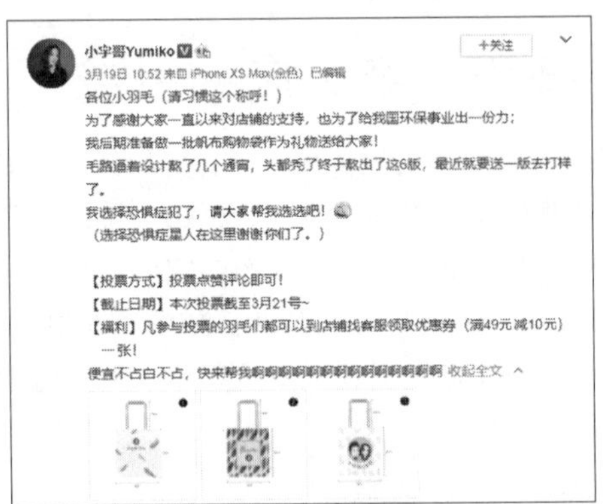

图 7-13　发动投票

3. 发布买家秀

消费者一般比较信赖其他消费者的评价，尤其是在购买服饰鞋包时特别关注买家秀。因此，商家要充分利用优质买家秀的强大说服力，时常发布效果好的买家秀图片或视频，让消费者帮店铺做推销。为了使其更具说服力，商家可以发动粉丝发布买家秀微博，然后自己马上转发，并附上充满赞赏或惊叹语气的评价，以达到更好的效果。当店铺有一定数量的消费者后，还可以在微博发布名为“××店买家秀”的话题，为店铺和商品带来更多流量。图 7-14 所示为网络红人转发优质买家秀的情形。

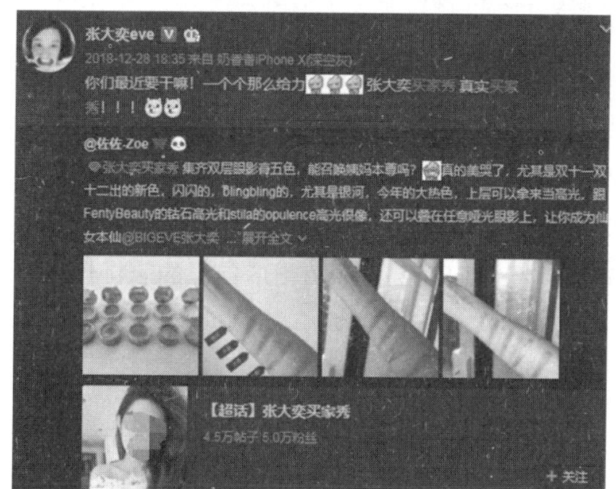

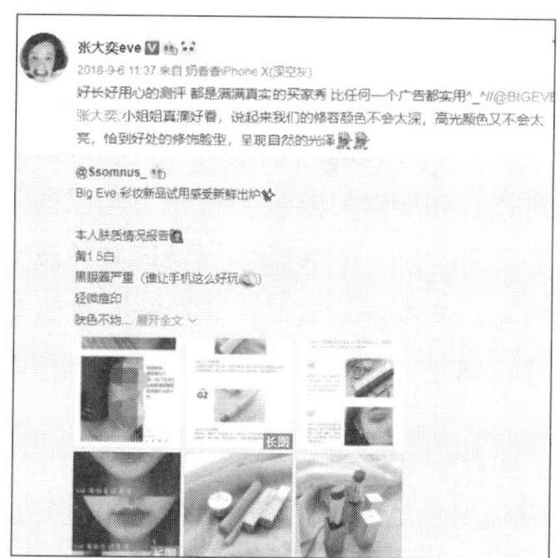

图 7–14　转发优质买家秀

4. 发布商品测评

这类微博写作门槛较高，适合具备较多专业知识的商家。特别是对于护肤品、数码商品等一些大众不太了解其功效原理、使用效果的商品，消费者在购买前通常都会参考网上的相关测评。商家如果能利用好自身具备的商品专业知识，深度分析商品的功能、质量、使用感受等内容，同时与其他同类商品进行比较，凸显自家商品优势，最后写出既有见解又通俗易懂的文章，就很容易获得高的收藏量和转发量，为微博账号带来更多粉丝。写作前，商家最好能亲身试用、体验商品，这样才能在文中渲染亲身使用体验，并附上使用前后对比图，使其更具有说服力。更重要的是，还可以在文章中巧妙植入商品或店铺信息，如在第一张图旁边放置店铺链接或二维码，为店铺引流。这类微博由于信息量较大，通常为长微博，但不可过于冗长，以免使消费者失去耐心。图 7-15 所示为国产护肤品的长微博测评。值得注意的是，该商家把这条微博放到了“祛痘”话题下，使得更多关注这个话题的非粉丝用户能够看到，为自己带来了更多更精准的流量。

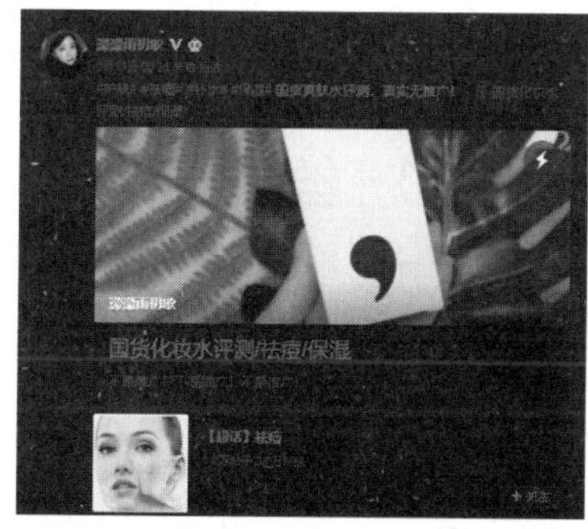

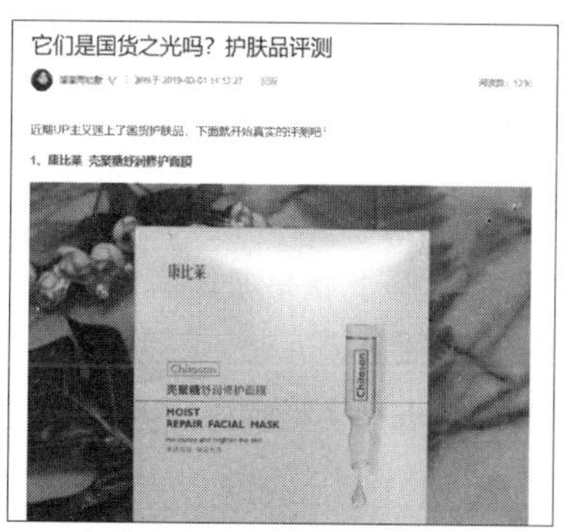

图 7–15　商品测评

5. 分享知识

一般来说，生活、工作、健康、理财方面的小知识和小技巧是比较适合商家在微博中进行分享的。首先，这类知识实用性较强，贴近生活，容易获得粉丝的转发和收藏；其次，写作门槛不高，商家只需要日常收集一些相关的素材就可以了，不需要花费太多精力；最后，知识分享类微博能塑造账号的形象，如定位为美妆类的商家，就可以长期分享护肤方面的知识，获得有这方面需求的粉丝长期关注与认同。在写作这类微博时，商家首先要做好定位，分享与自己商品有关联的知识、技巧。其次要注意使用通俗明了的语言，加一些表情，以拉近与粉丝之间的距离，不能给人一种严肃冰冷、直接摘抄的感觉。商家在积累了一定数量且忠诚度较高的粉丝以后，再顺势推广自己的店铺也就十分自然了。图 7-16 所示为一个母婴类账号发布的知识分享微博。

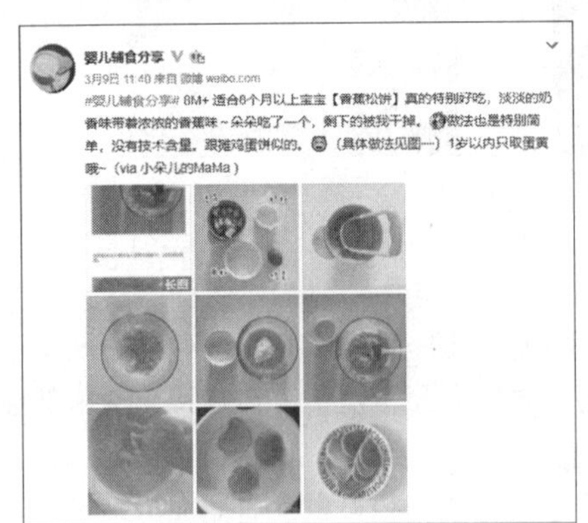

图 7-16　知识分享

定期更新微博

微博信息的发布频率几乎不受限制，但对于商家而言，微博的热度与关注度来自微博的可持续话题。由于微博具有传播速度快、信息量丰富的特性，所以即使刚发的信息也可能很快被后面的信息覆盖，因此商家要想持续获得关注，就应该定期更新微博内容，稳定输出有价值、有趣的内容，保证微博的可持续发展，为店铺带来稳定的流量。

7.2.4　微博的增粉诀窍及维护粉丝之道

微博营销实际上就是粉丝营销，只有拥有粉丝，所发布的微博信息才能被更多人看到，才能引导更多人互动，扩大影响，才会取得实际的营销效果。下面对微博粉丝的累积和维护方法进行详细介绍。

1. 微博的增粉诀窍

粉丝的积累是一个比较长期的过程，特别是积累有质量的粉丝，通常需要微博博主进行持续长久的运营，下面介绍常用的积累粉丝的方法。

（1）与同类人群互粉

微博上有很多关注同一个领域、有共同或相似爱好的群体，同一群体中的人有共同话题，交流方便，很容易互粉，也就是互相关注。因此在创建微博前期，商家可以试着加入这类圈子，与他们进行互动，吸引关注，再慢慢提高微博的影响力，形成粉丝的自然增长。

（2）外部引流

外部引流是指将其他平台上已有的粉丝引入微博中，如博客、豆瓣、视频、直播、问答、微信、QQ、媒体网站等平台。外部引流是一种非常直接且快速积累粉丝的方式，该方式积累的粉丝质量普遍比较高，商家一定要学会并利用各种平台资源，形成一个完整的传播矩阵，使之互相促进和提升。

（3）活动增粉

活动增粉是一种常见的方式，特别是一些新鲜、有趣、有奖励的活动，更容易吸引用户的关注和广泛传播，商家可以通过关注转发抽奖、关注参与话题讨论等形式，引导粉丝转发微博，吸引非粉丝用户的关注。图 7-17 所示为微博上常见的关注 + 转发抽奖活动。

（4）与其他微博合作增粉

微博活动通常粉丝数量越多，影响力越大，有时候，单个微博在影响力有限时，可以与其他微博进行合作，联合双方或多方的影响力，扩大宣传范围。一般来说，应该尽可能选择有影响力的微博，或邀请网络大 V 进行互动，这种方式可以为活动双方带来收益。图 7-18 所示为通过与网络红人 papi 酱合作开展推广活动的案例。

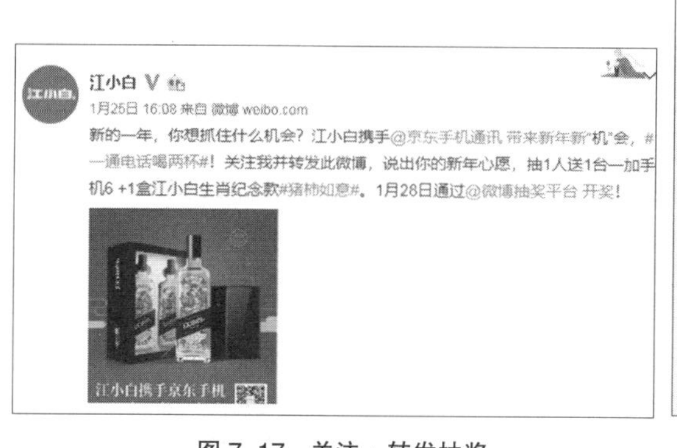

图 7–17　关注 + 转发抽奖

图 7–18　与其他微博合作

（5）依靠微博内容增粉

依靠微博内容增粉是指通过发布有价值的“干货”来吸引粉丝的增粉方式，实际上就是一种内容营销，这种方式对微博商家的创作能力、表达能力和专业知识要求较高。

此外，商家也可以借助热点事件进行增粉，当微博或新闻上出现了引起用户广泛关注和讨论的热门事件时，可以利用热门事件的热度来为自己的微博增粉。这种方式要求商家有创意，能从其他借势微博中脱颖而出，才能吸引用户的关注。图 7-19 所示为借助高票房电影《流浪地球》这个热门话题进行营销的微博。

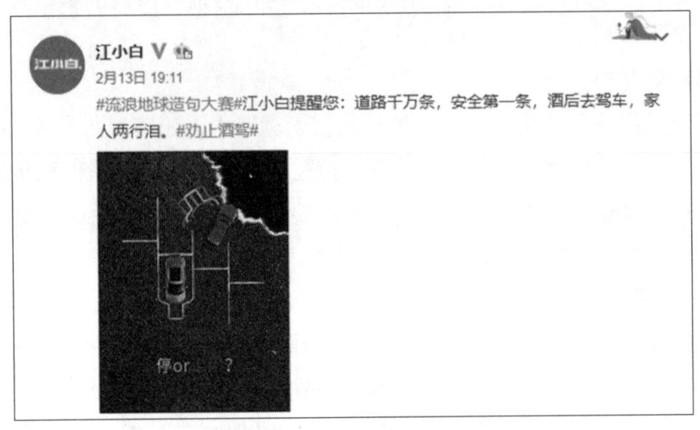

图 7-19　借势微博

知识补充

其他获取粉丝的方法

在发展微博第一批基础粉丝时，如果无法通过以上途径获取粉丝，商家也可以与有共同需求的微博进行互粉，如加入互粉群通过互粉增加粉丝。

2. 维护粉丝之道

维护微博粉丝的目的是提高微博的活跃度，增加粉丝黏性，让微博真正具有强大的传播力。

（1）粉丝互动

粉丝是微博营销的关键，与粉丝保持良好的互动沟通，可以培养粉丝的忠诚度，提高微博的影响力。在微博上与粉丝保持互动的方式主要有 4 种，分别是评论、转发、私信和提醒：评论是指直接在原微博下方进行回复，评论内容可以供所有人查看；转发是指将他人的微博转发至自己的微博上；私信是一种一对一的交流方式，讨论内容仅讨论双方可以查看；提醒是指通过 @ 微博昵称的方式，提醒用户关注某信息。

这 4 种方式都是比较常用的互动方式，如果粉丝所转发的微博中有比较优质、有趣的，商家也应该及时转发出来，以增加与粉丝的互动，如图 7-20 所示。当然，对于微博下的精彩评论，商家也可以进行回复和点赞，以提高粉丝的讨论度。如果收到粉丝的 @ 提醒，商家（微博博主）也可以及时转发，并解决粉丝的问题，不方便直接转发或评论解决的，可以给粉丝发私信。图 7-21 所示为商家（微博博主）对 @ 信息的转发回复。

图 7-20　转发粉丝转发的微博

图 7-21　转发粉丝 @ 的微博

提出问题引导粉丝互动

除此之外，提出问题引导粉丝之间的互动，让粉丝通过转发和评论的方式进行交流，也可以激活整个粉丝群。但需要注意，若不同的粉丝因对事物的看法各不相同而引起争执，则会影响微博的整体氛围，因此商家要谨慎选择问题。

（2）利用话题

利用话题不仅是指利用微博的话题功能，同时也指利用有热度、有讨论度、容易激起粉丝表达欲望的信息，如“说说你遇到过哪些又尴尬又好笑的事情 # 尬笑 #”“你用过哪些又经济又好用的东西 # 实用种草 #”“你认为哪些 Office 技能特别实用 #Office 加油站 #”等。图 7-22 所示为容易引起粉丝讨论的微博话题。

图 7-22　微博话题

在设置话题促进粉丝互动时，通常需要遵循 3 个基本原则：一是话题必须与粉丝的生活比较相关，能够引起粉丝的兴趣；二是话题最好比较简单，便于粉丝快速回答；三是话题不要与已有话题重复。

7.3 抖音

抖音，是一款音乐创意短视频社交软件。该软件于 2016 年 9 月上线，是一个专注于年轻人的音乐短视频社区。凭借多元的音乐风格、酷炫的视觉编辑功能、个性化的分发机制以及良好的社区氛围，抖音在上线不久后便受到了年轻用户的喜爱。作为当下热门的 App 之一，抖音的横空出世似乎昭示着一个新的时代，即短视频时代的到来。随着互联网技术的不断发展，人们的观看方式不断变化，从传统的纸质媒介到互联网博客、论坛，到微博、朋友圈，再到当下的短视频，呈现越来越直观、碎片化、移动化和娱乐化的趋势。因此，抖音的走红不仅是一个 App 的成功，还标志着互联网用户新的使用习惯的形成。商家一定要对这些趋势有充分的敏感度，尽早进入抖音运营的领域，把握新的商业机会，占领新的流量入口。

↘7.3.1 抖音营销的优势

抖音营销，顾名思义就是在抖音平台上为自己的店铺或商品进行引流。由于短视频的特殊性，抖音在营销效果上与传统平台相比具有以下四大优势。

1. 成长快、用户多

抖音 App 于 2016 年 9 月上线，2017 年 3 月开始公开大量传播，截至 2018 年 6 月，其国内日活跃用户量突破 1.5 亿，月活跃用户量超过 3 亿，平均每位用户日使用时间超过了 20 分钟。如此用户量和用户使用时间，无疑表示其中存在着大量的营销空间。

2. 流量优质

抖音平台的用户偏年轻化，年龄主要集中在 20 ~ 30 岁，主要来自北京、上海、广州、成都、重庆等一二线城市，女性用户占比 66.4%。这些用户消费观念比较前卫，消费能力较强，喜欢追逐时尚，对生活品质有一定要求，后期引流转化率会比较高。

3. 内容直观

短视频拥有比图文更强大的信息承载和展示能力，用户在观看视频时获得的信息更丰富，更直观。因此，在展示整体效果、商品细节、使用体验等方面，短视频无疑比文字、图片更具有优势。同时，短视频相对来说趣味性更强，既能避免文字的枯燥单调，又不像图片那样局限于静态表现，对用户具有更强的吸引力。

4. 商业营销性强

首先，相对于微博、微信平台，用户使用抖音的目的不再是希望获取多元、及时的信息和了解朋友的动态，而是消遣娱乐。这种娱乐化的平台更能够贴合购物需求的使用场景。其次，抖音的产品设计更加简洁，其傻瓜式产品弹窗功能也大大降低了用户从观看到购买的操作难度和门槛。最后，抖音主要进行社区化运营，从点到面扩散信息。这种短视频内若有一些广告植入，会起到难以想象的营销效果。

更重要的是，阿里巴巴已经入股抖音，这意味着抖音将成为新的电商流量入口。目前，抖音已经具备了电商功能，发布者可以在短视频内添加淘宝网链接，为店铺引流，如图 7-23 所示。

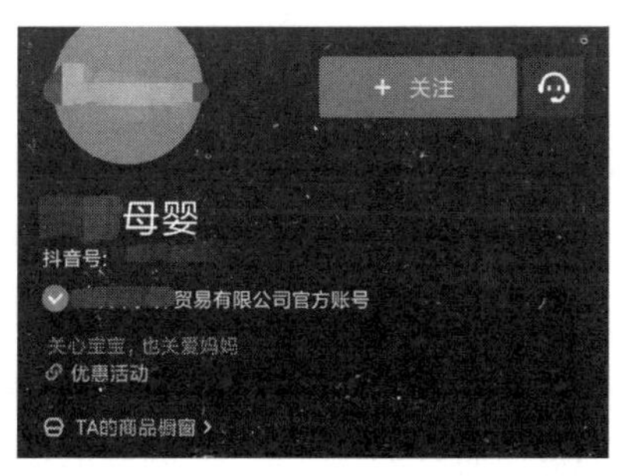

图 7-23　抖音中的淘宝网流量入口

↘7.3.2　抖音营销的前期准备及账号定位

抖音是一个旨在帮助大众用户表达自我、记录美好生活的短视频分享平台。在抖音上有大量的短视频，内容丰富多样。要想在抖音平台做营销推广，就必须对这些看似五花八门的内容进行归纳、分类，找出热门视频的共同点，如此才能有针对性地发布有影响力的内容。

1. 了解抖音内容分类

抖音短视频的发布者和受众大多为年轻人，因此其内容基本上偏向于娱乐、社交、时尚等方面，从大体上来看，抖音短视频的类型分为以下几类。

- **生活类**：多为旅游、个人自拍等和生活相关的内容，一般只有具有一定粉丝基数和容貌姣好的抖音用户或名人发布的此类短视频才会获得大量的点赞和关注。
- **舞蹈类**：多为一些身材苗条、穿着时尚的年轻人拍摄的舞蹈，可以是跳舞机、街舞、钢管舞等。其主要受关注的点是舞者衣着、身材以及舞姿。
- **趣闻 / 恶搞类**：主要是生活中遇到的有趣事件、场景、搞笑段子等，或者对他人进行恶作剧等。此类视频主要通过其夸张搞怪的效果来吸引人们关注。
- **美妆 / 穿搭类**：内容多为护肤化妆的技巧展示和服饰鞋包的搭配方式展示，通过潜移默化的方式向用户推销商品或品牌。创作者多为网络红人，拥有多变的造型和前卫的性格，容易受到喜欢新鲜事物的年轻群体的追随和模仿。
- **搞怪音乐类 / 影视剧情重现类**：创作者通常会配合搞笑或有意思的音乐做出夸张的肢体动作，或是对一些经典的影视剧情对口型或者场景重现。此类视频将生活中的戏剧性情形通过创意加工后演绎出来，往往有出人意料的效果。

- **儿童/萌宠类**：通常是家中孩子或宠物日常生活的有趣或搞笑片段，以可爱、活泼来打动人。其主要用户为一些年轻父母或喜爱宠物的人。
- **情感共鸣类**：通常通过一个简单的场景，将生活中大家都非常珍视的感情，如高中同学友谊，以视频的方式重新演绎，配上煽情的文案，很容易引起受众的情感共鸣。
- **实用知识类**：这类视频主要分享一些生活小窍门、美食制作方法等内容，如快速清理粘在裤子上的口香糖的方法，简单去除毛衣上的毛球的妙招等，既直观又实用，能够获得更多用户的收藏与转发。
- **实事热点类**：主要是紧跟当前热点，拍摄一些与热点有关的内容，如对事件的评论或者模仿。
- **开箱测评类**：多为一些网络达人站在小白消费者的角度，从拆开快递包裹开始，逐步向用户展示商品外观，介绍商品特点，简单试用商品，并对商品做出正面评价，以激发购买需求。

2. 做好账号定位

在了解了抖音内容的类别以后，就需要对自身的账号进行定位了。如果营销账号没有一个明确的定位，后期发布的内容就会杂乱无章，即便短时间内吸引了一些流量，但长期来看既无法为自身的品牌和店铺形象加分，又很难吸引垂直领域的粉丝。账号定位可以从以下 3 个方面入手。

（1）行业定位

行业定位是指根据要推广的商家所属的行业来确定账号发布的内容。也就是说，店铺商品属于哪个行业领域，就要发布跟哪个领域相关的内容，如一个美妆类店铺要开设抖音账号，就应该将发布作品内容定位到美容护肤领域。

在行业定位分析时，商家可以关注同行业的其他竞争对手是如何做抖音营销的，找出其中的佼佼者，认真分析其成功的关键因素并加以模仿。还要分析自身商品与同行之间的差异，找出自身的优势，后期在发布内容时加以凸显。例如，主打天然植物配方的护肤品牌商家就可以在视频中强调其商品安全、温和，适合敏感皮肤等特点。

（2）人群定位

人群定位是指商家根据店铺的主要消费人群喜好来确定账号发布的内容。例如，一个母婴用品店铺的消费者主要是年轻妈妈，她们通常都非常关心孩子的健康、教育以及自己产后恢复等方面的问题。因此，商家在做抖音营销时就可以发布一些与婴幼儿相关的视频，包括小孩的日常生活片段、育儿知识、婴儿食谱等，如图 7-24 所示。

（3）商品定位

商品定位是指商家分析自身商品形态来选择合适的表现方式。例如，对于服饰鞋包类商品，商家就可以将视频内容定位为以美女穿搭示范为主；对于数码类商品，可以选择开箱测评类的方式来呈现内容；而对于知识付费、课件教程等虚拟商品，则可以通过展示、讲解来表现自己的专业水准。图 7-25 所示为一段“太空步”舞蹈视频截图，其中植入了一个舞蹈教学视频商品的广告，由于其视频内容与商品之间有高度关联性，因此广告植入得非常自然。

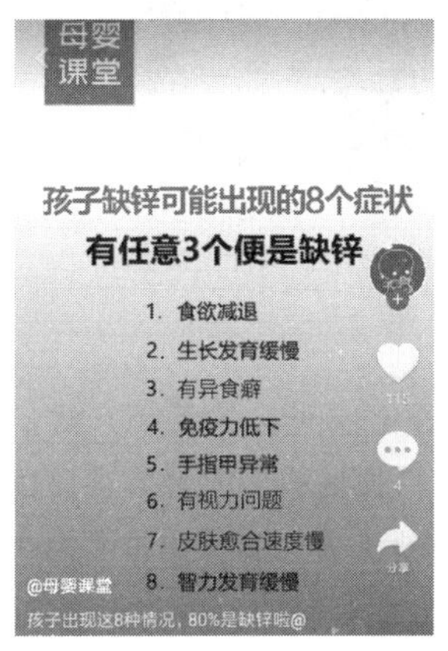

图 7-24　婴儿健康类视频

图 7-25　植入舞蹈教学视频商品广告

打造网络红人

如果店主或运营人员本身外形条件较好或者多才多艺（如会唱歌跳舞、花艺茶艺等），也可以将自己打造为网络红人，先用短视频展现自己，然后再利用自身影响力为店铺或商品做宣传。

7.3.3　拍摄短视频为店铺引流

前面已经讲解过抖音短视频内容大致有哪些类别，商家根据自身账号的定位已经可以确定自己应该拍摄什么类型的短视频了。但如何将短视频的拍摄与店铺的推广结合起来，制作既能上热门排行榜又能将流量引入店铺的短视频呢？下面介绍 5 种拍摄思路。

1. 直接秀出商品

如果店铺的商品本身就有亮点和创意，或者可玩性很强，自带话题性，与竞争品也有很大的差异性，那么商家可以采用正面展示的方法突出自己商品的优势，引来网友的围观。商家在拍摄此类视频时，要将商品融入某一生活或工作场景，即实际使用场景，不可以做成空洞的商品介绍。例如，一款可以实现一键升降功能的火锅神器，商家通过抖音视频将“用火锅神器，吃火锅再也不用捞了！”的信息直观展现出来，使该商品迅速走红，如图 7-26 所示。如果商品的原料、生产工艺、运输保障等方面有特点，也可以加以展示。例如，拍摄在果园采摘橘子的视频时，直接挤果汁食用的情景，更能突出商品“新鲜有机”等卖点，如图 7-27 所示。

图 7-26　火锅神器展示

图 7- 27　挤果汁直接食用

2. 专业测评

不管在什么平台，专业测评结合广告植入都是必不可少的营销方式。在抖音上，商家可以利用短视频直观和短小精悍的特点来专门打造适合的专业测评。这类视频适合有一定专业知识储备的商家，用知识稀缺性建立独特优势，通过稳定的内容品质和高频次更新来打造一个有说服力、可信赖的形象。但在发布视频时，商家不能一味扮演老师、专家的角色，要同时注意调动粉丝的参与积极性，如护肤美妆类账号商家就可以引导粉丝在视频下面讨论使用心得，使粉丝更有参与感。适合采用这种方式拍摄视频的商品包括婴幼儿商品、保健品、化妆品、生活电器等。图 7-28 所示为一个以测评为主的账号，测评的商品包括洗发水、儿童牙膏、洗面奶、胶原蛋白、防晒喷雾这些生活中的日常用品，用通俗直观的方式来表达推断和结论，最后推荐一些品牌。特别的是，其在视频中强调自己的测评采用的是科学、客观的成分检测办法，不同于一般的主观使用评价，使自己的结论更有说服力。

图 7-28　专业测评

3. 夸张表现

和“正面展示”相同，使用夸张手法的目的也是展示商品。只不过，对于商品的某个或某几个独有的特征，可以以更夸张的方式呈现，起到一种“放大”的作用，并给人耳目一新的感觉，加深用户记忆。夸张的手法比较适合在某一方面具有超出常人预期的卖点的商品，在拍摄时用夸张、惊人的试验展示卖点，产生一种强烈的娱乐效果，引发网友的转发与评论。图 7-29 所示为小米手机发起的一个测试活动——“小金刚能不能活过这一集”，号召网友用各种夸张的方式对新品手机“小金刚”进行暴力测试，如用高跟鞋踩踏、用锤子敲等，起到了很好的传播效果。

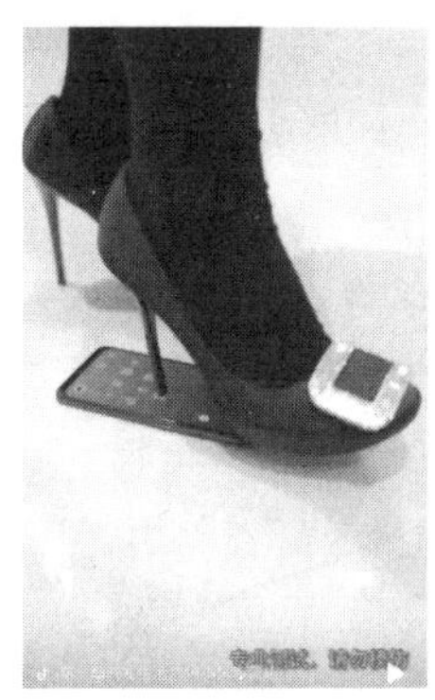

图 7–29　小米手机夸张测试

4. 品牌植入

品牌植入的手法不再直接针对商品本身进行介绍或展示，而是将商品植入到某个生活场景当中，用巧妙的方式将品牌 Logo、品牌名称等置于视频中醒目的位置，让人一看就能发现。此类视频适合已经形成一定品牌影响力的商家，拍摄内容一定要有趣、新奇或紧跟热点，但要注意的是，视频内容要与品牌内涵搭调，不能为了吸人眼球刻意炒作，同时也要避开敏感内容，以免损害品牌形象，得不偿失。图 7-30 所示为一段猫咪“光临”深夜大排档的视频，讲述了大排档老板与猫咪之间的温情故事，清新的画面与可爱的动物让这个视频备受好评。重要的是，在该视频末尾可以清楚地看到品牌名称 SHTO ON OPPO Reno，说明如此精致的视频是使用该品牌的手机拍摄的。

图 7–30　OPPO 品牌植入

5. 拓展商品用途

拓展商品用途指的是通过深度挖掘，找出商品的跨界用途，以起到出人意料的作用。这个拓展用途要与商品本身的属性相差甚远，这种看似南辕北辙的做法，实则体现了生活中的小智慧。拍摄这一类视频要求商家善于观察生活中有趣的细节，且富有创新能力。如图 7-31 所示，在这个短视频中，本来的用途是清洗化妆用的粉扑的粉扑“洗衣机”在视频拍摄者的手中却成了洗枇杷的神器，这创意让人拍案叫绝。

图 7-31　拓展商品用途

把握作品发布时机

根据调查，手机用户使用抖音的高峰时段为 7:00 ~ 11:00，17:00 ~ 19:00 以及 20:00 ~ 凌晨 1:00，其中 20:00 ~ 凌晨 1:00 是用户使用抖音最集中的时间段。商家要掌握好时机，在高峰时段发布作品，才能获得更多的流量。

课堂实训

实训1：为一款防晒霜营销微博进行推广

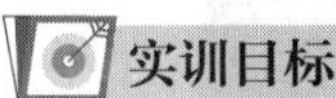

实训目标

本实训要求为一家经营护肤品的店铺写一条营销微博，推荐一款新上架的商品——户外防晒霜。其卖点为轻薄不油腻，自然不泛白。

实训思路

根据实训目标，分析其商品特性，确定微博内容类型为测评类。

（1）挑选两款同类商品，处理掉品牌标识。

（2）亲身试用，将测评的防晒霜分别涂抹于手背，分别进行细节拍摄。图片务必突显主推商品相对于其他商品更加轻薄、自然。

（3）设计微博文字内容，语言要轻松活泼、有亲和力，内容要体现两款防晒霜的不同，含蓄地表达出所推荐商品的优势与特点。

实训2：为品牌“永华汉风”的微信公众号推文构思标题

实训目标

本实训要求为推广汉服品牌“永华汉风”的微信公众号文章构思一个标题。该文章介绍了该品牌与知名网站一起为“五四青年节”制作的节目，并附上了视频地址。在该视频中，少年们穿着该品牌的汉服演唱歌曲《骄傲的少年》。

实训思路

（1）根据实训目标，确定标题的命名策略，如可以采用悬念式标题。

（2）提取关键字，如“青年节”“汉服”“表演”等。

（3）以一句话表达文章主题，注意一定要含蓄委婉，不能过于直白，要能引发人的联想并激起好奇心，如此才能吸引用户。

课后练习

练习1：列举并分析几个公众号推文引流案例

列举几个利用公众号推文引流的案例，回答以下几个问题。

- 分析这些推文标题使用的命名方法并试着自己构思一个标题。
- 分析这些推文正文部分使用的写法，想想有没有更好的写作思路。
- 分析这些推文是如何为店铺引流的，并前往店铺查看其具体引流效果。

练习2：分析网络红人的微博运营策略

寻找粉丝数量多、粉丝忠诚度高的微博红人，对其微博推文加以分析，回答以下几个问题。

- 分析其是如何利用微博转发 + 抽奖方式来为自己增粉的。
- 分析其是如何与粉丝互动，拉近与粉丝距离的。
- 分析其是如何发布微博内容来为店铺引流的。

拓展知识

1. 设置微信公众号的名称

商家对新申请的微信公众号，可以结合以下 4 种方法来设置名称，以达到个性化、易辨识的目的。

- 根据微信公众号所定位的目标人群的需求来设置名称，如面向爱猫人士的微信公众号可取名为“猫来了”“猫宠物”等；一个提供趣味段子的微信公众号可取名为“幽默段子”“搞笑段子”等。
- 根据地域设置微信公众号名称，如“成都生活”“上海美食攻略”等，除了直接使用地域名称之外，商家还可使用著名景点、著名食物、特色方言等来设置微信公众号名称。
- 根据某个事件或场景设置公众号名称，如“枕边音乐”“十点读书”等，定时将用户带入一个生活场景中，可以增加用户黏性，同时也方便用户根据自己的需求进行搜索。
- 在某个领域中继续细分，以细分领域设置公众号名称，如服装搭配领域下细分的“裤装搭配指南”“裙子搭配技巧”等，细分领域的优点是目标定位更精准。一般来说，名称范围越大，重复性就越高，竞争也会越大，与一些热门领域相比，细分领域反而能独辟蹊径，吸引到更精准、更优质的用户。

2. 长微博的排版

商家可以通过发布商品测评长微博来为店铺引流，而长微博的内容一般较多，要注意文章排版方式，以给用户提供更加良好的阅读体验，从而达到引流的效果。长微博的正文字号是固定的，不需要设置，而对于正文中的内文标题、重要句子和词语，商家则可以通过设置标题样式、加粗、倾斜、颜色等，来突显其与正文的差异，也可以添加一些图片、表情等元素，增加版面的美观度，提升用户的阅读兴趣。图 7-32 所示的长微博，统一采用左对齐方式进行对齐，并通过大标题、小标题和正文 3 种不同的样式来区分不同级别的内容。其中，带有编号（类似：一、）的为大标题，没有编号但加粗的文字为小标题，其余为正文内容。同时，文中还穿插有相应的图片与正文相互呼应，起到对照与解释说明的作用，让文章整体结构看起来清晰、整洁，便于读者阅读。

长微博的版式可通过文本编辑程序来进行优化，商家要熟悉编辑器每个部分的功能，并熟练应用，如图 7-33 所示。

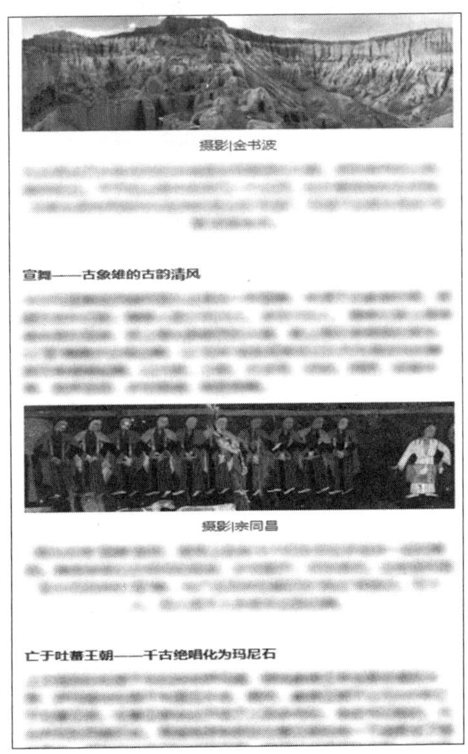

图 7-32　长微博排版

图 7-33　长微博文本编辑程序

下面将长微博文本编辑程序中的常用按钮分别进行介绍。

- **“加粗”**按钮 B：用于对正文内容进行加粗处理，当正文格式设置为“大标题”或“小标题”时，该按钮处于灰色状态，不能操作。
- **“斜体”**按钮 I：用于对正文内容进行倾斜处理，当正文格式设置为“大标题”或“小标题”时，该按钮处于灰色状态，不能操作。
- **“删除线”**按钮 abc：用于为正文内容添加删除线，当正文格式设置为“大标题”或“小标题”时，该按钮处于灰色状态，不能操作。
- **“颜色”**按钮 A：将鼠标指针移到该按钮上，在弹出的下拉列表中可设置正文内容的颜色，当正文格式设置为“大标题”或“小标题”时，该按钮处于灰色状态，不能操作。图 7-34 所示为设置倾斜、删除线和颜色后的相关效果。

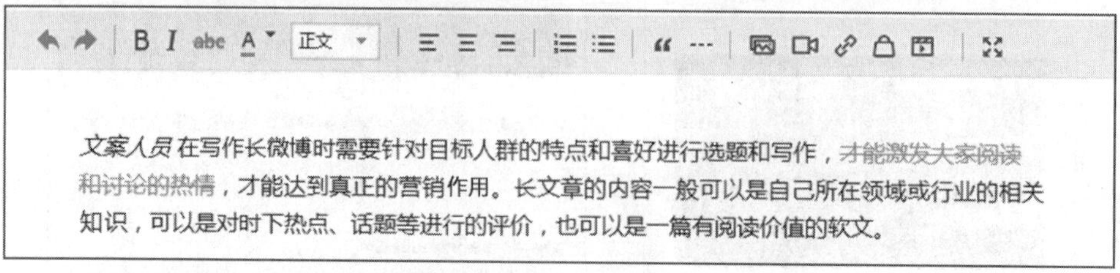

文案人员 在写作长微博时需要针对目标人群的特点和喜好进行选题和写作，~~才能激发大家阅读和讨论的热情~~，才能达到真正的营销作用。长文章的内容一般可以是自己所在领域或行业的相关知识，可以是对时下热点、话题等进行的评价，也可以是一篇有阅读价值的软文。

图 7–34　设置倾斜、删除线和颜色的相关效果

- **下拉列表框**正文：将鼠标指针移至该下拉列表框上，在弹出的下拉列表中可设置正文格式为“大标题”“小标题”或“正文”，以区分文章中的正文内容级别。
- **“对齐”按钮**：包括“居左”按钮、“居中”按钮和“居右”按钮，单击对应的按钮可设置正文的对齐方式。
- **“插入”按钮**：包括“插入图片”按钮、“插入视频”按钮、“插入链接”按钮、“插入商品”按钮和“插入电影”按钮。单击对应的按钮可插入对应的元素，插入图片时，可在图片下方的输入框内输入最多 40 个中文字符的说明文字；插入视频时需要在打开的输入框中输入视频播放页的地址，目前支持秒拍每篇文章最多可插入 5 个视频；插入链接同样需要提供链接地址，以方便读者单击后进行跳转；插入商品时需要提供商品的链接地址，以方便读者单击商品进行购买；插入电影时可直接在搜索输入框中输入电影名并搜索，单击搜索结果即可成功插入。

CHAPTER

08 移动端运营

李萍是一家经营花卉植物的淘宝网店铺店主。近来她运营的店铺遇到了一些麻烦，原来一部分消费者因收到绿植后发现实物与商品详情页图片不一致而给出了中差评，影响了店铺的评分和声誉。让她感到无奈的是，由于植物商品的特殊性，每株植物都各有差异，因此实物不可能与图片完全一致。就在李萍无计可施时，越来越红火的淘宝直播营销引起了她的注意。她通过淘宝直播可以对自家花圃进行全面展示，而消费者则可使用手机对充满生机的植物进行挑选。这种方式高度模拟了线下购物的场景，消除了消费者的很多顾虑。同时搭配一系列手段，如发放优惠券、开通秒杀等，李萍成功地提高了店铺的销售业绩。

淘宝直播是移动端电商运营的新阵地。除了淘宝直播，微淘、淘宝群等方式也被很多商家用来进行移动端运营。本章将介绍淘宝直播、微淘、淘宝群这 3 个淘宝网移动端运营的重要平台。通过对本章的学习，商家可以更从容地、有效地进行移动端的运营。

学习目标

- 了解淘宝直播营销的要素和优势
- 掌握淘宝直播的准入条件和内容规范
- 了解微淘运营的价值
- 掌握淘宝群的准入条件和行为规范
- 掌握淘宝群的运营方法

技能目标

- 掌握选择合适的淘宝达人主播的方法
- 掌握自主创建淘宝直播的方法
- 掌握微淘的发布方法

8.1 淘宝直播

随着移动互联网与智能手机的普及，通过手机观看直播成了很多人的消遣方式，这也使各大直播平台成了新的流量聚集地。各大电商网站，如淘宝网、京东商城、蘑菇街等自然不会错过这样的商机，纷纷开通了自己的直播平台，将直播与电商营销结合起来。这种新兴的营销方式互动性强、直观生动，逐渐成为受到商家青睐的营销新阵地。目前，国内的直播平台很多，本节以淘宝直播为例，介绍直播营销的相关知识。

8.1.1 淘宝直播营销的要素及优势

知识链接

主流的直播平台

淘宝直播营销是指以淘宝直播平台为载体进行营销活动，以期提升品牌形象或增加销量的一种网络营销方式。它与传统媒体直播形式相比，具有不受媒体平台限制、参与门槛低、直播内容多样化等优势。

1. 淘宝直播营销的要素

淘宝直播营销包括场景、人物、商品和创意 4 个要素。

- **场景**：场景是指营造直播的气氛，让消费者如身临其境。
- **人物**：人物是指直播的主角，可以是主播或直播嘉宾，其作用是展示内容与观众互动。
- **商品**：商品要与直播中的道具或互动内容有关，直播中以软植入的方式达到营销商品的目的。
- **创意**：创意是指提升直播效果，吸引消费者观看的方式，如名人访谈、互动提问等形式的直播就比简单的表演直播更能吸引消费者。

2. 淘宝直播营销的优势

直播这种别具一格的方式有其独有的营销优势。除了营销成本较低，淘宝直播营销还具有媒介设备简单、商品展示直观、销售效果良好以及营销反馈及时有效等优势。

（1）媒介设备简单

淘宝直播营销的设备很简单，常见的智能手机就可以作为直播的设备，而基于互联网的直播营销使消费者可以直接通过智能手机来接收与传播，这种营销方式的传播范围更广、传播速度更快，营销所达到的效果也就越加明显。

（2）商品展示直观

在一般的营销方式下，消费者在查看信息的同时还需要自己在脑海中构建场景；而淘宝直播营销可以直接将商品的形态、使用过程等直观地展现给消费者，将其带入营销的场景，使其获得更丰富的购物体验。但是，直播营销不会对直播内容进行剪辑和加工，播出的内容与消费者所看到的内容完全一致。所以要注重直播流程与设备的维护，尽量避免出现直播失误，给消费者留下不好的印象。

（3）销售效果良好

商家通过淘宝直播营销方式，可以更加直观地通过主播的说辞来传递各种优惠信息，同时开展现场促销活动，极大地刺激消费者的消费热情，提高营销的效果。消费者可以在观看直播的同时直接单击商品链接进行购买，无须另外进行商品搜索，这不仅提升了购物体验，也促进了消费者成交转化。

（4）营销反馈及时有效

淘宝直播营销所具有的强有力的双向互动模式，可以在主播直播内容的同时，接收消费者的反馈信息，如弹幕、评论等。这些反馈不仅包含对商品信息的反馈，还显示了消费者的现场表现，这也为商家下一次开展直播营销提供了改进参考。

↘8.1.2　淘宝直播的准入条件及内容规范

淘宝直播作为新兴的营销平台，一方面充满活力，另一方面也容易出现很多乱象。因此，淘宝网对于淘宝直播的准入条件和直播内容做出了一系列的规定，以使淘宝直播能健康、长久地发展。

1. 准入条件

淘宝商家须同时满足以下条件，方可申请。

- 淘宝店铺信誉满足一钻及以上（企业店不受限）。
- 主营类目在线商品数≥5，且近30天店铺销量≥3，且近90天店铺成交金额≥1000元。
- 商家须符合《淘宝网营销活动规则》的相关要求。
- 本自然年度内无出售假冒商品的违规行为。
- 本自然年度内未因发布违禁信息或商品中含假冒材质成分而严重违规，被扣分6分及以上。
- 商家具有一定的客户运营能力。

天猫商家只要符合《天猫营销活动基准规则》的相关要求即可申请。

2. 内容规范

- **标题**：标题中不能出现“清仓”“工厂”“批发”“四季青”“秒杀”“甩卖”“倒闭”等字样。
- **封面图**：图片要清晰，不能掺杂文字或其他信息；图片不宜过于花哨，服饰穿搭类直播封面中不能有衣架；不能使用拼接图片；封面图必须撑满方形区域，不能留白边；要保持图片的整体性，不要贴其他的元素。
- **直播间**：直播间背景中不能堆砌商品，否则会显得廉价无质感；可以用小黑板写优惠信息，但不要在直播背景墙上贴小广告。

申请开通直播流程

商家可以下载“淘宝直播”App 并打开，登录后单击创建直播，此时如果没有权限，App 会直接提示申请入口，系统将自动确认店铺的类目及各项资质；如果符合要求即会进入考试环节，进行基础规则的考试认证，考试成绩为 90 分及以上即可开通权限。

↘8.1.3 选择适合的淘宝达人主播

对于想要通过淘宝直播来引流的中小商家来说，寻找适合的淘宝达人作为主播并与其合作是一个不错的方式。一方面，中小商家在直播能力、个人精力和影响力方面都比较有限，难以打造高质量、高人气的直播；另一方面，淘宝达人主播拥有专业的直播间环境、辅助设施，能进行长时间的直播，在直播专业度、粉丝数量上都具有一定优势，可以帮助商家快速提高店铺流量和销售额。

目前，淘宝网旗下的“阿里 V 任务”提供了主播和淘宝商家合作的平台。商家根据自己的需求选择主播，而主播提供直播服务，为商家推广商品。但由于这种方式需要支付一定的推广费用，因此商家在选择主播前要进行一系列考察，选择适合自己店铺的主播进行合作，避免出现花费大量资金却达不到预期效果的情况。

商家在选择主播时，一般需考察以下 5 个方面。

1. 主播服务报价

虽然热门的主播可以为店铺带来更多的流量，但一般热门主播的报价相对也比较高，因此商家要衡量自身实力，结合该主播引导进店次数等历史数据，选择适当价位的主播。图 8-1 所示为某主播的服务报价。

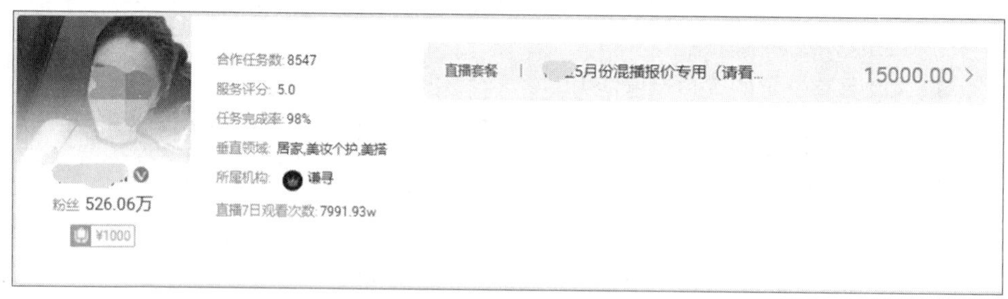

图 8–1 主播服务报价

2. 主播自我介绍

商家在主播的个人首页上方，可以查看该主播的自我介绍，快速了解主播擅长的领域、直播风格以及联系方式等。图 8-2 所示为某一主播的自我介绍，从图中可以得知，该主播专攻美妆个护、运动等领域，具有感染力强、互动性强的直播特点。

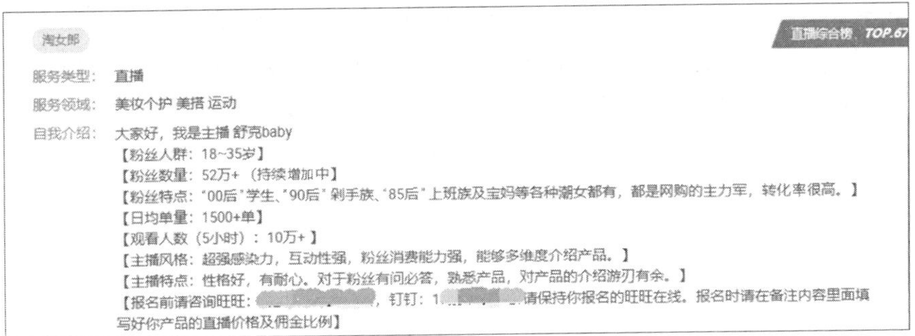

图 8–2　主播自我介绍

3. 历史作品数据

历史作品数据主要是指主播近期内所发布内容的互动数据，包括内容发布数、内容引导进店次数、图文浏览次数、直播观看次数、短视频播放次数等。想要选择主播的商家应该重点关注以下两个数据。

- **直播观看次数：**直播观看次数指的是该主播发布的所有直播内容，在查询时间段内产生的观看次数。这个数据反映了该主播的直播人气，一般来讲，直播人气越高，支持者数量越多。
- **内容引导进店次数：**内容引导进店次数是指该主播发布的所有内容，在查询时间段内引导进店的次数。这个数据反映了该主播为店铺引流的能力，这个数据越高，说明该主播介绍商品的能力越强。

图 8-3 所示为一名主播近 7 天的历史作品及数据，从图中可以看出，该主播的直播观看次数和引导进店次数都非常高，说明其直播的推广效果非常好。

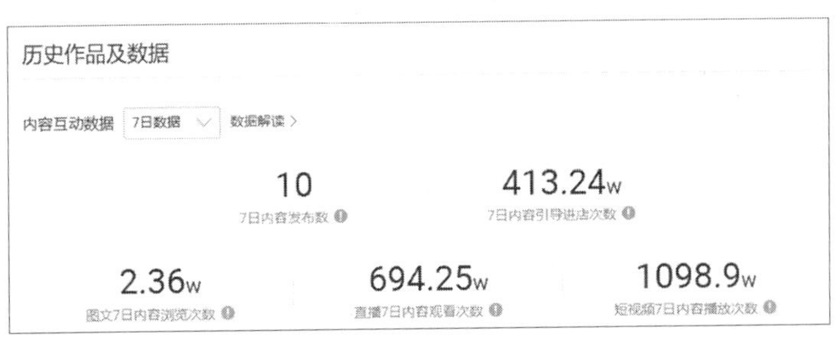

图 8–3　主播历史作品及数据

4. 主播粉丝人群画像

不同的主播有不同的支持者群体，商家在考察某位主播时，一定要关注该主播的支持者人群画像。只有店铺定位人群与主播的支持者群体高度重合时，该主播来为店铺进行推广才能有效提高店铺的转化率。

主播支持者人群画像包括性别占比、年龄分布、支持者城市分布、消费偏好等方面内容。图 8-4 所示为一名主播的支持者人群画像，从图中可以得知，该主播的支持者有以下特点：女性占比高达 76.78%；主要为“95 后”和“85 后”；主要分布在上海、北京、杭州、广州等经济发达城市；偏好的商品类目为女装 / 女士精品、女鞋、护肤 / 美体 / 精油等；拥有的生活标签包括“爱包人”“时尚靓妹”“买鞋控”等。因此，该主播适合目标消费人群定位为喜欢追逐时尚的、一二线城市中的年轻女性，经营女包、女鞋、护肤品等类目的商家。

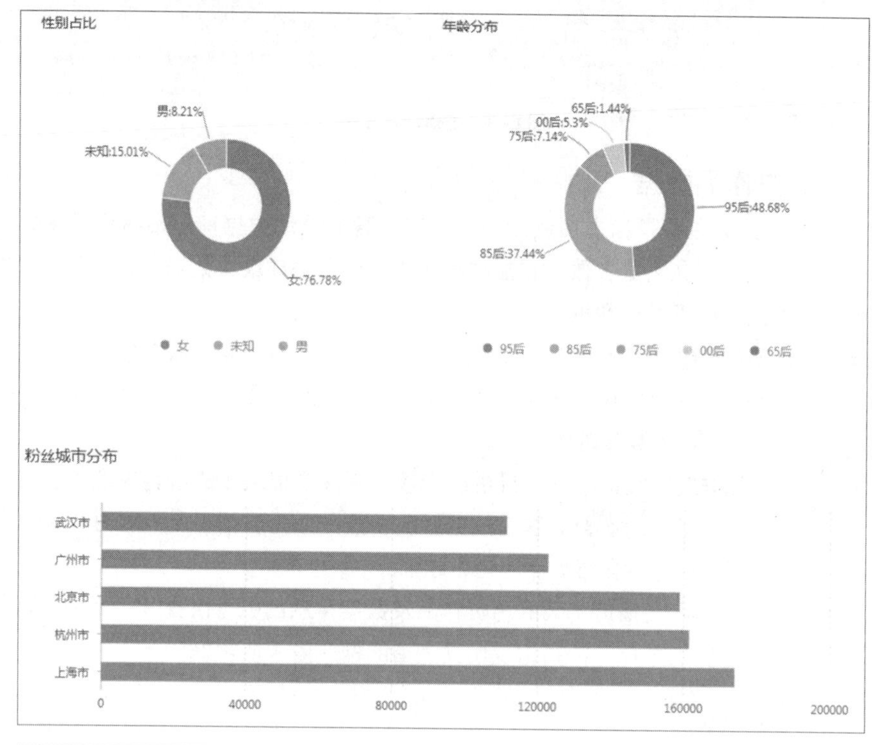

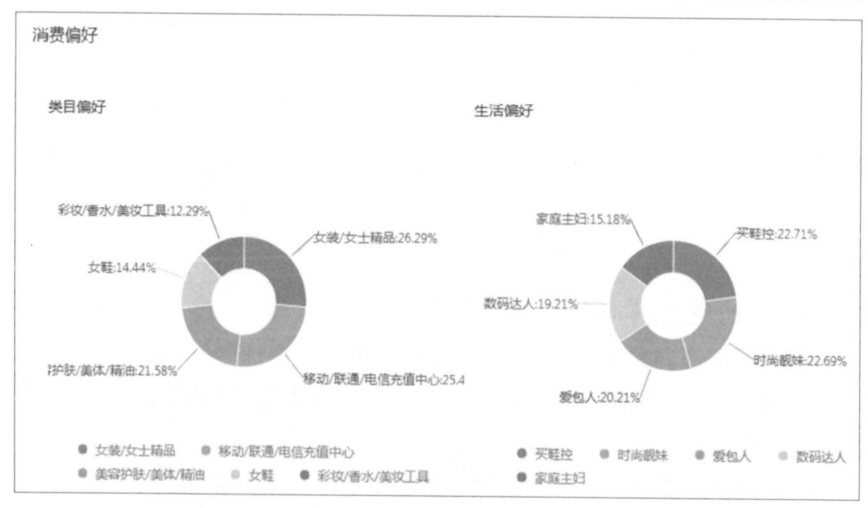

图 8–4　主播支持者人群画像

5. 主播累计评价

商家还可以查看该主播的累计评价，如图 8-5 所示。这些评价都是与该主播合作过的商家做出的，属于最直接的反馈，具有较高的真实性。商家可以据此来判断该主播的直播效果和引流能力。

累计评价

评价星级：不限 五星 四星 三星 二星 一星

客户名称	服务类型	服务金额	星级	评价时间	评价内容
壹*记	直播	¥****	★★★★★	2019.05.08	非常满意的一次合作！薇娅太给力了！！对接也非常负责、及时，期待下次合作~
a1***59	直播	¥****	★★★★★	2019.05.07	超赞，合作过很多次，每次都很完美~~~期待下次合作！！
窗外***莲树	直播	¥****	★★★★★	2019.04.30	非常好，带货杠杠的，期待长期合作！！！
ts***24	直播	¥****	★★★★★	2019.04.30	效果还是不错的，开播当天成交22万元，第二天成交了4万元，后续还有访客陆续到访
zk***21	直播	¥****	★★★★★	2019.04.29	薇娅姐非常给力！超级棒！

图 8-5 主播累计评价

选择主播后也要主动参与

主播在合作之前缺乏对商家及其商品的了解，可能导致直播效果不佳。因此，商家应该尽量多地参与到直播的策划准备中来，提前将商品卖点、使用方法、注意事项等详细信息传达给主播。同时，在直播过程中实时参与，要求和提醒主播尽量突出商品的卖点，监督直播质量。

8.1.4 自主创建淘宝直播

除了选择达人主播进行合作之外，商家也可以自主创建淘宝直播。这种方式的优点在于主播对店铺的经营状况、商品特性、目标人群最为了解，同时投入相对较少。

由于商家一般不是专业主播，在直播设备、表达能力、气氛带动能力方面相对欠缺，因此商家在自主创建淘宝直播前，更需要掌握直播的相关技巧和内容安排。一般来说，直播营销活动可以分为 3 个环节：直播预告——为直播宣传造势，直播过程——引导消费者下单，直播总结——分析直播数据。下面分别进行介绍。

1. 直播预告

商家通常在直播前一段时间要先在主播个人社交网站、店铺首页等位置进行直播的预告和宣传，让消费者提前知道直播信息。运营能力较强的主播应该有规律地定时直播，让支持者形成观看习惯。而对于新手主播来说，由于其支持者基础较为薄弱，淘宝网给予推荐的机会也较少，因此直播预告就更为关键了。图 8-6 所示为两位主播的直播预告，从图中可以得知，直播预告包括两部分：开播时间和直播主题。其中，直播主题可以通过一个简洁明了的标题呈现，让人一目了然。

图 8-6　直播预告

直播注意事项

新手主播在选择开播时间时应该尽量避开高峰时段（晚上 8:00 ~ 12:00），因为该时段虽然观众多，但也是各大网红、达人的固定直播时间，竞争比较激烈，新手主播不一定能获得很多的观众。

2. 直播过程

直播活动的过程主要是对直播内容的详细展示，除了全方位、详细地展示商品信息外，还需要有意识地与消费者互动，引导其前往店铺下单，因此主播需要掌握一些特殊的技巧。下面依次进行介绍。

- **弹幕互动**：弹幕是以字幕形式出现的评论，它以飘在屏幕中的形式密集出现，所有观看的消费者都可以看到这些内容。主播可以号召消费者向自己提问咨询，在回答问题的过程中自然地将话题引向自己要推荐的商品。例如，中医类主播回答消费者关于身体调养方面的问题时，可根据消费者的具体情况有针对性地推荐自己店铺里的养生产品。
- **限时秒杀**：一般来讲，看直播购物属于冲动消费，因此主播的一项重要任务就是要渲染一种“限时、限量、限价”的氛围，即通过定时开通秒杀活动，限制每款商品的数量，再辅以买就送赠品、多买多赠等手段，来营造一种紧迫感来促使消费者下单。图 8-7 所示为主播对于限时秒杀的提示。同时，主播要掌握一定的话术，在用词、语气、声调方面做足准备，才能达到理想的效果。

图 8–7　限时秒杀

主播话术

主播在介绍商品时，对于需要强调的如核心卖点、促销等信息，应该放慢语速，加重语气。尤其是促销信息，至少要重复两遍，这样做一方面可避免用户没听清，另一方面可起到强调作用。

在介绍商品时可以采用这样的叙述逻辑：先明确商品优点，再"惊呼"限时低价，最后加送赠品。最好首先突出商品功能上的优势，如量足、吸收快、水润、手感好等，再深入讲解商品细节，如包包印花清晰、拉链结实等，避免仅仅使用如好看、漂亮等抽象的词汇。

- **发放优惠券**：不同于其他娱乐性的直播平台，淘宝直播的主要目的是带动店铺销售，因此主播要定时调动消费者的购物欲望。除了通过讲解商品卖点、开通秒杀活动之外，主播还可以通过发放优惠券的方式引导消费者购物。主播发放优惠券时要提前告知消费者发放的时间，如"10 分钟后有一大波优惠券来袭""20:00 准时发券""明天还有另外一款包包的优惠券"等。这样做一是为了让观众知道抢优惠券的时间，提前做好准备；二是为了将观众留在直播间，维持直播的人气。图 8-8 所示为主播发放优惠券的浮窗。
- **抽奖**：除了在购物时给予优惠，商家还可以通过抽奖的方式来增强消费者互动、购物的积极性，如在当天下单的消费者中抽出一位赠送惊喜大奖等。
- **提醒观众点击关注**：直播除了为店铺引流，还有吸引粉丝的作用。通过直播吸引的粉丝，可以成为店铺后续直播的用户，也是店铺潜在的消费者。因此，主播一定要不时地提醒刚进来的用户点击右上角按钮关注自己，或者直接弹出浮窗，如图 8-9 所示。

图 8-8　发放优惠券

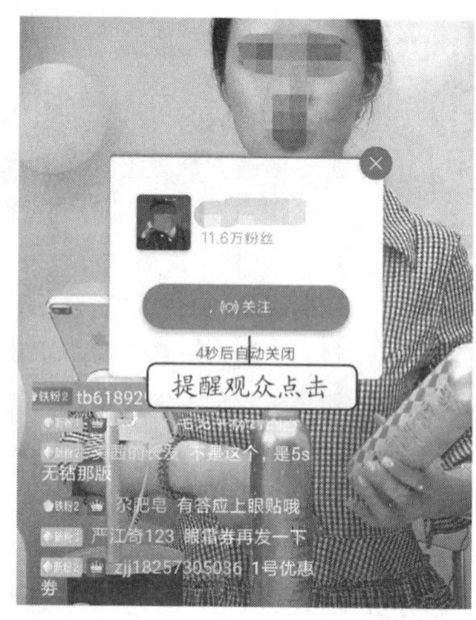

图 8-9　提醒观众点击关注

直播主题要与店铺经营类目相吻合

一般来讲，直播主题要与店铺经营类目相吻合，如店铺经营女装，直播主题就应该以服装穿搭为主。因为淘宝网系统后台在为消费者推荐直播时是以该消费者的浏览、购买记录为依据的，因此多数进入直播间的消费者都对该类目感兴趣，如果直播主题与店铺经营类目相差甚远，即便直播内容很精彩，也难以保证实现提高店铺转化率的目标。

3. 直播总结

直播结束后商家需要对本次直播做出总结，通过观察数据表现来衡量直播的效果。

需要关注的数据包括直播观看人数、主推商品的访问量及转化率、新增支持者数等。通过对数据的分析，总结经验找出不足，如针对直播观看人数多但商品转化率却没有提高的情况，商家就需要进一步分析问题的根源：是主播引导下单能力不足，还是商品价格不够有吸引力，还是商品详情页有待优化。如果是主播的问题，那么就需要该主播进一步学习更多的直播技巧；如果是商品本身的问题，就可以考虑优化详情页、调整价格或者推广其他商品。

8.2 微淘

微淘是淘宝网移动端的一个重要的内容营销平台，它定位于移动端，商家通过发布各种消息来维护与支持者之间的关系，加强与消费者之间的互动，达到宣传店铺品牌文化、发布折扣活动、管理新老客户、定向推送优秀内容的目的。本节将对微淘的相关知识进行介绍，帮助读者掌握其操作方法。

↘8.2.1　微淘运营的价值

微淘是淘宝网在现有的店铺和商品之上新构建的一个可无限传播的信息层，用户可以通过微淘来查看店铺发布的最新信息。店铺支持者（收藏或关注了店铺的消费者）可以在微淘的“关注”栏目实时接收微淘信息；尚未完成消费的普通用户，也有机会通过微淘广场看到店铺发布的优质内容。总的来说，微淘运营的价值主要体现在以下几个方面。

- **流量价值**：目前的电商行业中，移动端已经成为电子商务销售的主流平台，多数店铺移动端的成交金额远远超过了 PC 端。微淘位于手机淘宝底部导航的第二位，拥有非常有利的展示位置。同时展示形式简洁，用户的忠诚度与黏性较之淘宝网普通消费者更高，因此依靠微淘可以引入大量的移动流量。
- 营销价值：微淘作为阿里巴巴重要的无线营销平台，得到了阿里巴巴的大力支持，商家使用微淘进行运营，相当于增加了一个有效的营销渠道来吸引支持者、宣传店铺和商品，同时也多了一个触达消费者，引导转化的渠道。
- CRM 价值：通过资讯、活动等内容，微淘商家不仅可以吸引新消费者，还能更好地维护老消费者，提高消费者黏性。

当然，大多数情况下微淘的运营并不能带来立竿见影的效果。要想使微淘运营发挥理想的效果，商家需要日积月累，慢慢积累支持者。

↘8.2.2　发布不同类型的微淘

通过微淘号，商家或达人可以发布不同的内容，如商家可以发布店铺上新、短视频、好货种草、主题清单、买家秀等类型的内容。商家进入千牛卖家工作台，单击页面左侧

“自运营中心”中的“发微淘”超链接，在打开的页面中选择需要发布的类型即可进行写作并发布。

1. 店铺上新

店铺上新也就是分享店铺最新商品，包括新品卖点、风格、潮流趋势，有助于提高新品转化率。上新内容应该是在 15 天内上架的商品。写作上新内容只需要简短的标题或合集介绍，再加上商品即可，可添加商品数量达 50 个，如图 8-10 所示。需要注意的是，商家在发布时应尽可能将统一属性或分类的新品商品集合在一起，以免产生杂乱感；同时将商品图片更换为清爽、无多余文案的商品主图，保证视觉美观性。

图 8-10　店铺上新

2. 短视频

短视频包括标题、摘要、内容主体、封面图几个部分，下面依次进行介绍。

- **标题**：标题要通过 4 ~ 19 字体现与视频内容的关联性，同时要避免误导性标题。
- **摘要**：摘要需控制在 50 ~ 140 字，商家要根据不同的视频类型填写不同方向的摘要以辅助视频浏览，若是单品推荐则需要写推荐理由；剧情、广告类则需要写主要的剧情或情节；评测、清单、盘点类内容需要填写对应的主题和涉及的商品。
- **内容主体**：视频比例为横版 16∶9 或竖版 9∶16，大小不超过 200MB，时长为 9 秒 ~ 10 分钟，支持 mp4、mov、flv、f4v 等格式。
- **封面图**：封面图的尺寸应不小于 750 像素 ×750 像素，优质清晰的封面图更容易被淘宝网推荐。

图 8-11 所示为一个园艺类的短视频，从图中可以得知，该视频的标题、摘要和内容都紧紧围绕着“月季修剪”这个主题，一方面通过视频中鲜活漂亮的月季花刺激粉丝的购物欲望，另一方面适时地推送“月季”商品的链接，以此来达到为店铺引流的目的。

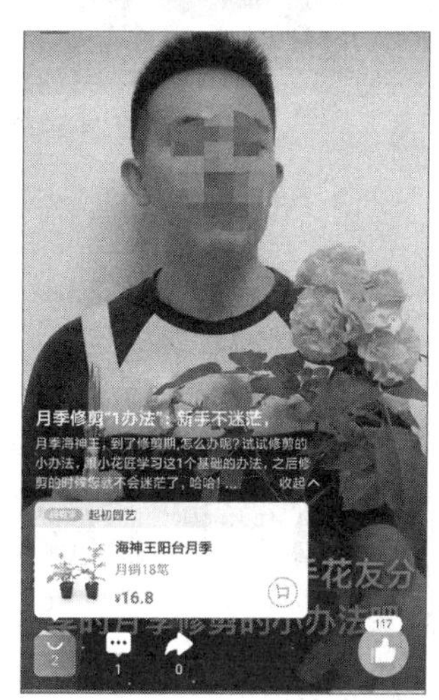

图 8–11　园艺类短视频

3. 好货种草

好货种草是指通过实拍的商品和场景图片，围绕商品的亮点、使用心得展开介绍，提升消费者对商品的兴趣。该类微淘的内容点击率高，是消费者喜闻乐见的栏目。好货种草分为多品种草和单品种草，多品种草是指真实分享多个商品的使用实拍图，通过描述商品特色以及使用感受来提升消费者对该商品的兴趣，而单品种草则重点分享单个商品多维度的特色以及使用感受。二者的创作思路基本一致，下面重点介绍单品种草微淘的创作要点。

- **标题**：标题的拟定应该按照“品牌名＋商品名＋心得词”的格式，如“甜野印花 T 恤试穿体验”。
- **文字描述**：在撰写文字描述时，应从自身的使用心得或体验出发，以给朋友分享好物的口吻描述使用商品的场景及特点，打消消费者的购买顾虑；文字应尽量详尽、丰富，不要仅有短短几句话，否则会被淘宝网降低质量分。
- **图片**：添加体验与使用商品过程的实拍图，要保证图片真实精美，避免使用商品广告图；尽量多添加图片，多维度全面展示商品的信息；所添加的图片要与标题、文字描述保持统一，相互呼应；可以通过在图片上编辑商品标签的方式来添加商品链接。
- **互动活动**：添加互动活动更容易让微淘获得消费者关注并提高微淘的互动率。目前，可以添加的互动活动包括盖楼、投票和征集活动。

图 8-12 所示为一条有关“美妆气垫”的单品种草微淘。

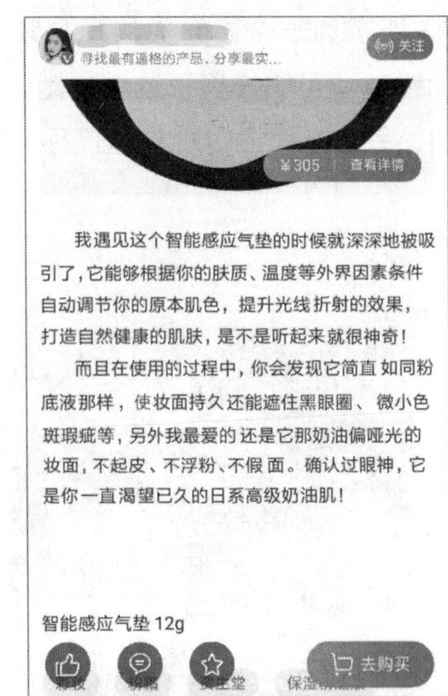

图 8-12　单品种草

4. 主题清单

主题清单也就是同类主题的商品集合，可以重点突出同一类型（如材质特点、风格元素等）商品的特色，以罗列同类商品的方式来提高关联商品的推荐效率，适合于商品多的店铺。图 8-13 所示为一条关于办公文具的主题清单微淘。商家在创作主题清单微淘时可以选择目标人群并添加相关标签，让该微淘的影响力扩散到消费者以外的群体，精准对位有该类需求的普通消费者。例如，这条关于文具的主题清单微淘就可以选择“趣味身份 / 办公白领”作为目标人群，添加“文具”“白领”“办公”等标签。

图 8-13　主题清单

5. 买家秀

商家可精选优质的买家有图评价发布微淘，促进单品成交转化。买家秀主要展示在微淘“晒单”栏目，其内容全部由买家秀运营优质的商家提供，如图 8-14 所示。

图 8-14　买家秀

买家秀内容可以在店内所有有图 / 视频的评价或晒帖中进行选择，如图 8-15 所示。发布买家秀的步骤为：首先设置封面图，然后对内容进行“加精”，最后即可转发到微淘。

图 8-15　买家秀内容设置

8.3 淘宝群

淘宝群是商家面向自己店铺的会员支持者的实时在线运营阵地，简单地说就是手机淘宝上的消息群。商家可以通过运营淘宝群高效接触消费者，有利于购物信息的互通和商品口碑的传播，也有利于商家结合群内一系列丰富的运营方法，提升消费者与商家的互动性，增强消费者的黏性，最终提高店铺转化率。

↘8.3.1 淘宝群的准入条件及行为规范

使用淘宝群的用户除须遵守《淘宝规则》《天猫规则》等相关规定外，还须遵循以下规范。

1. 准入条件

对于想要开通淘宝群的商家来说，满足以下任一条件即可创建淘宝群。

- 店铺状态正常、近30天支付宝成交笔数≥30笔；且商家微淘等级为L1及以上。
- 店铺近180天成交金额达100万元及以上。

对于想要加入淘宝群的消费者，则必须同时满足以下3个条件。

- 拥有淘宝会员账号，且所绑定的支付宝账号已通过实名认证。
- 淘气值≥400分。
- 账号下未开设店铺。

2. 行为规范

- 不得违规推广，如推广假冒商品。
- 不得存在易导致交易风险的行为，如引导用户进行线下交易、发布外部网站的商品或信息等。
- 不得扰乱平台秩序，如造假或作弊、提供虚假信息等。
- 不得侵犯他人权益，如泄露他人隐私、不当使用他人权利、骚扰他人等。
- 不得违背承诺。

淘宝群不得发布的信息

淘宝群不得发布的信息如下：危害信息，如敏感信息、淫秽色情信息等；不实信息，如捏造细节、图文不符、夸大事实、不实宣传、虚假中奖信息、无意义内容或重复内容等；虚假活动信息；垃圾广告；其他淘宝群平台不允许发布的信息。

↘8.3.2 创建淘宝群并运营

满足淘宝群准入条件的商家可以在千牛卖家工作台中创建淘宝群，创建成功后即可通过淘宝群来进行店铺营销。

1. 创建淘宝群

创建淘宝群的操作比较简单，商家首先进入千牛卖家工作台，在左侧“自运营中心”

中单击“淘宝群”超链接，如图 8-16 所示。然后在打开的页面中设置群头像、群组名称、群介绍、群组成员上限等信息，如图 8-17 所示。最后单击 下一步 按钮，在打开的页面中设置入群门槛即可完成淘宝群的创建。

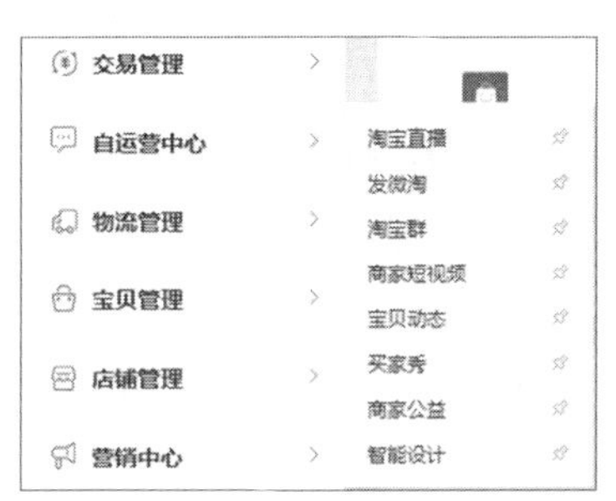

图 8-16　单击“淘宝群”超链接

图 8-17　设置相关信息

创建淘宝群后，商家在店铺装修时添加淘宝群模块即可将群入口添加到店铺首页、商品详情页等位置，同时淘宝网还会为有活跃群的商家自动开通支付订单完成页、订单详情页位置的群入口。图 8-18 所示为淘宝群入口。

图 8-18　淘宝群入口

3 种入群门槛

除了淘宝网规定的准入条件外，商家还可以设置入群门槛。入群门槛有关注入群、满足一定消费金额入群、密码入群 3 种类型。关注入群即关注店铺后即可入群，入群门槛低，管理难度相对较大，仅适合人气较低的店铺。满足一定消费金额入群可以筛选一批对店铺认可度高的消费者，使商家的管理成本降低，是淘宝网官方推荐的入群门槛设置方式。密码入群是指群仅对小部分消费者开放，属于 VIP 客户服务群，商家可以通过在该群发放专属福利来进一步巩固该部分消费者对店铺的忠诚度。

2. 淘宝群运营

不同于以聊天交流为主的微信群、QQ 群等，商家运营淘宝群的目的还是维护消费者并促进销售。因此，商家应该掌握一定的运营手段。淘宝网提供了一系列功能来帮助商家进行淘宝群运营，下面依次进行介绍。

- **提前购**：提前购是指群成员在商品正式上新前可提前购买，是店铺给群成员的优先购买权益。提前购功能一方面可以帮助商家利用老客户测款，为打造爆款奠定基础，另一方面可以为商品在正式上架之前积累人气，帮助其在正式上架后获得更好的搜索排名。需要注意的是，参加提前购的商品必须是定时上架类商品，且最晚上架时间为提前购活动创建后的第 14 天。例如，创建时间为 9 月 15 日 10 点，那么商品定时上架时间不得晚于 9 月 28 日 10 点。图 8-19 所示为商家发布的群内提前购活动及参与商品。

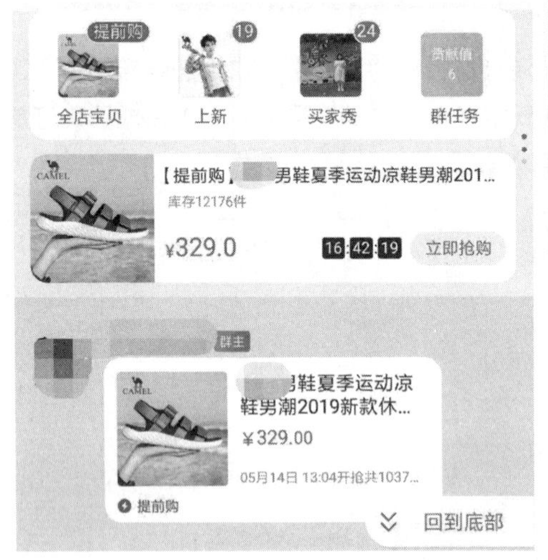

图 8–19 提前购活动及参与商品

- **限时抢购**：限时抢购是一种促销手段，类似于秒杀，属于群内特殊福利。商家通过给予群成员在活动时间内享受商品折扣或限量好货的方式，营造限时抢购的紧迫感，促成更多交易。该功能可以帮助商家进行清仓处理，也可以在新品上架时帮助新品快速破零。图 8-20 所示为商家发布的群内限时抢购活动。
- **红包喷泉**：红包喷泉常用于商家举行促销活动期间，其奖品可以设置为两类，即现金红包和店铺优惠券。红包喷泉一方面可以养成群成员定时开打群的习惯，促进群内活跃度的提高；另一方面也可以让老客户感受到商家的诚意，增加老客户对店铺的忠诚度。商家如果将红包喷泉设置为店铺优惠券，还可以为店铺促销活动预热，提高转化率。图 8-21 所示为商家发放的红包喷泉。

图 8-20　限时抢购活动

图 8-21　红包喷泉

- **同步微淘**：商家可以通过该功能将已发布的微淘动态及时同步到淘宝群中，方便群成员及时了解店铺在微淘发布的帖子、短视频、买家秀等各种内容，增加微淘的阅读量。需要注意的是，该功能单次最多能将 4 个微淘内容同步到群内，且无法同步定时发布的微淘。图 8-22 所示为商家同步到淘宝群中的微淘。

图 8-22　同步微淘

课堂实训：创作微淘

实训目标

本实训要求为“高达”品牌男鞋店铺创作关于新品网面透气运动鞋的好货种草微淘。

实训思路

根据实训目标，需要先确定微淘的标题，再撰写文字描述，最后添加使用过程实拍图。

（1）按照“品牌名 + 商品名 + 心得词”的格式拟定标题，但要注意灵活组织语言，突出实际体验，避免使标题成为推广文案。参考例句“试穿了高达新款的网面运动鞋，真的超透气，舒服~”。

（2）从自身的使用心得或体验出发，撰写文字描述。语言尽量平实、轻松，避免晦涩描述，可以通过对实际使用场景的描述来突出商品特点，如描写在跑步、打球过程中穿着运动鞋的感受。

（3）拍摄穿着运动鞋跑步、打球等运动的照片，应保证画面清晰、美观，尽量展示多角度拍摄的效果。

课后练习

练习1：观看并分析淘宝直播

下载淘宝直播手机客户端，观看热门直播，分析并回答以下问题。

- 该主播采用了哪些手段与消费者互动？效果如何？
- 该主播是如何引导消费者前往店铺查看商品，为店铺引流的？
- 该主播是如何促进店铺的成交转化的？
- 该主播的直播风格、直播内容是否与店铺经营类目相契合？

练习2：创建淘宝群并回答问题

假如你是一家淘宝店铺的店主，想要利用淘宝群来增强消费者黏性，试着创建一个淘宝群并回答以下问题。

- 什么样的淘宝群名称更容易吸引消费者加入？怎样设置淘宝群的入群门槛？
- 通过什么样的手段来促进群成员进店转化？
- 怎样提高淘宝群的活跃度？
- 在店铺活动期间，怎样利用淘宝群促销？

拓展知识

1. 微淘的粉丝运营

根据微淘官方规划，微淘运营不以短期成交为目的，更注重品牌宣传和用户运营，通过持续可触达通道，挖掘消费者有效价值，增加消费者的黏性和回访量。微淘希望通过增加和延长优质内容的曝光量和生命周期，以降低内容生产成本，促进转化，争取优质消费者，进行消费者深度运营，留存核心种子消费者。因此对于商家而言，消费者运营才是微淘运营的关键。

微淘上消费者运营的根本，就是提高消费者互动性，拉近与消费者的距离，培养消费者忠诚度，比较常用的方法有取昵称和话题讨论。

取昵称一般是指为店铺和消费者取昵称，如店铺经营日韩系少女用品，商家就可以×酱来自称，店铺消费者则可以称为×迷、×粉等。取昵称是拉近双方距离的非常直接且有效的一种方式，可以实现商家与店铺消费者的亲密沟通，定位精准的昵称还能够较好地迎合目标消费群体的喜好，从而达到更好的效果。

话题讨论是指通过组织和发布各种话题，带动消费者在微淘中进行讨论，这也是增加热度和黏性的一种方式。一个好的讨论话题可以带来非常可观的浏览量、评论量，以及消费者的关注度。关于话题的选择，商家可以选择近期网上比较热门的话题，或者日常生活话题，如“#黄色卫生纸和白色卫生纸的区别，你了解多少？#”“#夏天来了，小姐姐们都用些什么样的方法防晒呢？#”等。

消费者的兴趣点很多，一个有讨论度的话题，可以激发他们的评论热情，促使他们表达自己的想法，甚至带动平时不爱评论的消费者参与互动。

2. 什么是阿里 V 任务？

阿里 V 任务是阿里巴巴集团推出的内容服务平台，主要帮助商家与淘宝网内容创作者（达人、机构、主播等）进行商业合作，涉及的环节包括咨询洽谈、合作下单、服务费用交付、服务维权等。

阿里 V 任务上有大量的创作者，每个创作者的能力各不相同，擅长的领域也不相同，提供的服务也不相同。目前，阿里 V 任务中的创作者可以提供的服务包括直播服务、短视频服务、图文服务等，如图 8-23 所示。3 种服务均属于内容营销的模式，旨在通过在优质内容中植入商品的形式来进行推广，相比于传统的营销方式更加生动、有趣味性，非常受商家和消费者的欢迎。

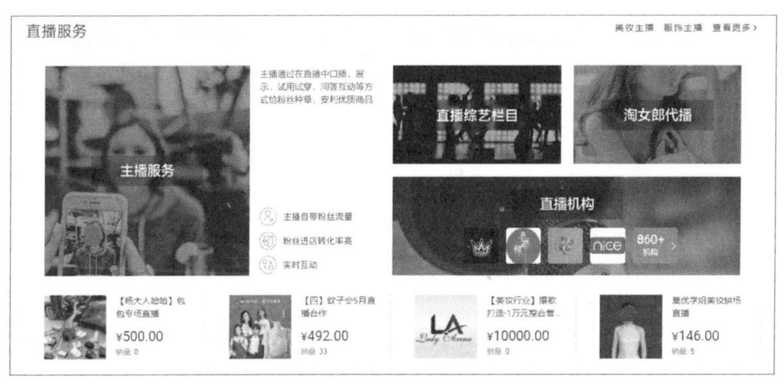

图 8–23　阿里 V 任务提供的服务

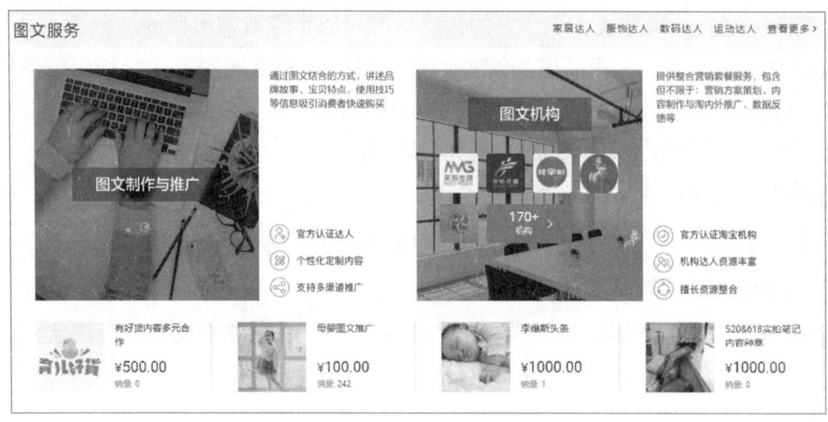

图 8-23 阿里 V 任务提供的服务（续）

阿里 V 任务的创作者交付内容后，阿里 V 任务平台会监控这条交付内容的数据，包括浏览次数、引导进店人数、引导加购人数等，并且将这些数据同步至店铺的生意参谋中，便于商家进行整体评估、对比，衡量这次投入的效果。商家可以登录阿里 V 任务，单击页面右上角的“管理”超链接，在订单管理页面中查看订单的详细数据。

客服与会员管理

老秦的店铺规模不大，聘用了两名客服负责接待消费者和解决交易纠纷，由老秦本人进行会员管理。在使用了直通车进行推广后，店铺订单量大增，涌入大量消费者。但是为了节约人力成本，老秦没有及时扩充客服，导致客服无法及时回复消费者的咨询，而且老秦本人也没有精力再继续对会员进行管理。一段时间之后，店铺客服质量问题投诉大增，老客户也逐渐流失。

由此可见，客服这个岗位需要直接与消费者进行交流，因而对交易有直接影响，而会员管理则对维护店铺消费者有着非常重要的作用。

本章将对客服与会员管理的相关知识进行详细介绍。通过对本章的学习，商家可以提高自己店铺的服务质量，同时增强客户群体的忠诚度和满意度。

学习目标

- 掌握客服的工作内容
- 掌握售前客服引导下单的技巧
- 掌握售后客服解决交易纠纷的方法
- 掌握会员营销的方法

技能目标

- 掌握客服的基本操作内容
- 掌握会员数据的管理方法

9.1 客服管理

随着电子商务市场的不断发展，网络交易平台的竞争日趋激烈，以往推崇的拼价格、比质量的销售方式已经不能完全满足消费者体验式购物的需求，客服的质量高低开始成为影响消费者消费体验的重要因素。因此，对商家而言，掌握客服管理的相关知识是十分重要的。

9.1.1 客服的作用及工作内容

不同于实体店客服，在电商中客服主要利用网络为消费者提供解答和帮助。虽然看起来客服只是一个服务性的岗位，但实际上客服工作内容繁多，所起到的作用也非常大。下面分别进行介绍。

1. 客服的作用

在电商各岗位中，客服是唯一能够与消费者直接沟通的岗位。这种沟通融入了情感，不仅可以带给消费者舒适的购物体验，而且还能提高店铺的竞争力，优质服务或许会比价格竞争更能打动消费者，从而促成更多的交易。由此可见，客服岗位的重要性不言而喻，其作用具体归纳总结为以下几点。

- **塑造店铺形象：**对于店铺而言，消费者所能看到的商品都是一张张的图片，既看不到商品本身，也看不到商家本人来了解商品的各种实际情况，因此往往会让消费者产生怀疑和距离感。这个时候，客服就尤为重要了。通过与客服在网上的交流，消费者可以逐步了解商家的服务态度以及其他信息。客服的一个旺旺笑脸表情或者一声亲切的问候，都能让消费者真实地感受到自己正与一个善解人意的人在沟通。这样会帮助消费者放下最初的戒备心理，从而在消费者心目中逐步树立起店铺的良好形象。
- **提高成交率：**很多消费者都会在购买之前针对不太清楚的内容询问商家，或者询问优惠措施等。客服如果能及时地回复消费者的疑问，可以让消费者及时了解所需要的内容，从而立即达成交易。
- **提高消费者的回头率：**当消费者在客服的良好服务下完成了一次交易后，他不仅会了解到店铺的服务态度，也会对店铺的商品、物流等有切身的体会。当消费者需要再次购买商品的时候，就会倾向于选择他所熟悉和了解的店铺。
- **宣传店铺品牌：**消费者通过页面往往还不能完全了解一个店铺的品牌，这时候客服就是店铺品牌宣传的形象大使。通过客服的介绍，消费者可以进一步掌握与熟知其品牌价值，并留下一定的印象。如果商品质量好、性价比高，那以后消费者有相关的需求就会第一时间想起这个店铺，这就是品牌的价值所在，客服的作用也由此显现。
- **更好地服务消费者：**一个有着专业知识和良好沟通技巧的客服，可以给消费者提供更多的购物建议，更完善地解答消费者的疑问，更快速地对消费者售后问题进行反馈，从而更好地服务消费者。唯有如此，店铺才能获得更多的机会。

2. 客服的工作内容

一般小规模的店铺通常没有对客服岗位进行细分，一人身兼数职。但大中型店铺的订单繁多，咨询量大，如果对于客服工作没有系统安排，很容易出现丢单、误单等情况。因此，有条件的商家应该将客服划分为售前客服、售中客服和售后客服3种，让其各司其职，有条不紊地工作。

（1）售前客服

店铺的售前客服首先要熟悉店铺、熟悉商品、熟悉千牛卖家工作台的操作方法、熟悉淘宝网规则；其次，要对消费者提出的疑问做出耐心、仔细且专业的回答。

当消费者咨询相关商品时，售前客服要从消费者的聊天语言中主动挖掘需求，专业、耐心地解答消费者提出的问题，同时主动向消费者推销合适的商品，以商品的卖点、质量和优势等引起消费者的购物欲望。当遇到疑难问题时，售前客服要通过自己的专业销售技巧进行处理，并且始终保持热情、耐心的态度。消费者在店铺中成功下单后，售前客服要仔细核实订单，并发送给消费者确认。

（2）售中客服

店铺售中客服的工作集中在从消费者付款到订单签收的整个过程中，主要负责物流订单工作的处理，图9-1所示为售中客服的工作内容。售中客服一定要做好与售前客服的工作交接，防止订单错乱的情况发生。

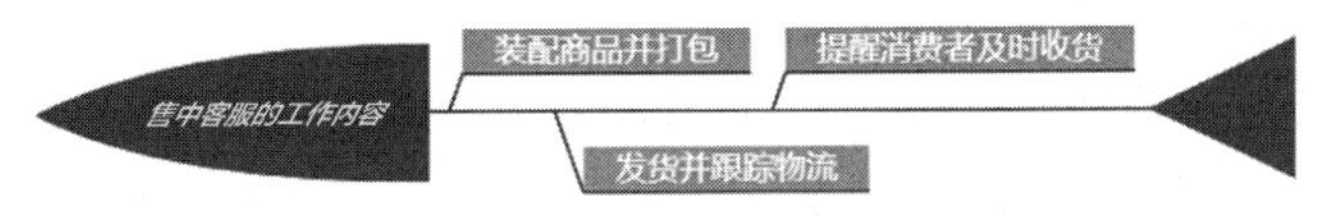

图9-1　售中客服的工作内容

下面对售中客服的工作内容分别进行介绍。

- **装配商品并打包：**售前客服核对订单无误后，售中客服应尽快装配商品并打包，做好商品的发货准备工作。打包时要仔细检查商品与包装，同时还要细心核对消费者信息与快递信息，特别是消费者添加的备注信息，一定不要遗漏。
- **发货并跟踪物流：**做好商品装配与打包后，要及时通知物流公司揽件，并对订单进行发货处理，告知消费者商品已经正常发货，发货后需要实时跟踪商品的物流状态。
- **提醒消费者及时收货：**当货物运输到消费者所在城市后，售中客服可以以短信或旺旺消息的形式通知消费者。当快递公司配送后，还要提醒消费者及时收货，防止货物遗失。

（3）售后客服

售后客服主要是对交易完成后的订单的售后问题进行跟进和处理。这同样要求客服人员热情、耐心、细心、专心，并且熟悉店铺、熟悉商品、熟悉规则、熟悉售后流程。售后客服的工作内容如图9-2所示，下面依次进行介绍。

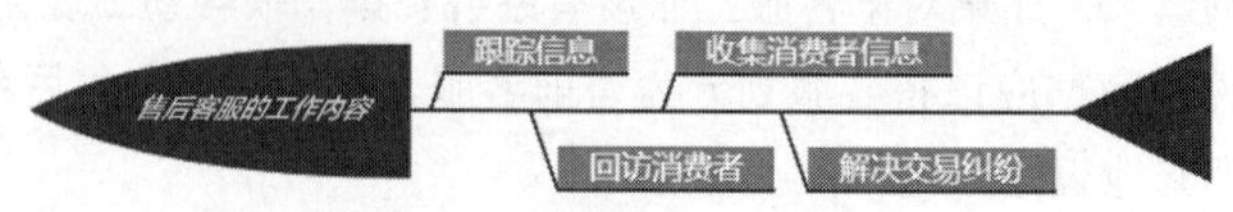

图 9-2 售后客服的工作内容

- **跟踪信息**：跟踪商品售后信息。
- **回访消费者**：定期进行消费者回访，以检查客户关系维护的情况。常用的回访方式有短信和旺旺等，回访内容可以是简单告知店铺的最新活动或邀请消费者参加店铺的商品质量调查等。
- **收集消费者信息**：负责收集消费者的个人信息，了解并分析消费者需求，规划回头客服务方案。
- **解决交易纠纷**：处理因商品质量问题、使用问题、退换货问题等引起的纠纷。

9.1.2 客服基本操作

电商客服不仅需要掌握沟通技巧，还需要掌握千牛卖家工作台的一些基本操作。下面进行具体介绍。

1. 设置自动回复与快捷回复

微课视频

设置自动回复与快捷回复

常规的商品交易管理等操作可以在网页版的千牛卖家工作台中进行，而要与消费者交流则需要首先下载千牛卖家工作台的客户端（以下简称“千牛客户端”），然后进入接待中心才可以进行。淘宝店铺的客服人员必须熟悉使用千牛客户端与消费者交流的方法。

千牛客户端与淘宝网可以共用账号，所以客服直接使用淘宝网账号登录即可；若有消费者咨询，可单击桌面任务栏的提醒图标，在打开的接待中心直接回复消费者。但当咨询的消费者较多或者无法第一时间回应消费者的信息时，客服可以通过在千牛客户端中设置自动回复，让对方知道自己目前的状态；也可以提前写好回复的内容，然后通过快捷回复方式进行应答，这样可节省时间。其具体操作如下。

（1）登录千牛客户端，单击右上角的“接待中心”按钮，在打开的“接待中心”界面的左下角单击“更多”按钮☰，在打开的下拉列表中选择“系统设置”选项，如图9-3所示。

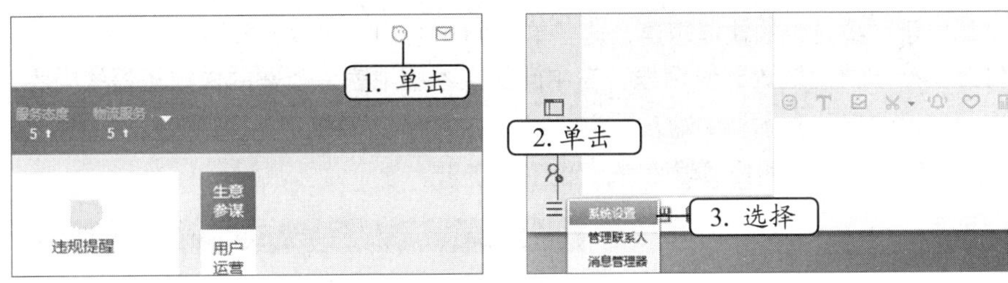

图 9-3 进入接待中心并进行系统设置

（2）打开“系统设置”对话框，单击左侧列表中的“接待”选项卡，在打开的选项卡页面中单击 自动回复 按钮，如图9-4所示。

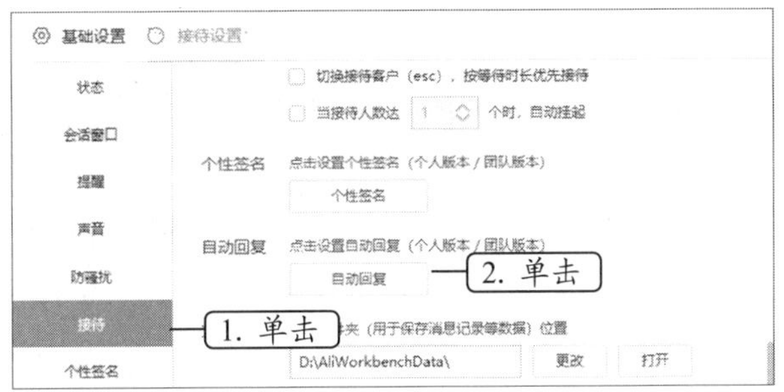

图 9-4 单击“自动回复”按钮

（3）在打开的对话框中单击“设置自动回复”选项卡，在这里单击选中“当天第一次收到买家消息时自动回复”复选框，然后单击右侧的 新增 按钮，如图9-5所示。

（4）打开“新增自动回复”对话框，在其中输入需要回复的内容，如图9-6所示，然后单击 保存 按钮即可完成设置。如此，消费者在当天第一次咨询时系统将自动弹出回复信息。

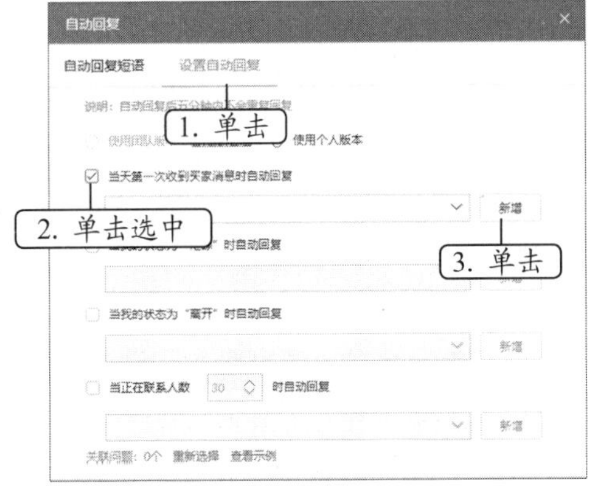

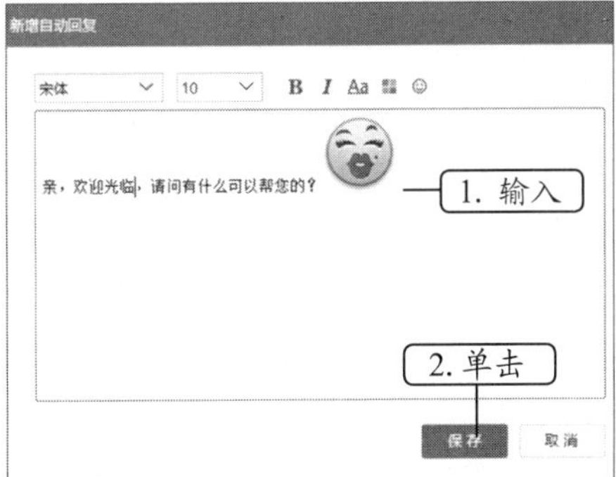

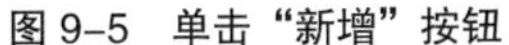

图 9-5 单击“新增”按钮　　图 9-6 输入需要回复的内容

（5）在“接待中心”界面的客户交流区中单击“快捷短语”按钮，此时右侧列表框中将显示系统自带的快捷短语，这里单击 + 新建 按钮，如图9-7所示。

（6）打开“新增快捷短语”对话框，在中间的文本框中输入所需的快捷短语的内容，在“快捷编码”文本框中输入数字“2”，在“选择分组”下拉列表框中选择“常用话术”分组，单击 保存 按钮，如图9-8所示。

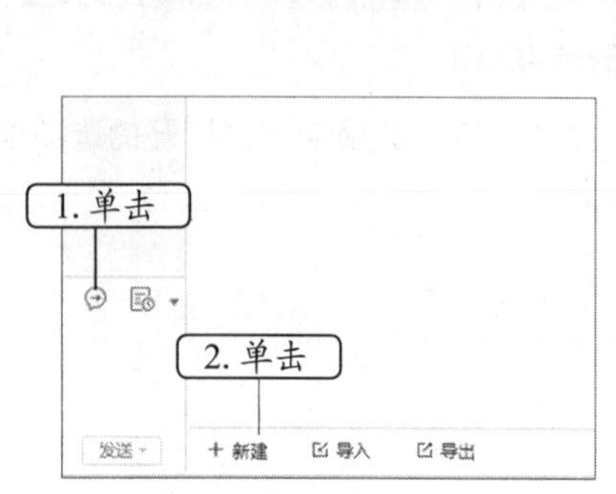

图 9–7　单击“新建”按钮

图 9–8　新增常用话术

（7）返回“接待中心”界面，在聊天窗口中输入符号“/2”，此时，聊天窗口将自动显示新创建的快捷短语。按【Enter】键即可将快捷短语添加到聊天窗口，然后再次按【Enter】键或是单击聊天窗口中的 发送 按钮，便可将消息发送给消费者，如图9-9所示。

图 9–9　将快捷短语添加到聊天窗口

2. 查询订单

查询订单是客服日常工作中最常用的操作，查询订单的方法有很多，可通过宝贝名称、买家昵称、订单编号等查询条件进行查询。最常用的是利用订单编号进行查询，其具体操作如下。

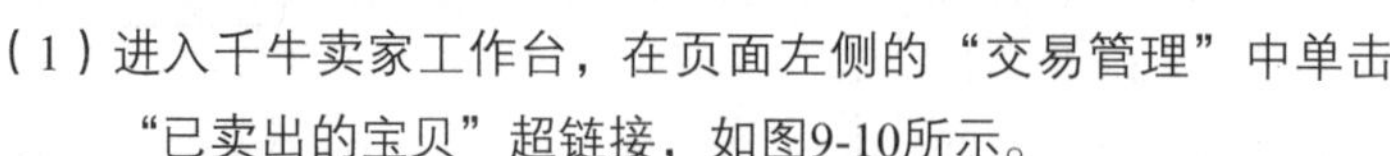

（1）进入千牛卖家工作台，在页面左侧的“交易管理”中单击“已卖出的宝贝”超链接，如图9-10所示。

（2）打开“已卖出的宝贝”页面，在其中可以输入宝贝名称、买家昵称、订单编号、订单状态等查询条件。这里在“订单编号”文本框中输入要查询的订单号，然后单击 搜索订单 按钮，如图9-11所示，稍后便可在“近三个月订单”选项卡中看到搜索结果。

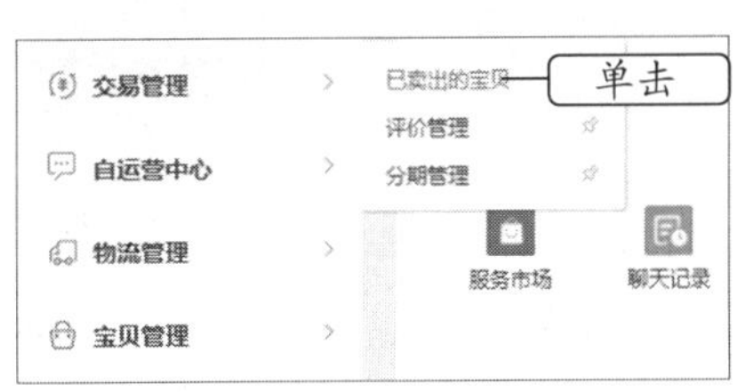

图 9-10 单击“已卖出的宝贝”超链接

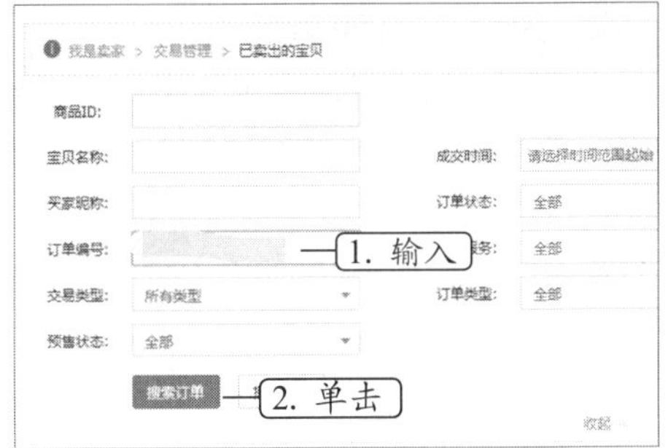

图 9-11 输入要查询的订单号

3. 订单改价

订单改价，只针对交易状态为“等待买家付款”的订单，如果订单是已付款的状态，则商家无法修改交易价格。客服一定要清楚这一细节。订单改价的具体操作如下。

（1）打开“已卖出的宝贝”页面，在其中找到需要修改价格的订单后，单击该订单中的“修改价格”超链接，如图9-12所示。

（2）在弹出的窗口中可进行价格和运费的修改操作。其中，修改价格可以通过折扣比例和直接输入改动金额来实现；邮费可以通过直接输入邮费价格或单击“免运费”超链接来设置。这里将折扣设置为“6”，邮费设置为“10”，然后单击确定按钮，如图9-13所示。

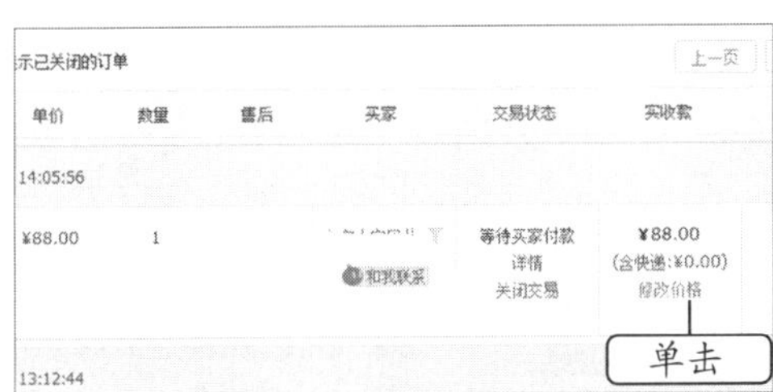

图 9-12 单击“修改价格”超链接

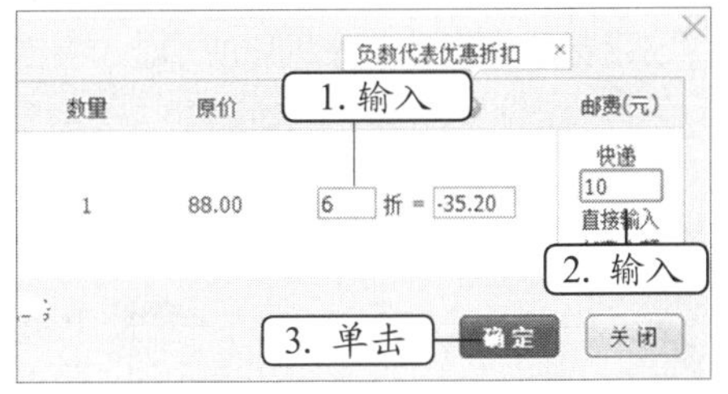

图 9-13 修改价格和运费

（3）返回“已卖出的宝贝”页面，其中已自动显示订单修改后的价格，如图9-14所示。

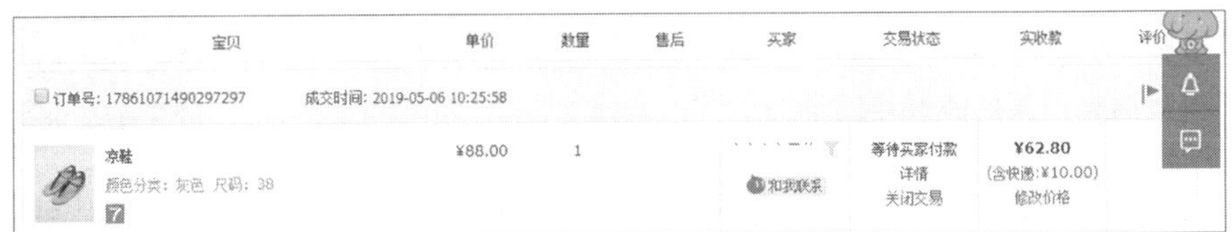

图 9-14 修改后的价格

4. 为订单添加备注

微课视频

为订单添加备注

在交易过程中，如果客服人员与消费者有特殊约定，如赠送小礼物、写祝福卡片等，则可以为订单添加备注，其具体操作如下。

（1）在“已卖出的宝贝”页面中单击订单右上角的灰色旗帜图标▶，如图9-15所示。

（2）在打开的“编辑标记”页面中进行添加备注操作，选择标记的颜色，然后输入标记的内容，添加完毕后单击 确定 按钮进行保存，如图9-16所示。

图 9–15　单击灰色旗帜图标

图 9–16　编辑标记

（3）当为订单添加备注信息后，在“已卖出的宝贝”页面中，已添加备注的订单中灰色旗帜图标将显示为修改后的颜色，此时将鼠标指针移至旗帜上，系统会自动显示备注内容，如图9-17所示。

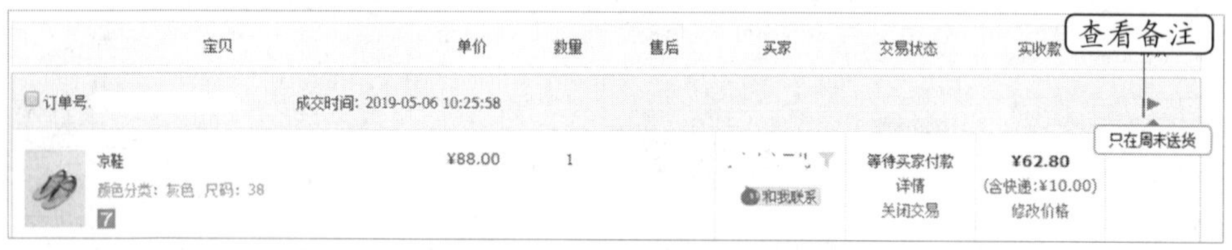

图 9–17　查看备注

5. 修改订单属性或收货信息

在消费者拍下商品并完成付款后，有时可能会出现尺码不符或地址临时修改等情况。此时，客服就需要通过后台修改订单属性或收货信息，其具体操作如下。

（1）进入千牛卖家工作台，打开“已卖出的宝贝”页面，在其中找到需要修改的订单，然后单击该订单对应的“详情”超链接，如图9-18所示。

（2）打开“交易详情”页面，在页面底部的“订单信息”选项卡中单击“修改订单属性”超链接，在打开的页面中便可对商品的颜色和尺码进行修改，如图9-19所示。

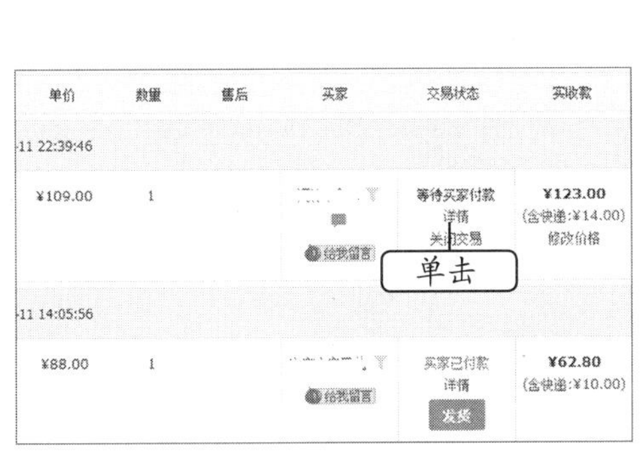

图 9-18　单击“详情”超链接

图 9-19　单击“修改订单属性”超链接

（3）成功修改完订单属性后，返回“交易详情”页面，单击修改收货地址按钮，如图9-20所示。

（4）在打开的页面中可以对消费者的收货地址、收货人姓名、电话进行重新设置，最后单击确定按钮即可完成修改，如图9-21所示。

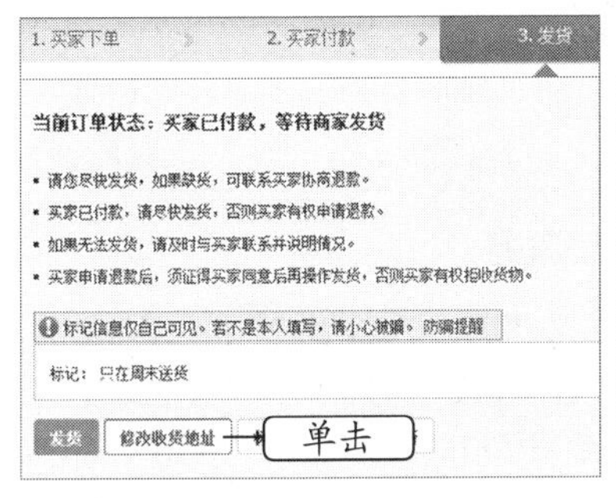

图 9-20　单击“修改收货地址”按钮

图 9-21　修改收货信息

6. 及时发货并跟踪物流

在消费者下单以后，客服应该尽快地打包好商品并联系物流公司取货，同时在千牛工作台中设置商品已发货；如果迟迟不发货或延迟发货，商家将可能承担相应的损失。在千牛卖家工作台中设置发货的具体操作如下。

（1）进入千牛卖家工作台，单击“交易管理”中的“已卖出的宝贝”按钮，打开“已卖出的宝贝”页面，在交易状态为“等待发货”的订单中单击“发货”按钮。

（2）打开“发货”页面，确认收货信息及交易详情、发货/退货信息无误后，在“第三步 选择物流服务”栏中选择一种发货方式。这里单击“自己联系物流”选项卡，在打开的页面中输入运单号，并选择快递公司，然后单击 发货 按钮即可完成发货，如图9-22所示。

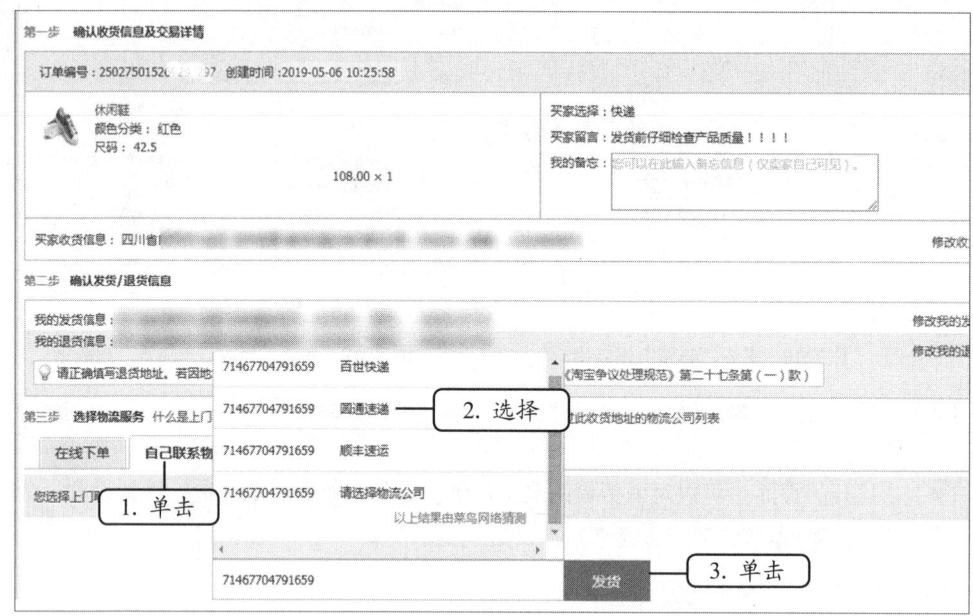

图 9-22 选择快递公司并发货

选择其他快递服务

淘宝网提供了“在线下单”“自己联系物流”“无纸化发货”和“无需物流”4 种发货方式。商家若不想自己费心选择快递公司，则可选择在线下单方式，系统会为其推荐时效、服务等综合指标最优的快递公司；商家若有自己熟悉的快递公司，则可以选择自己联系物流，以避免等待时间过长；商家若不想手写面单，可选择无纸化发货方式，获取实时单号，并在包裹上标识揽件码即可完成发货；若所售商品为虚拟商品，如话费，则可选择“无需物流”方式发货。

（3）返回“已卖出的宝贝”页面，可看到订单的交易状态已变为“卖家已发货”。发货成功后，客服还要及时跟踪物流，保证商品物流进度正常。在“已卖出的宝贝”页面中，选择需要查看物流信息的订单并单击“详情”超链接，如图9-23所示。

图 9-23　单击“详情”超链接

（4）打开“交易详情”页面，单击“收货和物流信息”选项卡，即可查看当前订单的物流信息，如图9-24所示。

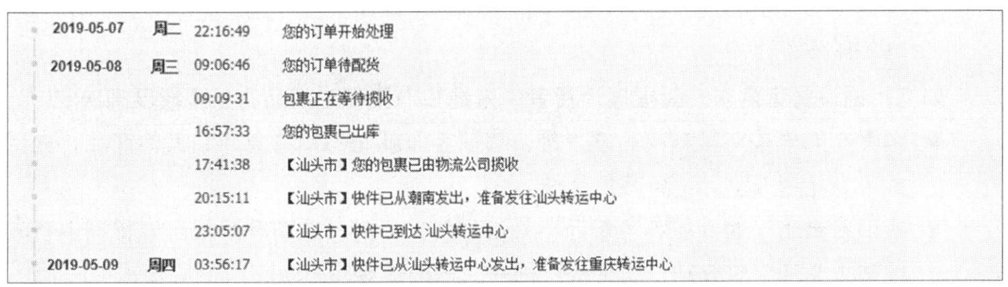

图 9-24　查看当前订单的物流信息

将物流信息及时告知消费者

物流信息有 3 个重要组成部分，分别是订单发货信息、订单配送信息及订单签收信息，客服需要将这 3 个信息及时告知消费者。由于手机是消费者普遍使用的联系工具，在接收信息的便捷性与时效性上都具有优势，所以客服可以选择以短信的方式及时告知消费者商品的物流信息。

9.1.3　售前客服引导消费者下单

接待消费者是客服最重要也是最主要的工作。在与消费者沟通的过程中，客服需要对消费者进店后的每一个环节都进行把握，让消费者在每一个环节都能享受到专业、贴心的服务。售前客服的服务流程一般包括：进门问好→挖掘需求→推荐商品→促成订单→确认订单；其中任何一个环节出了纰漏，都可能造成订单流失。下面就针对以上流程作具体讲解。

1. 进门问好

进门问好是售前客服服务流程的第一个环节，这一环节看似简单，其实却有着很深的学问。售前客服如果问好得当，会给消费者良好的第一印象，为本次交易赢得一个良好的开局。同时，响应时间的快慢，将会直接影响消费者的去留，一般保证首次响应在 6 秒之内最为恰当。

在向消费者问好时，售前客服可以使用一些个性化的内容，如“亲，提前祝您中秋节快乐”。对于老客户，则可以换一种方式表述，如“宇宇妈，好长时间没见到您了，最近怎么样呢？”另外，客服还可以利用欢迎语、优惠活动及商品介绍等进行问好。

- **欢迎语**：例如，“您好，欢迎光临 ×× 旗舰店，请问有什么可以帮到您的呢”。
- **优惠活动**：例如，“亲，现在店铺举行买一送一的优惠活动，非常划算哦”。
- **商品介绍**：针对消费者的需求，对商品做一些介绍，如商品的特征、功能和注意事项等都可以向消费者介绍，以增强消费者对商品的认知，提高消费者的购买欲望。例如，销售衣服就需要从款式、风格、面料、尺寸、洗涤方法及搭配等方面进行介绍。

2. 挖掘需求

如何挖掘消费者需求，要根据消费者的兴趣和消费者对商品的了解程度来决定。

- 消费者如果是对某款商品感兴趣，售前客服就先不用着急介绍其他商品，先促成该商品的成交，避免节外生枝。
- 在消费者由于对商品不了解而不知该如何选择时，售前客服就可以根据消费者的需求为消费者介绍，如采取二选一、搭配套餐等方法吸引消费者购买。

3. 推荐商品

售前客服最主要的工作就是推荐商品，因为通过商品推荐可以帮助消费者快速锁定所需商品，提高服务效率，促成交易。同时，售前客服也可以利用关联销售技巧，推销更多消费者所需的商品，以此来提高客单价。

售前客服在向消费者推荐商品时，首先应该通过消费者咨询的内容或是消费者拍下的商品瞄准消费者的需求，然后立足于消费者的兴趣点为其进行关联推荐，最后协助消费者挑选并促成交易。售前客服在推荐商品的流程中一定要注意以下 3 点。

（1）瞄准消费者需求

售前客服一定要充分了解消费者的购买欲望和购买需求。在与消费者的沟通过程中，消费者咨询的问题往往是其需求的直接反映，图 9-25 所示为瞄准消费者需求的聊天场景。有时，部分消费者习惯在拍下订单而未付款的状态下，再找售前客服了解商品信息；此时，售前客服不需要再询问消费者的需求，只需根据消费者所拍下的订单稍加询问即可，这样才会让消费者觉得售前客服了解自己的需要。

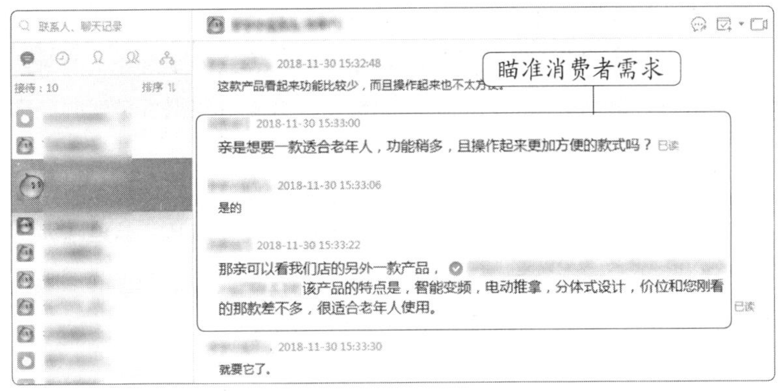

图 9-25　瞄准消费者需求的聊天场景

（2）进行关联销售

了解消费者的需求后，售前客服要进一步对商品进行有效推荐，而且在推荐成功后还可以顺势进行其他相关商品的关联销售。售前客服在推荐关联商品时，一定要搞清楚关联商品与消费者所购商品之间的联系，就好比在实体店购买奶瓶时，导购都会相应地给消费者介绍备用奶嘴和奶瓶刷等商品，这实质上就是一种关联销售，这种方法对于网店也同样适用。

（3）把选择权留给消费者

售前客服无论将商品夸得多么天花乱坠，都必须清楚：最终的选择权在消费者手中。因此，售前客服在每次介绍完商品的某一种性能时都要及时与消费者确认，确认其是否明白自己讲解的意思、是否认同自己的解说，如果不认同又有怎样的想法。这些都是需要售前客服了解清楚并及时反馈的。

4. 促成订单

消费者在与售前客服沟通后，对商品有一些异议是正常的，只要售前客服能够处理好异议并让消费者满意，就能促成订单。因此，售前客服一定要学会处理异议。所谓的处理异议，就是针对消费者的疑问、不满等进行解答的过程。

常见的异议包括质量、包装、价格、色差、发货时间、礼品、尺寸和快递等问题。例如，当消费者对于商家的优惠原则存在异议时，售前客服一般可以通过介绍商品本身的优势，说已经是最大优惠了，或强调多买多优惠、多买送小礼物等，以打动消费者。

售前客服在处理异议时要善于抓住问题的本质和关键，具体可以从以下 3 个方面着手。

- **站在消费者的角度思考问题：**当消费者产生异议时，售前客服首先要明确异议的真正内容，然后站在消费者的角度思考产生该异议的直接原因，并找出分歧点，最后利用数据和事实消除消费者的疑虑、误解，与其达成共识。
- **阐述商品的优势：**消费者最关心的是商品质量、商品价格、生产技术水平和售后服务等问题，售前客服可以从这几个方面去阐述商品的优势。要想把商品优势说清楚，售前客服首先要对商品本身有深入的了解，能说清楚商品的特征、原材料选料、制作工艺和包装，还有价格、服务等的特别之处，同时还需要对该商品的竞品有透彻了解。通过对比分析，消费者自然很容易就明白你的商品的优势。

- **突出消费者的利益**：当消费者对商品的质量有异议时，售前客服除了向其说明商品的质保信息外，还可以突出消费者所能享受的利益。如当消费者问“质量有保证吗”时，售前客服可以这样回复：“这件T恤是纯棉的，吸汗透气，您穿着去打网球会非常舒适，对皮肤也是很好的呢！”

5. 确认订单

为了避免出现不必要的售后问题，售前客服需要对每一笔付款订单进行再次确认。确认订单的过程可以分两步来执行，下面分别进行介绍。

- **核对商品信息**：个别消费者在购买商品时，只看了商品的大致信息和价格，却忽略了其他因素，最终选择了便宜又看似相同的商品，收货后才发现这并非自己所要购买的商品。针对这一情况，售前客服一定要对消费者订单内所购买的商品再次进行确认，同时对于附带的赠品、承诺的事项等也须一一进行确认。这样既可避免因消费者购买出现差错而造成退换货情况的发生，也可避免售前客服忘记进行相关备注，造成“违背承诺”的情况出现。
- **核对收货地址**：促成订单后，售前客服还需对消费者的地址信息进行核对，确保消费者所选择的物流或商家推荐的物流可以到达消费者所指定的收货地址。如果在核对地址的过程中消费者提出对收货地址进行变更，售前客服除了接受地址变更要求、及时进行信息的修改外，还应更加仔细地核对更换后的收货人姓名和电话号码，以免出现差错而影响投递。

9.1.4 售后客服处理交易纠纷

处理交易纠纷是技巧性比较强的工作，需要售后客服长时间的经验积累，以及良好的心理承受能力和应变能力。售后客服在处理与消费者之间的纠纷时，应坚持有理、有节、有情的原则，然后按图9-26所示的流程来处理，下面分别进行介绍。

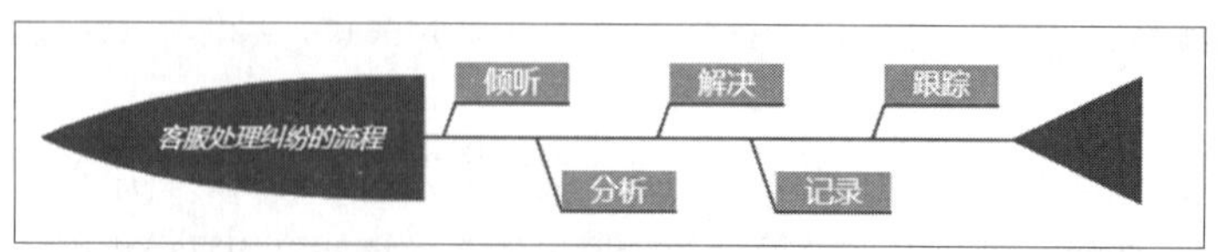

图9-26 客服处理纠纷的流程

1. 倾听

当消费者收到自己期盼已久的商品，却发现商品和自己的心理预期相差甚远时，心里难免会觉得不舒服，自然会找售后客服质询、抱怨甚至发泄不满。此时售后客服首先要充分理解消费者的心情，耐心倾听消费者的抱怨，给予消费者发泄的机会。

尤其应注意当消费者发泄时，售后客服不要急着去辩解，此时所有的解释都是无力的，甚至会激化与消费者之间的矛盾。最好的应对方式就是：闭口不言、仔细聆听，站在消费者的立场上听他把话讲完，肯定并认同消费者。当然，也不要让消费者觉得售后客服在敷衍他，要保持情感上的交流，认真倾听消费者的话，把消费者遇到的问题了解清楚。

耐心倾听消费者的抱怨之后，无论引起纠纷的原因是什么，售后客服首先应道歉，让消费者知道你已经了解了他的问题。道歉并不意味着做错了什么，而是表明我方积极解决问题的态度。

2. 分析

售后客服认真倾听消费者的抱怨后，需要对消费者所抱怨的内容进行分析、归纳，然后找出消费者抱怨的原因。一般消费者抱怨的原因主要有 4 个，如图 9-27 所示。

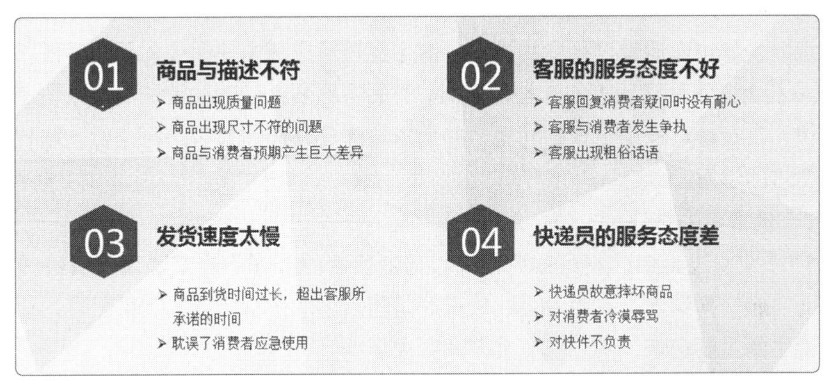

图 9-27　消费者抱怨的原因

消费者抱怨的原因多种多样，有的抱怨只涉及上面所提的一两个方面，有的则涉及各个方面。售后客服要弄清楚消费者抱怨的中心点是什么，他们急需解决的问题是什么。同时，售后客服要理解消费者在不满意的情绪驱使下，对客服、对店铺都会产生抵触情绪，认为自己是“受害者”，对店铺和商品都要数落个遍。如以下案例：

你家店用的是什么快递呀，比蜗牛还慢，我等了差不多一周才到。发货慢不说了，关键是商品质量也差，用了两次就坏了，现在根本没有办法继续使用了！我等于买了一个废品回家，简直无语。而且之前的客服态度也差，对人爱理不理，我催了几次他才发货。

由上文可见，这位消费者情绪十分激动，十分愤怒，对这次购物抱怨颇多。那么售后客服该如何应对呢？消费者的抱怨首先是快递运输速度太慢，以这一触点引发对整个购物过程的不满，而消费者最不能接受的还是商品本身的质量问题。那么售后客服在为消费者解决问题时首先就要保证商品的正常使用，而对于消费者的其他抱怨与不满则可以在之后的工作中进行弥补。

3. 解决

售后客服了解消费者抱怨的真实原因后，就要竭尽全力解决其抱怨的问题，这是处理纠纷的关键步骤。在解决消费者抱怨的问题时，售后客服首先要安抚消费者的情绪，创造一个和谐的对话环境，然后对消费者所提出的问题进行相应的解释，恳求消费者的理解，最后提出解决方案，并努力与消费者达成共识。

售后客服在解决问题之前，要针对消费者所描述的情况进行分析，清楚责任认定，针对不同的责任提出不同的解决方法。下面分别进行介绍。

（1）商家的责任

由于商家或客服在销售商品或服务环节的疏忽而造成消费者精神与财产损失时，商家应该承担主要责任，主动解决相关纠纷。解决纠纷的方法为：首先主动承担责任，诚挚地道歉；然后主动退换货，并承担来回的运费；最后给予消费者一定的补偿，如赠送优惠券、升级为 VIP 等。

（2）快递公司的责任

快递公司的工作任务，就是将商品包裹运送到消费者手中，而在快递运送途中所出现的意外，如快递运输过程中的掉件、商品受损等应该由快递公司承担责任。

当消费者向售后客服抱怨这些问题时，售后客服要主动帮助消费者联系快递公司，弄清楚快件在运输过程中出现的问题，并要求快递公司向消费者进行赔偿，赔礼道歉，争取消费者的谅解。

（3）消费者的责任

在商品交易过程中，不可避免地会因为消费者的操作不当或是消费者心理期望值过高等而引起交易纠纷。在面对上述情况时，售后客服应从店铺的利益出发，让消费者承担纠纷中的主要责任，不能答应其无理要求。

4. 记录

售后客服在与消费者就纠纷事宜达成一致后，要对协商情况进行记录，总结消费者抱怨的原因、纠纷的严重程度及纠纷的解决方案等情况。这些情况记录不仅可以为售后客服积累一些处理纠纷的案例和经验，还可以帮助店铺的各个部门根据消费者的抱怨开展自省自查活动，以此促使店铺做得更好。

售后客服在记录消费者纠纷与解决方案时可以参考表 9-1 来执行。

表9-1 记录消费者纠纷处理表

昵称	处理时间	购买商品	抱怨原因	责任认定	处理方案	消费者满意度

5. 跟踪

一名优秀的售后客服，除了能顺利解决纠纷并提出消费者所认可的解决方案外，还需要对纠纷处理进程进行跟踪调查，这种调查包括纠纷处理的进度调查和满意度调查。

- **纠纷处理的进度调查**：主要内容有采取的补救措施，现在进行到了哪一环节。对于这些，售后客服都应该及时告诉消费者，让消费者了解售后客服的工作，了解售后客服为解决纠纷所付出的努力。只有在感受到其所提出的解决方案得到了落实，商家也十分重视的时候，消费者才会放心。
- **纠纷处理的满意度调查**：在解决了与消费者的交易纠纷之后，售后客服还应该进一步询问消费者对解决方案是否满意等。这些弥补性的行为，能让消费者感受到商家的诚心和责任心，甚至受感动而认可商家。

9.2 会员管理

在运营店铺的过程中，每一位商家都必须思考一个问题——如何留住消费者？很多商家可能觉得这个问题不难回答，留住消费者的不二法门，无非是了解消费者的需求，提供更优质的商品和服务。但是怎样才能了解消费者的需求呢？怎样将新客户发展成老客户呢？这就有赖于会员管理了。会员是与商家建立了长期合作关系的消费者，能够为企业带来长远的利益。本节将首先介绍会员管理的意义，然后讲解会员数据的管理方法以及会员营销的方法。

↘9.2.1 会员管理的意义

会员管理可以为店铺培养更多的忠实客户，建立一条长期稳定的消费战线，在会员心中留下良好的品牌印象，从而提高店铺的销售额和竞争力。同时，它还能帮助商家更好地了解消费者需求，为后续选品和改进服务提供依据。总的来说，会员管理的意义主要有以下 3 点。

- **了解消费者需求**：消费者在成为店铺会员时，一般需要填写各项资料，这些资料中包含了大量的个人信息和消费信息。商家据此可以更加清楚地了解和掌握消费者的消费需求，制定更加符合其消费习惯的营销策略。同时，商家还会定期向会员发送商品和店铺动态，通过这些信息获得消费者的反馈，进而改善经营策略，保证对目标消费群体的精准定位。
- **培养消费者忠诚度**：会员管理的根本目的就是建立长期稳定的客户关系，使消费者对店铺产生强烈的归属感，认同品牌理念并成为传播品牌信息的媒介。这样，商家不仅可以树立店铺品牌，还能降低开发新客户的成本，提高市场竞争力和发展潜力。
- **创造企业利润**：产品营销中有“20% 的客户决定企业 80% 的收益”的理论，

即著名的二八定律。这里的“20%的客户”就是指由会员转变而成的忠实客户，由此可见，会员的消费能力相当强大。对于店铺来说，会员是购买商品的主力军，是增加店铺人气、创造店铺收益的主要来源。

9.2.2 管理会员数据的方法

淘宝商家可以通过千牛卖家工作台的“客户运营平台”查看和分析会员数据。该平台是淘宝网免费提供的常用会员关系管理工具，不仅提供查看和分析会员数据的功能，还支持对会员数据进行管理，如收集和整理客户数据、会员等级设置、客户分组、设置VIP等。

1. 收集和整理客户数据

收集客户数据是客户关系管理的基础，商家可通过客户运营平台查看和整理客户的手机号码、邮箱、地址等基本信息，如果商家在与客户交流过程中收集到了其他客户信息，也可将其存放在该会员管理系统中。下面介绍在淘宝网后台的客户运营平台中收集和整理数据的方法，其具体操作如下。

（1）进入千牛卖家工作台，在左侧的“营销中心”中单击“客户运营平台”超链接，如图9-28所示，进入客户运营平台页面。

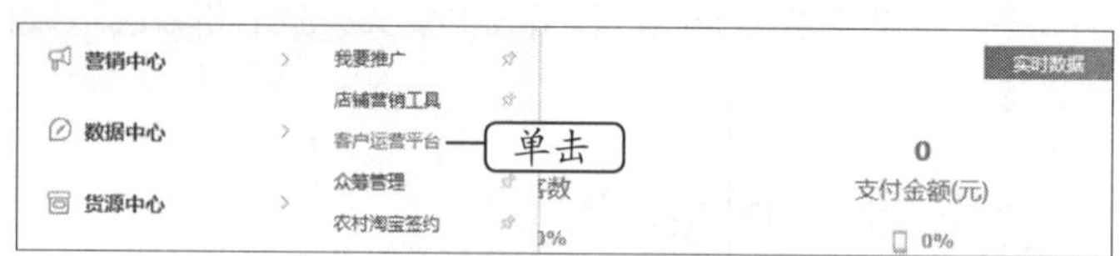

图9-28 单击“客户运营平台”超链接

（2）在左侧的“客户管理”列表下选择“客户列表”选项，进入客户列表页面，在需要查看数据的客户后单击“详情”超链接，如图9-29所示。

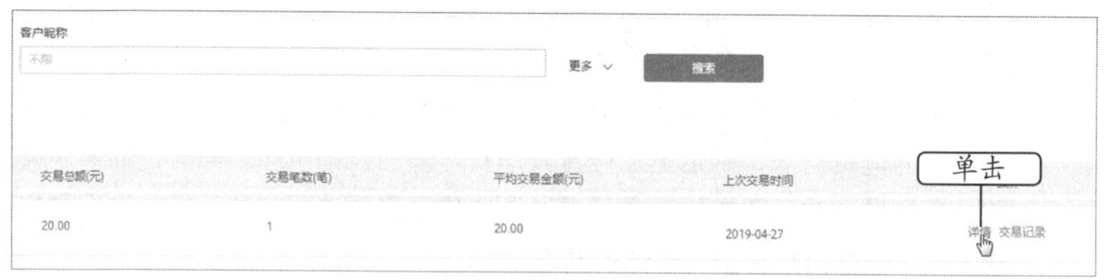

图9-29 单击“详情”超链接

（3）在打开的页面中将显示该客户的具体信息，单击页面右上方的编辑按钮，可对客户信息进行编辑和补充，还可在“备注”栏中添加备注信息，如图9-30所示。编辑完成后单击保存按钮即可。

图 9-30　编辑客户信息

2. 设置会员等级

淘宝网的客户运营平台为商家提供了设置会员等级的功能，商家可根据会员的消费情况、消费次数、客单价等数据为其设置不同的等级，还可为不同等级的会员设置不同的折扣。下面介绍在客户运营平台的客户管理页面设置会员等级的方法，其具体操作如下。

（1）进入客户运营平台，选择“客户列表”选项，进入客户列表页面，在需要更改会员等级的客户后单击“详情”超链接，打开客户信息页面，单击页面右上方的编辑按钮，单击“会员级别”右侧的下拉按钮，在打开的下拉列表中设置会员等级即可，如图9-31所示。

图 9-31　设置会员等级

（2）单击“会员状态”右侧的下拉按钮，在打开的下拉列表中可设置该会员是否享受折扣及折扣比例。

3. 客户分组

设置了会员等级的消费条件后，系统会自动将满足条件的客户提升到相应的等级，并给予相应的优惠或折扣。当然商家也可以手动对客户进行分组，其具体操作如下。

（1）进入客户运营平台，选择“客户列表”选项，在打开的页面中单击分组管理按钮，进入分组管理页面，单击新建分组按钮，在“分组名称”文本框中输入分组名称，单击确定按钮即可完成创建，如图9-32所示。

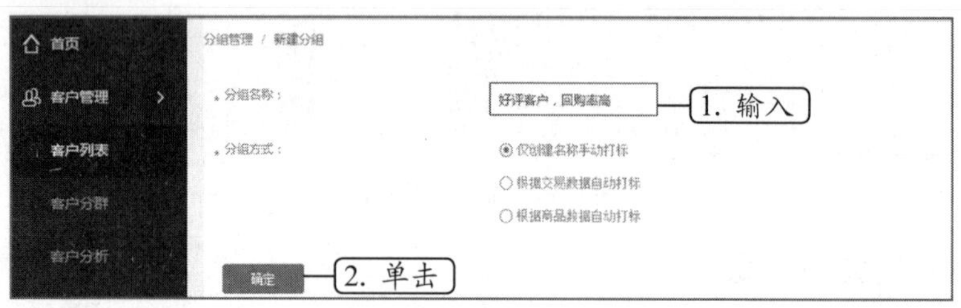

图 9-32　新增分组

（2）建立好分组之后，进入客户的详细资料页面，单击+添加分组按钮，在打开的下拉列表中即可为客户设置分组，如图9-33所示。

图 9-33　设置客户分组

4. 设置 VIP

淘宝网客户运营平台的会员管理系统将会员分为普通会员、高级会员、VIP会员、至尊VIP会员4个等级，只要购买商品并完成交易的客户即可自动变成普通会员，而想要升级为高级会员、VIP会员和至尊VIP会员，则要满足商家指定的消费条件。下面介绍设置VIP会员条件的方法，其具体操作如下。

（1）进入客户运营平台管理页面，选择“忠诚度管理”选项，打开“忠诚度管理”页面，单击“VIP设置”后的立即设置按钮，如图9-34所示。

图 9–34　单击“立即设置”按钮

（2）打开设置页面，在其中即可设置不同等级的会员的消费额度门槛。如要设置高级会员的交易额、交易次数和折扣，则需先在高级会员栏上方右侧单击“设置”超链接，进入高级会员编辑状态，然后单击关闭按钮，将其变成开启状态，在其中进行编辑即可。这里设置“交易额”为“200”，“交易次数”为“2”，“折扣”为“8.9”，设置完成后单击“保存”超链接即可，如图9-35所示。

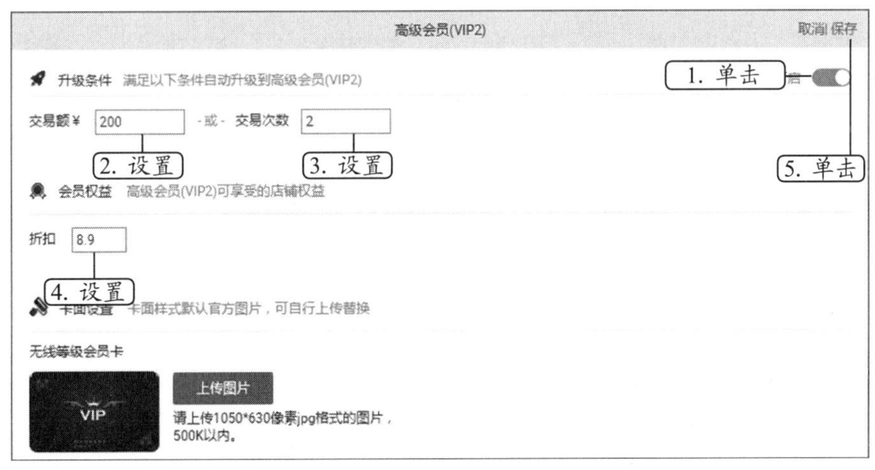

图 9–35　设置高级会员的消费额度及折扣

↘9.2.3　会员营销的方法

会员的积累过程是不断发展新会员并使新会员变成老会员的过程。对新会员施以恰当的营销手段，同时维护与老会员的关系，不仅可以为店铺带来直接的经济收益，还能借由会员营销提升推广效果，促进店铺的良性发展。一般来说，商家可以采取以下途径来进行会员营销。

1. 利用智能营销

在淘宝网平台，商家可以通过上新老客提醒、短信营销、兴趣客户转化、智能复购提醒、优惠券关怀、购物车营销等智能营销手段进行会员营销。通过制订智能营销计划，商家可以针对特定人群进行特定方式的营销推广，如优惠券关怀就是指针对诸如店铺会员人群、加购人群等客户群体进行优惠券推送的营销手段。

选择推送优惠券的人群

商家在新建“优惠券关怀”时，可以在按照不同规则所定义的多个人群中选择一个来推送优惠券，这些人群包括店铺会员人群（达到本店铺 VIP 会员条件以上的客户）、加购人群（30 天内在本店有加购但没有支付的客户）、近一年有成交的客户（360 天内在本店有下单付款的客户）等。

智能营销活动的创建方法很简单，商家只需打开“客户运营平台”页面，在左侧导航栏中选择“运营计划”选项卡下的“智能营销”选项，打开“智能营销”页面，选择需要创建的营销活动，单击对应的立即创建按钮，如图 9-36 所示，按照提示进行操作即可。

图 9-36　选择需要创建的智能营销活动

2. 会员个性化关怀

会员的个性化关怀是现在商家普遍采用的营销手段，恰当的关怀不仅可以增加会员对店铺的好感度，加深会员对店铺的印象，提高他们的忠诚度和黏性，还有利于增加店铺的曝光度。

商家对会员的个性化关怀应该有一定的针对性，对第一次购物的新客户的关怀和对VIP客户的关怀通常是不一样的。此外，商家还可在节假日、会员生日时制订相关个性化关怀计划。

（1）关怀第一次购物的新客户

对刚刚进行过购物的会员进行关怀，目的是提高其对店铺的好感度，将其发展为店铺的忠实客户。除了发货提醒、物流跟踪、签收提醒、回访等客服日常工作中已经涉及的手段外，商家还可以在打包快递时做一些个性化处理，如在填写快递单时备注一些贴心小提示（提醒快递员注意寄送），以体现商家的真诚关怀。此外，为了提升消费者对店铺的印象和好感，商家还可以在包装里面附带店铺宣传彩页，并赠送一些贴心卡片、小礼品，或使用具有个性特色的、可以迎合目标消费群的包装盒等。

关怀新客户的意义

淘宝店铺的大部分消费者都只有一次购买记录，且不会收藏店铺或商品，在一段时间后，这些客户就会遗忘曾经消费过的店铺。这类消费者在需要再次购买该类商品时，大多选择重新搜索商品；如果商家能够让消费者记住自己的店铺，或者对自己的店铺留下较深的印象，则消费者再次购买商品时可能会直接选择该店铺，甚至不定时去该店铺浏览其他相关商品。

（2）关怀 VIP 会员

VIP 会员是店铺购买力最强的一部分消费者，所以商家必须注意维护与 VIP 会员的关系，让他们感受到与普通会员不同的个性化关怀。对于 VIP 会员，除了通过短信提醒、问候、便笺、卡片等方式博取其好感之外，商家还可以建立淘宝群、QQ 群或微信群，加强 VIP 会员与店铺之间的联系和交流，维持他们的忠诚度。对于一些重要客户，甚至还可以单独添加为好友，在会员生日等特殊日子向其发送问候和礼品。

当然，在店铺内开展促销活动时，商家还可针对 VIP 会员提供不同的优惠条件，体现 VIP 会员与普通会员的差异。

（3）节假日和生日关怀

每逢节假日，各大电商平台都会开展各种促销活动，商家可以以节日的名义向会员发出问候，并给予其一定的专享优惠。

此外，商家可以收集会员的基本信息，在会员生日的时候对会员进行问候，并向其发送生日福利，或邀请会员进入店铺领取生日福利，让会员感受到自己被重视、被关怀。生日福利的形式可以包括现金折扣、抵现、优惠券、小礼品等，商家应该根据店铺的实际情况进行设置。需要注意的是，如果商家向 VIP 会员赠送小礼品，应根据 VIP 会员在店内的购买记录来投其所好，如护肤品店铺可以向常年购买抗老精华的 VIP 会员赠送该款精华的小样。

会员管理与社交平台运营结合

在电商社交化的趋势下，会员管理应该与微信、微博等社交平台的运营结合起来。商家运营社交平台一方面可以吸引新客户，另一方面也可以起到与老客户交流的作用。商家可以在快递包装盒里放置印有店铺微博、微信二维码的卡片，引导客户扫描关注。

课堂实训：设置自动回复

实训目标

本实训要求在千牛客户端中设置自动回复，要求设置客服处于“忙碌”状态时的自动回复，内容为“亲，商品全部有货，亏本秒杀价不包邮哦。由于咨询的客人比较多，不能及时回复，敬请谅解！亲也可以直接下单，客服看到会马上安排发货的”。

实训思路

根据实训目标，需要先登录千牛客户端，打开“接待中心”，再在“系统设置”对话框中进行设置。

（1）进入千牛客户端的“接待中心”，打开“系统设置”对话框，单击左侧的“接待”选项卡，在打开的页面中单击 自动回复 按钮。

（2）在打开的对话框中单击“设置自动回复”选项卡，单击选中“当我的状态为‘忙碌’时自动回复”复选框，然后单击右侧的 新增 按钮，如图 9-37 所示。

（3）打开“新增自动回复”对话框，在其中输入需要回复的内容，然后单击 保存 按钮即可完成设置，如图 9-38 所示。

图 9-37　单击“新增”按钮

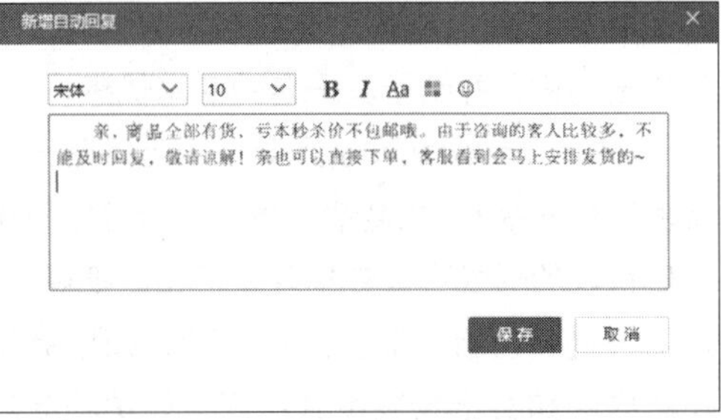

图 9-38　输入需要回复的内容

课后练习

练习1：会员数据管理

会员数据管理包括收集和整理客户数据、会员等级设置、客户分组、设置VIP等操作。下面通过测验来检验客服对会员数据管理知识的掌握情况。其具体要求如下。

- 为最近3天的客户设置会员等级和会员状态，并进行分组。
- 为店铺设置VIP会员条件。

练习2：分析纠纷案例

图 9-39 所示为售后客服处理纠纷时的聊天场景，请分析该案例中售后客服的回复是否妥当。

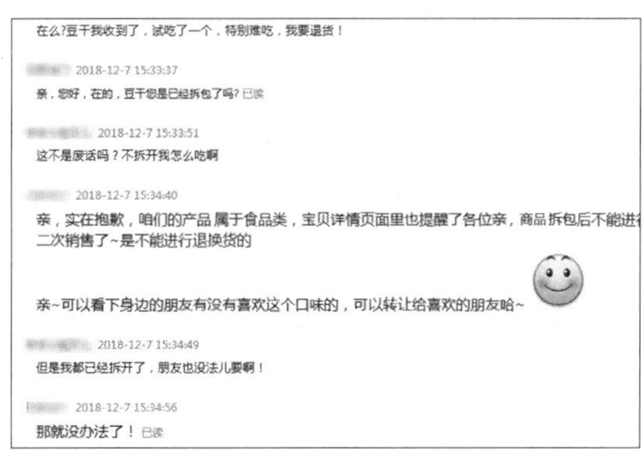

图 9-39　处理纠纷的聊天场景

拓展知识

1. 如何应对恶意差评

一般来说，恶意差评是指同行竞争者为了谋取额外钱财或不当利益而在交易后给出的负面评价，或消费者在交易中被第三方诈骗而产生的负面评价。当商家断定某人是职业差评师后，一定要引诱其在阿里旺旺上留下聊天记录作为证据。有了这些证据，商家才可以在淘宝网中进行差评申诉。需要注意的是，一些差评师为了避免在阿里旺旺上露出马脚，会主动要求前往QQ进行交流，对此商家应该保持警惕。商家在淘宝网中进行差评申诉的方法为：在淘宝网首页将鼠标指针移到“联系客服”超链接上，在弹出的列表中选择“卖家客服”选项，在打开的页面中将鼠标指针移到“投诉处罚”文本处，在弹出的菜单中单击 不合理评价 按钮，如图9-40所示。在打开的页面中输入订单号，选择投诉场景，单击 提交 按钮即可。

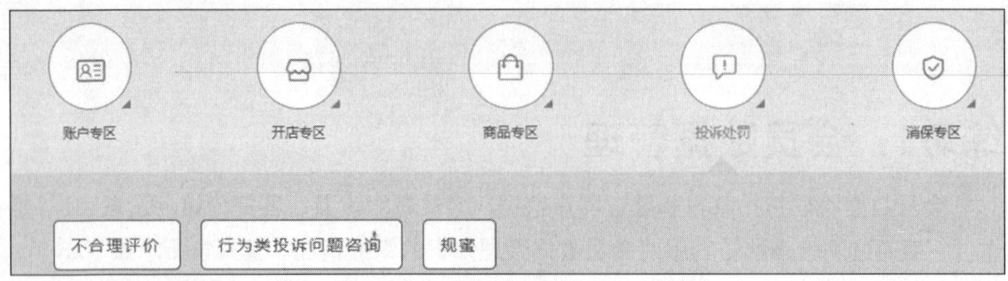

图 9-40 单击“不合理评价”按钮

2. 客服常用话术

沟通是引导消费者产生购买行为的重要因素之一，客服掌握有效的沟通话术不仅能增加店铺的转化率，还能提高消费者的满意度和忠诚度。下面以表格的形式列举一些客服常用话术，如表 9-2、表 9-3 所示，以帮助客服人员提高自己的业务能力。

表9-2 售前客服话术整理表

咨询类型	参考话术
问候型	① 亲，您好，欢迎光临×××服装店，我是客服小月月，很高兴为您服务 ② 亲爱的，您知道本店的购物机密吗？本月10日～15日全场包邮，且有神秘小礼物赠送，部分商品还是半价优惠哟，让小迪带您一起破解密码，去寻找神秘优惠券吧
推荐型	① 亲的眼光真不错，我个人也非常喜欢您挑选的这款呢 ② 亲选购的这款鞋子可是我们店里的爆款商品哟，很多小姐姐都来咨询，实物比照片看起来更好看呢
催付型	① 亲，在下午三点之前拍下付款，快递小哥当天就能来拿货，您的包裹将以最快的速度到达您的手里 ② 亲～您拍下的这款商品今天正在搞促销，赶紧拿下吧！错过今天就要恢复原价了 ③ 亲，您还有什么疑问吗？说出来我会帮您解决的哦，方便的话请您拍下付款，我会尽快给您安排发货哈
包邮型	① 亲您好，地区不同费用也会不同。运费是按快递报价设置的哟，不接受运费议价哈，我们现在购满199元包邮的哦，或者亲看一下有没有其他更喜欢的款式哈 ② 亲爱的，价格已经最优惠了，运费是快递公司收取的哟，实在不能包邮了呀，如果有包邮优惠的活动，我们会第一时间设置商家包邮的哟
转接型	① 亲，现在咨询量很大，请亲边看详情介绍边等一下月月，月月会尽快回答亲的～感谢亲的理解～么么哒 ② 亲，真的很抱歉给您带来了麻烦，您的问题我将会帮您转到售后进行处理，请稍等

续表

咨询类型	参考话术
议价型	① 亲～我们家的商品质量是有保证的哟，俗话说一分钱一分货，您也可以对比一下其他店的商品，请您多多理解哦，需要的话继续联系我哟，我叫小月月 ② 亲，咱是小店，薄利多销，我也做过市场价格调查，我们这样质量的衣服在淘宝网上不多呢，您看我这个面料是××，和别人家的那种××面料是不一样的哦 ③ 亲，非常抱歉！您说的折扣真的很难申请到，要不您看×××元可以吗？我可以再帮您问下
确认订单型	① 亲，我看到您付款成功啦，这是收件人的姓名和地址，准确无误吧 ② 亲，麻烦确认一下订单信息是否正确，如果信息无误，小月月就能给您安排发货了哟

表9-3　售后客服话术整理表

售后类型	参考话术
道歉	您的情况我已经了解了，很抱歉给您带来这么多不愉快，您这边希望有一个什么样的处理方式呢？或者我可以帮您申请一下
同意退款	您好，退款已经申请了，建议亲用圆通、申通寄回商品，以免产生丢件或长时间收不到的情况。如果亲购买了运费险，一定要填写正确的运单号，如此保险公司才会赔偿哦。亲有问题请随时联系售后小曼，我会给亲一个满意的答复
预售款	亲，您之前的一个订单里面的一款×××衣服，现在是作为12月25日的预售款了，所以现在要通知一下您，您看您能不能等到12月25日呢？或者是现在先发有货的给您，还是您上网再换一个别的有货的款式？请您及时联系我们售后客服哦，谢谢您的理解
证实发错货	出现这种情况真的十分抱歉，是我们的仓库人员没有仔细核实订单信息，麻烦您把收到的包包先寄过来，在收到退件后运费会通过支付宝或银行卡转账给您，同时我们帮您重新快递一个全新的包包，中间产生的运费我们将全部承担，您看这样行吗
测量方法	亲，是这样的，我们的衣服都是平铺测量的，每个人的手法不一样，可能会出现一定的偏差，一般相差1～3厘米是正常的哦！同时，在我们的商品详情页面里也有常规款式的测量说明，如果亲觉得我们的尺寸有问题，可以按照我们网页上面的测量方法进行测量，若测量出来的尺寸相差3厘米以上，您可提供照片，经我们确认后，是可以包邮退换货的哈
快递丢件	亲～现在我已经通知×××快递公司尽快追回这个包裹，如果丢了，我们会让快递公司赔付；如果两天之后还没有任何快递信息，且仓库又有现货的话，我们安排给您重发，亲～到时候您也提醒我一下哦

续表

售后类型	参考话术
发货后要求退款	亲爱的，实在抱歉，您的包裹已经在路上，大概会在3天后到您手中，如果您确实想要取消这个订单，麻烦您到时候拒签，让快递将您的包裹退回来给我们。您方便的话，也上线联系一下我们，告知我们已经拒收，我们会及时跟踪退回来的包裹，给您退款
缺货留言	亲，您好！您于×月×日在××店拍下的××衣服，由于××原因，仓库无法按时发货，在此，我们售后客服代表本店向您表示深深的歉意，给您造成的不便也请谅解，我们尽量在2天之内把货全部发出，如有疑问请随时联系我们的售后客服，谢谢合作

3. 客服应对各种类型消费者的技巧

客服每天与那么多的消费者进行沟通交流，什么类型的消费者都可能遇到。不同的消费者具有不同的特点，他们或沉默、或健谈，或友好、或有敌意。面对各种各样的消费者，客服需要用不同的销售技巧去应对。下面把应对各类消费者的措施进行总结，如表 9-4 所示。

表9-4　应对各类消费者的措施

消费者类型	表现	客服应对措施
急躁型	急躁，容易发怒	不能随便套近乎，响应速度要快，不要让消费者等得不耐烦
犹豫型	思来想去，难作决定	必须重点说明商品的性价比和给消费者带来的利益，并消除其抵抗心理
健谈型	比较爱说话	耐心聆听，并抓住机会适当引导消费者进入商品相关话题；客服一定要掌握主动权，但不能强逼消费者接受
博学型	知识丰富与有见识	对消费者加以赞赏，分析消费者的兴趣爱好，推荐合适的商品，千万不要班门弄斧
精明型	理智性消费，经常与其他店铺的商品对比	巧妙恭维，表达你对他的判断和讨价能力的赞赏，给他面子，同时显示本店商品的性价比高，促成销售
怀疑型	防卫戒备，不相信他人	使用惊讶、夸张的表情，莫要争论，多承认自身的不足，用事实耐心说明，解开其心中的疑问
沉默型	不太爱说话	仔细观察，不要丧失耐心，要采取提问的方式进行沟通，引导消费者开口，激发消费者的热情
冲动型	反应快、行为容易受情绪影响，很容易下结论	直接进入主题，不要绕圈子；可以提议，但不要告诉消费者怎么做，要有所保留

4. 售后处理禁忌

客服除了要掌握常用话术外，还需要了解在整个售后交流过程中，哪些是处理问题的禁忌。有些客服由于不小心触碰禁忌，导致售后问题升级，给店铺造成了很不好的影响。客服需要谨记以下 5 个禁忌。

- **不能出现争辩、争吵：**不管是商家还是第三方的过错，在整个交易过程中，给消费者造成了不便，应该按照售后处理要点进行处理，切忌和消费者发生争吵。
- **不能对消费者批评教育：**有的消费者由于不了解商品而产生误会向客服咨询，此时客服要耐心回答，不能因为消费者不懂就对其进行批评教育。
- **不能直接拒绝消费者：**当有些消费者提出不合理的解决方案时，售后客服不能直接拒绝其提出的方案，而应有理有据、合理且耐心地和消费者进行沟通，争取最大限度地满足消费者的需求，缓解交易过程中发生的不愉快氛围。
- **不承认错误：**有的商家因为害怕承认过失要承担责任，所以坚决不承认错误，这是售后过程中的大忌。个别消费者和客服沟通只是为了说明在购物过程中遇到的问题，希望商家以诚恳的态度加以解决，并不想刁难商家，所以客服需要调整好心态，积极面对问题。
- **不重视消费者：**个别客服在处理售后问题时，由于消费者提出的方案很难接受，在不经意间流露出了对消费者不重视的态度，造成了消费者对客服态度不满的投诉。售后客服不管何时与消费者沟通，都要以良好、积极的心态，来解决售后过程中出现的任何问题。

CHAPTER

10 仓储与物流管理

小青的淘宝店铺主要销售小饰品，目标消费人群主要是女大学生。为了防止商品在运输途中被压坏，她把每一件商品都包装得很仔细，除了使用气泡膜层层包裹商品之外，还在包装上贴上小便签提醒快递人员注意，如“亲爱的快递小哥，这个盒子里面装着一个可爱的妹子的宝贝，请你像保护小鸟一样保护好它哟！”同时为了保证物流服务质量，小青亲自考察了当地各大快递公司的网点，选择了服务较好、价格合理的快递公司。用心的包装和优质的快递服务赢得了消费者一致好评，使店铺的销售业绩逐渐攀升。

由此可见，好的物流包装能够提高消费者满意度，进而促进店铺销售。本章将介绍快递公司选择、物流设置、商品包装等知识，通过对本章的学习，商家可以更好地进行仓储与物流管理。

学习目标

- 了解商品包装的形式
- 了解国内主流的快递公司
- 掌握选择快递公司的方法
- 掌握物流意外事件的处理方法

技能目标

- 掌握有关物流设置的内容
- 掌握包装不同类型商品的技巧

10.1 仓储管理

仓储管理即对仓库和仓库中储存的物资所进行的管理。仓储管理是物流管理中非常重要的一个部分，商家应该对仓储管理有基本了解。

10.1.1　商品入库

商品入库是店铺日常运营工作的一部分，一般包括商品检查、货号编写和入库登记 3 个步骤。

- **商品检查**：商品检查是指对入库的商品进行检查，商家一般需检查品名、等级、规格、数量、单价、合价、有效期等信息。通过商品检查，商家可以掌握入库商品的基本信息，筛选不合格的商品。
- **货号编写**：当商品种类和数量较多时，商家一般可以采取编写货号的方式对商品进行区分。在编写货号时，商家可以采用商品属性或名称 + 编号、商品属性或名称缩写 + 编号的方式。
- **入库登记**：入库登记是指商家按照商品的不同属性、材质、颜色、型号、规格、功能等，分别将其放置到不同的货架中，同时编写入库登记表格，对商品入库信息进行记录。

10.1.2　商品包装

商品包装不仅可以方便物流运输，同时也可在物流运输过程中保护商品。商品包装一般需要根据实际情况而定，不同类型的商品，其包装要求也不同，当然，商家也可以对商品包装进行美化，以提高物流质量，增加消费者好感度。

1. 包装的形式

商品包装是商品的一部分，反映着商品的综合品质，一般分为内包装、中层包装和外包装 3 种，下面依次进行介绍。

（1）内包装

内包装即直接包装商品的包装材料，主要有 OPP 自封袋、PE 自封袋和热收缩膜等。一般情况下，厂家已经为商品加了内包装。

- **OPP 自封袋**：OPP 自封袋透明度较好，材料较硬，可以保证商品的整洁性和美观性。文具、小饰品、书籍、小电子产品等小件商品均可使用 OPP 自封袋作为内包装，如图 10-1 所示。
- **PE 自封袋**：PE 自封袋比较柔软，主要有防潮、防水、防止物品散落等功能，并可反复使用。明信片、小样品、纽扣、散装食品、小五金等均可使用 PE 自封袋作为内包装，如图 10-2 所示。

- **热收缩膜：**热收缩膜主要用于稳固、遮盖和保护商品，很多商品外覆的透明保护膜都是热收缩膜，如图 10-3 所示。

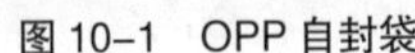
图 10-1　OPP 自封袋

图 10-2　PE 自封袋

图 10-3　热收缩膜

（2）中层包装

中层包装通常指商品与外包装盒之间的填充材料，主要用于保护商品，防止商品在运输过程中损坏。报纸、纸板、气泡膜、珍珠棉、海绵等都可以用作中层包装，商家在选择中层包装材料时，应根据实际情况进行选择，灵活使用各种填充材料，如包装水果的网格棉也可用于其他小件商品的包装或作为填充材料使用。

- **报纸：**如果商品不属于易碎品，且不容易产生擦痕等，商家可使用报纸对其进行中层包装，以起到防潮的作用。
- **气泡膜：**气泡膜是一种十分常见的中层包装材料，它可以防震、防压、防滑，保护商品。数码产品、化妆品、工艺品、家具、家电、玩具等都可以使用气泡膜作为中层包装材料，如图 10-4 所示。
- **珍珠棉：**珍珠棉是一种可以防刮防潮的包装材料，也有些许的防震作用，薄的珍珠棉可以用于包裹商品，厚的珍珠棉可用于填充、做模和固定商品等，如图 10-5 所示。
- **海绵：**海绵是一种非常柔软的材料，可用于包裹商品，也可以作为填充材料，如图 10-6 所示。

图 10-4　气泡膜

图 10-5　珍珠棉

图 10-6　海绵

（3）外包装

外包装即商品最外层的包装，通常以包装袋、复合气泡袋、包装盒、包装箱等材料为主，下面对常见的外包装材料进行介绍。

- **包装袋**：包装袋是一种比较柔性的包装材料，韧性较高，且抗拉抗磨，主要有布袋、纸袋、编织袋等形式，一般如纺织品等柔软抗压的商品可采用包装袋进行包装，如图 10-7 所示。
- **复合气泡袋**：复合气泡袋是一种内衬气泡膜的包装材料，具有较好的防震效果，书籍、相框等物品均可使用复合气泡袋进行包装，如图 10-8 所示。
- **包装盒**：包装盒是一种具有较高的抗压强度，不易变形的包装材料，多呈几何形状。糖果、巧克力、糕点等小件物品大多使用包装盒，如图 10-9 所示。
- **包装箱**：包装箱与包装盒类似，但通常体积较大，包装量较大，使用范围比较广，主要用于固体货物的包装，非常适合作为运输包装和外包装的材料，如图 10-10 所示。

图 10-7　包装袋

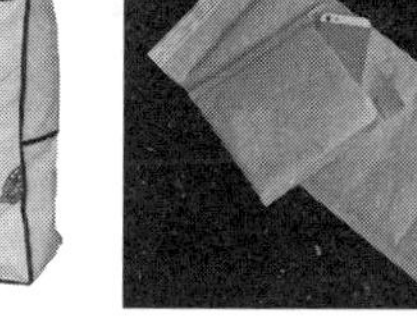

图 10-8　复合气泡袋

图 10-9　包装盒

图 10-10　包装箱

包装时的小技巧

在包装商品时，有心的商家可在包装箱上做一些贴心小提示，这样不仅可以提醒快递员注意寄送，还可以宣传一下自己的店铺。此外，为了提高消费者的好感度，商家还可送一些贴心卡片、小礼品，或使用具有个性特色可以迎合目标消费群的包装箱等，如图 10-11 所示。

图 10-11　包装小技巧

2. 不同类型商品的包装技巧

下面分别对常用类型商品的包装技巧进行简单介绍。

- **服饰类商品**：服饰类的商品在包装时一般需要折叠，多用包装袋进行包装，为了防止商品起皱，商家可用一些小别针来固定服饰，或使用硬纸板来进行支撑，还可在服饰外包装一层塑料膜以防水防潮。

- **首饰类商品：**首饰类商品一般直接用大小合适的首饰盒进行包装，如果是易碎、易刮花的首饰，商家还应使用一些保护材料对其进行单独包裹。
- **液体类商品：**化妆品、酒水等液体类商品都属于易碎品，包装时，商家必须非常注意防震和防漏，严格检查商品的包装质量。在包装这类商品时，商家可使用塑料袋或胶带封住瓶口防止液体泄漏，用气泡膜包裹液体瓶子或在瓶子与原包装之间进行填充，还要在外包装纸与商品的间隙中填充泡沫等材料。
- **数码类商品：**数码商品一般价格比较昂贵，因此一定要注意包装安全，一般需要商家使用气泡膜、珍珠棉、海绵等对商品进行包裹，同时还需使用抗压性较好的包装盒进行包装，避免运输过程中被挤压损坏，建议商家对数码商品进行保价，提醒消费者验货后再确认签收。
- **食品类商品：**食品类包装必须注意包装材料的安全，即包装袋和包装盒必须清洁、干净、无毒。部分食品保质期较短，对温度的要求也较高，包装这类商品时要注意包装的密封性等，商家在收到订单后应尽快发货，尽量减少物流时间。
- **书籍类商品：**书籍类商品的防震防压性都比较好，商家在包装时主要需注意防水防潮，一般可使用包装袋或气泡袋进行封装，再使用牛皮纸或纸箱进行打包。

↘10.1.3　商品出库

商品出库是指仓库根据商品出库凭证，按所列商品编号、名称、规格、型号、数量等，准确、及时、保质保量地将商品发给收货方的一系列工作。对于淘宝商家而言，商品出库主要包括提取商品并选择快递公司、联系快递员取货和填写并打印物流信息等主要步骤。

- **提取商品并选择快递公司：**当收到出库通知时，商家首先需要核对出库商品的信息，并根据商品信息提取对应的商品，填写商品出库表，登记商品出库信息，选择快递公司。
- **联系快递员取货：**根据商品所在地区联系快递公司该区域的快递网点，通知其前往取货。
- **填写并打印物流信息：**填写商品的物流单，记录并打印商品的物流信息，以对物流信息进行保存和跟踪。

↘10.1.4　物流跟踪

将商品包装好并交给快递公司运输后，商家还应时刻关注和监督快递公司的发货和运输信息，对物流情况进行跟踪，保证商品可以在最短的时间内到达消费者手中，避免因物流速度过慢而引起消费者的不满。淘宝商家要查看物流信息除了通过“交易详情”页面以外（详见9.1.2小节），还可以在“物流管理”页面中进行。其具体方法是：进入千牛卖家工作台，在页面左侧“物流管理”中单击“物流工具”超链接，进入物流工具管理中心，在右侧页面单击“物流跟踪信息”选项卡，在打开的页面中填写订单编号，

单击 搜索 按钮即可查看该订单的物流相关信息，如图 10-12 所示。

图 10–12　物流跟踪

10.2 物流管理

物流配送是店铺销售过程中的一个重要部分，直接关系着消费者对店铺的评价。商家都希望选择成本最低、效率最高的物流，但有哪些快递公司可供选择？怎样在其中进行选择？这些问题是每个商家都需要思考的。在确定合作的快递公司后，商家还需要在千牛卖家工作台中进行相关物流设置。

↘ 10.2.1　了解国内主流的快递公司

发货的数量与销售的数量呈正比关系，对商家来说，如何在保证销量的同时提高物流发货的服务质量，是经营成败的关键。淘宝网集合了各种物流类型的快递公司，商家可以选择哪些快递公司发货呢？下面将介绍国内主流的快递公司的特点、速度与价格等信息。

- **顺丰速运：**在快递品牌中，顺丰速运以快速和相对优质的服务排名成为最受欢迎的快递品牌之一。顺丰速运采用直营的经营模式，由总部统一管理，所以各地的服务水平都基本保持统一，是业内公认的服务好、 态度好、监督机制好、物流速度快的快递公司。其缺点是在很多稍微偏远的地方还没有网点，且费用稍高。
- **EMS：**EMS 即邮政的特快专递服务，同时提供国际邮件快递服务，在中国境内由中国邮政提供。EMS 运营规范，快递网点多，运送范围遍布全球，具有速度较快、运送安全、支持送货上门、可跟踪物流信息等特点，广泛用于进出口商品运输。其缺点是费用偏高，国内 500g 及以下商品的运费为 20 元，每续重 500g，价格分区域加收 4 ~ 17 元不等。
- **圆通速递：**圆通速递由于采用加盟形式，各地服务水平和快递员素质可能有差别。 圆通速递在全国各地的网点比较多，并且价格相对低廉，在江苏、上海地区的网点较多，其价格尤为便宜。在发货速度方面，江苏、上海、浙江等地的很快，而东北、西北地区由于网点较少，通常只涵盖市级城市，所以发货速度较慢。

- **天天快递**：天天快递的客户群体遍及电子商务、纺织服装、医药化工等多个领域。其送货速度与地区和网点分布关系密切，一般省内城市 2 ～ 3 天到达，省外城市 4 ～ 5 天到达，西北、东北地区可能 5 ～ 7 天到达。天天快递收费合理，适合中小型物品的物流运输。
- **韵达快递**：韵达快递是比较具有特色的快递品牌，其网点分布均匀、规模适中，服务质量尚可，送货时间一般为 3 ～ 4 天，同城当天或隔天到达，价格相对比较便宜。
- **申通快递**：申通快递的网点覆盖区域广泛，是一家国内合资（民营）企业。申通快递速度适中，同城当天或隔天到达，江苏、上海、浙江一般 2 ～ 3 天（通常 2 天）到达，偏远地区 5 ～ 7 天到达。申通快递根据各地承包商不同，收费标准会有所不同，但总体而言价格适中，适合中小型物品、非急件。
- **中通快递**：中通快递是一家集快递、物流、电商业务于一体的国内物流快递企业，提供“门到门”服务和限时（当天件、次晨达、次日达等）服务，荣获“中国快递行业十大影响力品牌”和“中国快递行业客户满意安全放心十佳品牌”等荣誉称号。中通快递价格适中、速度适中，偏远地区的运费更高些。
- **中铁快运**：中铁快运是大型铁路专业运输公司，国家 5A 级物流企业。中铁快运的限时达能够提供全国各城市间的当日达、次日达、3 日达、4 日达等不同时限等级的运输服务。中铁快运的网点依赖于铁路，没有铁路的地方的网点较少。一般短程路途的运费和中长途的运费相近，适合中长途大件货的货运。一般按物品的重量或体积进行收费。
- **平邮**：平邮是中国邮政寄送信与包裹业务的总称，寄送时间一般比较长，资费视距离和重量而定，价格一般为：单价 × 重量 +3 元挂号费，适合非急件、偏远地区的商品，以及需要省钱的商家。选择平邮的商家，一般需要自己完成对商品的打包，同时针对商品的情况，也可选择一些保障服务，如保价、回执等。由于平邮需要的时间一般比较长，所以选择平邮的商家不多，但是平邮的寄送范围非常广，对于一些其他快递没有提供物流服务的区域，需要使用平邮。
- **宅急送**：宅急送的速度和 EMS 相近，一般 3 ～ 4 天到达，提供的服务有急速达、捷惠达、普运达等。宅急送服务全面，网点较多，但不做文件快递，保价费用较低，计费较为合理，但小件商品不建议选择宅急送。
- **百世汇通**：百世汇通的特点在于其所有的快递系统都是自主开发的。百世汇通发展迅猛，值得关注。根据距离不同其收费标准也有所不同，特别是一些偏远地区，运费较高。百世汇通到货时间由距离的远近决定，一般而言，快则 2 ～ 3 天，慢则 6 ～ 7 天。其缺点是网点略少。

选择物流托运

对于不方便使用快递运送的大件物品，或超重物品，商家可以使用物流托运。在托运之前商家必须对物品进行包装和标记。一般来说，物流托运主要有汽车托运、铁路托运和航空托运等形式，其托运所需的时间为航空最短，铁路次之，汽车较长，托运价格则是航空最贵，铁路较便宜。目前国内主流的物流托运公司有新邦物流、天地华宇、安能物流等。

↘10.2.2　选择靠谱的快递公司

了解了快递公司的种类后，商家需要选择一家靠谱的快递公司进行长期合作。一家靠谱的快递公司可以让商品的安全性、送货时间得到保障，并且在很大程度上影响着店铺在消费者中的口碑。

1. 选择快递公司应考虑的因素

电子商务的快速发展带动了物流行业的发展，现在的物流服务，不仅范围越来越广，企业也越来越多，且良莠不齐。在这个鱼龙混杂的物流环境中，商家在初期选择快递公司时一定要十分慎重，对快递安全性、快递价格、发货速度、服务质量等因素都需综合考虑。

- **快递安全性：**快递安全性是商家必须考虑的问题，丢件、物品破损等情况会严重损害店铺的服务质量，引起消费者的强烈不满。为了保证商品的安全，贵重物品可以选择 EMS，并进行保价，从而保障货主的利益。在选择其他快递服务时，商家要有购买保险的意识，同时需要了解理赔服务内容。此外，还可对物品进行保护包装，在包装箱上标注易碎、轻放等文字，叮嘱快递公司注意保护等。若选择的快递公司不靠谱，消费者以及商家的个人信息也容易遭到泄露，被不法分子利用。

快递保价服务

保价是快递公司的一项增值服务，若快递丢失、损坏，担保人将得到保价范围内的赔偿，若没有保价，赔偿的额度较低，往往只能获赔几倍的快递费用。因此，贵重物品建议保价。

- **快递价格：**快递价格与经营成本息息相关，为了降低成本，很多商家都愿意优先选择价格更低的快递服务。这当然无可厚非，但商家也绝不能一味以低价为标准，如果低价的物流服务以物流质量低为代价，商家将得不偿失，因此需对快递公司进行综合考量。快递费用一般按重量计算，超过 1kg 按 2kg 算，超过 2kg 就按 3kg 算，依此类推。图 10-13 所示为在快递比价网中查询到的主流快递公司将 1kg 的货物从成都青羊区发往上海浦东区的收费标准。

图 10-13　快递比价网

选择物流托运

快递价格并不是一成不变的，而会根据市场发展的程度和需求的变化而变动。商家可选择负责自己所在区域的各个快递公司的网点，与负责该区域的快递员沟通价格，也可以对比多家之后再做决定。如果合作愉快，可以适当地进行沟通，尽量拿到友情价格，以降低自己的成本。

- **发货速度**：在网上进行购物的消费者，通常都对物流的速度非常在意。如果店铺的物流速度快，会非常容易赢得消费者的好感，进而提高消费者的忠诚度。反之，则容易引起消费者的不满甚至投诉。商家一定要注意快递的发货速度，首先自己发货的速度要快，其次快递揽件并运送的速度也要快。由于快递公司在不同地区的各个网点一般都采用独立核算的方式，因此不同地区的快递网点，其服务质量、速度等可能不一样，商家最好亲自考察并对比发货速度，选择比较优秀的网点。除了“双十一”大促等特殊时期，淘宝网要求商家应在消费者下单后 72 小时内完成发货，否则有可能因被消费者投诉而被淘宝网处罚。
- **服务质量**：服务质量也是商家挑选快递服务的标准之一。快递行业作为服务行业，应该具备服务行业的精神，遵守服务行业的准则。质量好的快递服务，会给消费者带来舒适的购物体验。

2. 选择快递公司的建议

商家如何快速有效地选择快递公司，如何少走弯路，避免损失呢？下面给出一些建议。

- **尽量选择直营模式的快递公司**：一般来说，直营模式的快递公司的经营管理比较规范，货物安全保障性高，如宅急送以及顺丰速运等。而通过加盟的方式成立的快递公司由于加盟条件宽松、自身的经营管理不规范，很容易产生一些疏于管理、信誉较差的站点，甚至导致寄件人的货物不安全。

- **尽量使用本地经过正规注册的规模较大的快递公司：**一般而言，本地的快递公司为了打造本公司在当地的良好口碑，对索赔的事件会很快地解决。同时，其取件的效率也较高。
- **尽量选择网点多的快递公司：**在淘宝网上购物的消费者遍布大江南北，如果消费者购买了自己的商品而快递无法送达就比较麻烦了，因此选择网点多的快递公司也很有必要。为了保证发货的速度，商家也可选择同多家快递公司同时进行合作。
- **尽量选择使用靠谱工具取件的快递公司：**快递公司的业务员主要是通过 3 种交通工具取件，即电瓶车、三轮车和货车。商家一般应选择以货车取货的快递公司，因为此类公司实力较强。若店铺出货量较小，快递人员用电瓶车取货也属正常。目前流行的取货方式为电动三轮车。
- **尽量选择快递单上条形码清晰、明确的快递公司：**选择快递单上条形码清晰的快递公司可以避免条形码难以扫描，或扫描出来的数字和印刷出来的数字不符的情况，这种情况有可能会造成这一单货物因为对不上号而丢失，或造成重码，即两套单甚至几套单的条形码号码相同，这样极有可能会造成货物发错地方或者丢失。
- **尽量选择赔偿金额高而且保价率低的快递公司：**虽然丢件或货物损坏的情况比较少，但对于一些利润少的商家而言，丢件会导致利润降低甚至消失，因此商家需要慎重选择，尽量选择赔偿金额高而且保价率低的快递公司。保价率低的快递公司一般信誉较好。图 10-14 所示为圆通速递的赔付标准，赔偿标准与是否保价以及保价的金额息息相关，若商家没有保价，最高赔偿金额不超过 300 元 / 票。

赔偿标准：是否保价由寄件人自愿选择，贵重物品建议选择保价，保价费最低为1元。

1. 未保价的快件，丢失、毁坏、损少，物品最高赔偿不超过300元/票，另有约定的按照约定办理；
2. 文件最高不超过100元/票，如核销单、提单等重要文件按（3）条规定保价付费和赔偿；
3. 寄件人确认交寄的快件单票价值不超过三万元人民币。价值在1000元（含）以内，保价费为1元；价值在1000元至2000元（含），保价费为2元；价值在2000元至1万元（含），保价费为保价金额的3‰；价值在1万元至3万元（含），保价费为保价金额的53‰。如快件丢失、损毁、短少，按实际损失价值赔偿，但最高不超过快件的保价金额；
4. 寄件人应选择足额保价方式，防范保价快件在运输过程中产生的风险：a.寄件人未足额投保，按货物实际损失比例（声明价值/实际价值×实际损失）赔偿，最高不超过保价金额；b.寄件人超额投保，按货物实际损失价值赔偿。

图 10-14　圆通速递赔付标准

10.2.3 在千牛卖家工作台中进行物流设置

淘宝商家要想完成一笔完整的交易必须先进行物流设置。物流设置包括了服务商设置、运费模板设置、地址库设置等，下面分别进行介绍。

1. 服务商设置

淘宝网提供了很多物流服务商供商家选择，包括圆通速递、天天快递、EMS 等。服务商设置的方法为：登录千牛卖家工作台，在页面左侧的“物流管理”中单击“物流工具”超链接，进入物流工具管理中心，单击选中需要开通的服务商前的复选框，然后单击其后的开通服务商按钮即可，如图 10-15 所示。如果商家在设置服务商时没有编辑过地址库，则首先需要对地址库进行编辑，之后才可以设置物流服务商。

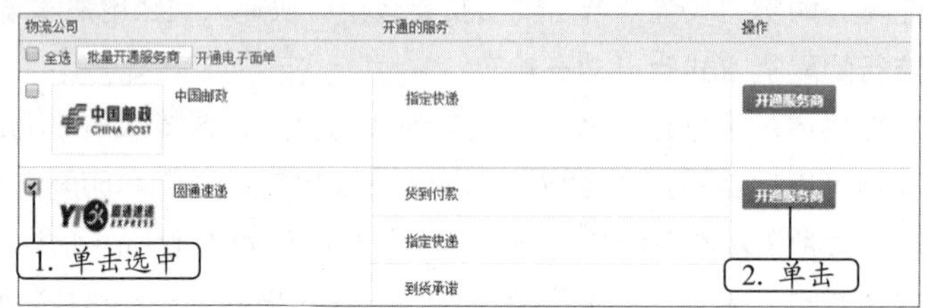

图 10-15 选择服务商

2. 运费模板设置

由于店铺消费者来自各个不同的地区，而不同地区的快递服务费用通常不一样，因此商家需要对运费模板进行设置，从而对不同地区的消费者的运费进行区分。下面介绍淘宝网中运费模板的设置方法，其具体操作如下。

（1）登录千牛卖家工作台，在页面左侧的“物流管理”中单击“物流工具”超链接，进入物流工具管理中心，单击“运费模板设置”选项卡，在打开的页面中单击新增运费模板按钮，如图10-16所示。

（2）打开“新增运费模板”页面，在“模板名称”文本框中输入模板的名称，并依次设置“宝贝地址”“发货时间”等信息，单击选中“自定义运费”单选项，然后根据实际情况选择“计价方式”，如图10-17所示。商家可以针对不同的区域设置不同的运费模板，在寄送时，直接根据寄送地址选中相应模板即可。

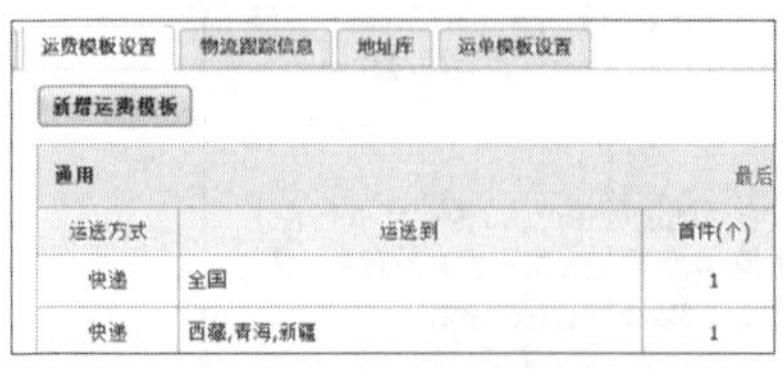

图 10-16 设置运费模板

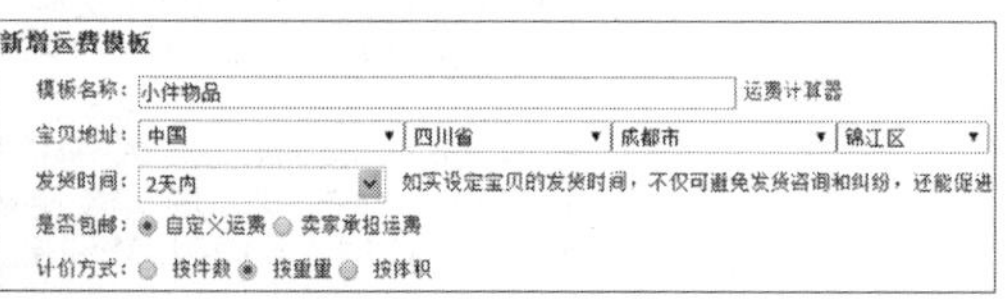

图 10-17 设置基本信息

设置计价方式时应注意

在设置计价方式时，商家可以根据实际情况进行选择，如果店铺经营的是小件商品，可以选择“按件数”或“按重量”计价，如果是体积较大的商品则可以选择“按体积”计价，在设置价格时，建议根据快递服务商的价格标准进行设置。

（3）单击选中“快递”“EMS”“平邮”复选框，在其下方展开的表格中填写相关运费信息，如图10-18所示。

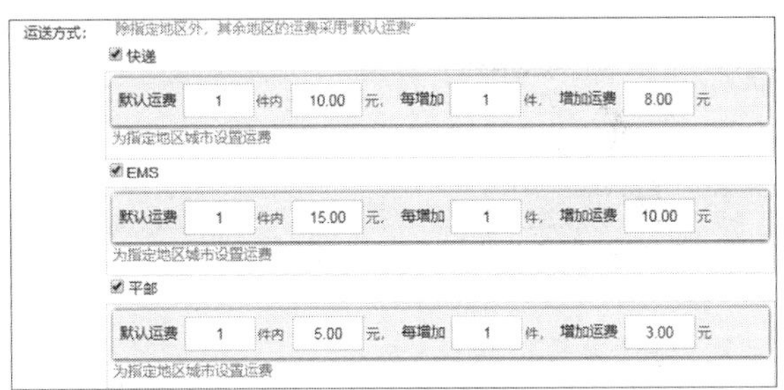

图 10-18　填写运费信息

（4）单击“为指定地区城市设置运费”超链接，添加一个模板，单击“运送到”下的“编辑”超链接，如图10-19所示。在打开的对话框中单击选中需特别指定运费的区域前的复选框，单击保存按钮，如图10-20所示，然后设置这些特定区域的价格。

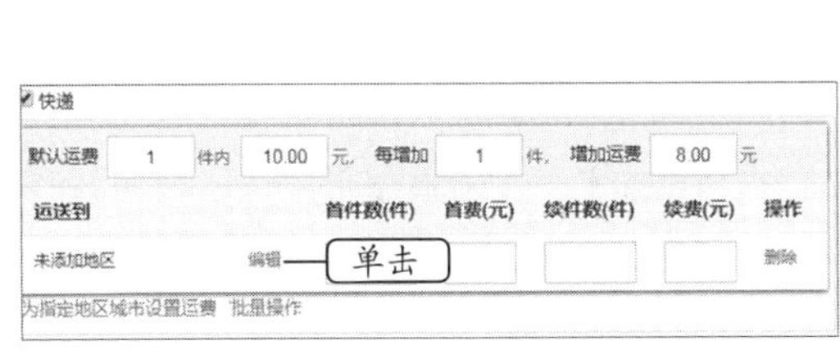

图 10-19　单击“编辑”超链接

图 10-20　设置指定区域的运费

（5）按照该方法依次设置EMS和平邮的指定区域运费模板，单击选中“指定条件包邮”复选框，在展开的表格中可设置包邮条件，在“选择地区”中可设置包邮地区，在“设置包邮条件”中可设置包邮条件，设置完成后单击保存并返回按钮，如图10-21所示。

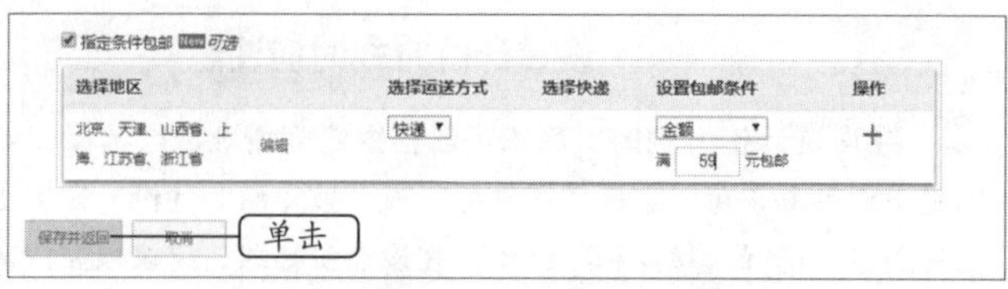

图 10-21　设置指定条件包邮

（6）返回物流工具管理中心，即可查看已经设置完成的运费模板，如图10-22所示。在寄送商品时，选择对应模板名称即可应用。

小件物品(已指定条件包邮)　最后编辑时间:2019-05-20 16:55　复制模板 | 修改 | 删除

运送方式	运送到	首件(个)	运费(元)	续件(个)	运费(元)
平邮	中国	1	5.00	1	3.00
平邮	重庆,四川,贵州,云南,西藏	1	8.00	1	3.00
快递	中国	1	10.00	1	8.00
快递	重庆,四川,贵州,云南,西藏	1	12.00	1	8.00

图 10-22　查看模板

对运费模板进行修改或删除

单击运费模板上方的“修改”或“删除”超链接，可对模板进行重新编辑，或将模板删除。

3. 地址库设置

地址库即商家的地址，商家发货或消费者申请退货时，需要商家的地址。设置地址库的方法为：登录千牛卖家工作台，在页面左侧的“物流管理”中单击“物流工具”超链接，进入物流工具管理中心，单击“地址库”选项卡，在打开的页面中填写相关信息，如图 10-23 所示。填写完成后单击保存设置按钮即可。

服务商设置　运费模板设置　物流跟踪信息　地址库　运单模板设置

添加新地址：电话号码、手机号码选填一项，备注和公司名称为可填项，其余均为必填项

联系人：* 李云林

所在地区：* 中国　四川省　成都市　请选择区/县

街道地址：* *****东街80号

邮政编码：* 610000

电话号码：　-　-　区号-电话-分机号码

手机号码：1592870****

公司名称：

备注：

保存设置

图 10-23　设置地址库

10.2.4　处理物流意外事件以降低中差评出现的概率

在快递运输的过程中，货物丢失、货物破损、货物滞留等情况，会引起消费者的不满，从而使店铺获得负面评价甚至被投诉。因此，遭遇这种情况时，商家必须及时了解货物的物流情况，与物流方取得联系，并快速实施相应的解决方案，降低中差评出现概率。

1. 货物丢失

货物丢失是物流中比较严重的问题，出现货物丢失的情况时，商家一定要与物流方进行沟通，及时对货物丢失的详细情况进行了解。一般来说，货物丢失分为人为和非人为两种情况，如果是人为原因造成的货物丢失，商家需追究责任人的责任。为了防止这种情况的发生，商家在进行商品包装，特别是包装电子商品等贵重商品时，一定要做好防拆措施，并提醒消费者先验收再签字，将风险降至最低。如果是非人为原因造成的货物丢失，那么商家可以要求快递公司对商品的物流信息进行详细排查，检查商品是否被遗落在某个网点，如果确实丢失了，可以追究快递公司的责任。

不管是何种原因造成的货物丢失，都会延迟消费者收到货物的时间，为了避免纠纷，在出现商品丢失情况时，商家应该尽快告知消费者，并与之协商好处理办法，如果消费者不接受，商家则要尽快重新发货。

2. 货物破损

货物破损是一种非常影响消费者好感度的情况，商品包装不当、快递运输不当等都可能导致货物破损情况的发生。为了避免这一情况，商家在包装商品时，一定要仔细严谨，选择合适的包装材料，保证货物在运输过程中的安全。如果是由于运输不当导致货物破损，则商家需要追究快递公司的责任。

对于消费者而言，收到破损商品是一件非常影响心情的事情，这可能直接导致中差评的产生，因此商家一定要重视商品的合理包装，如果是易碎易坏商品，则要告知快递员小心寄送，并在包装箱上做出标识。

明确责任、避免纠纷

对于大型家具、家电、玻璃品等商品，商家一定要反复叮嘱消费者在收货时当场拆箱验货，检查货物有无破损。如有破损，消费者可以拒收或者拍照留证，以免在后续解决纠纷时责任不明。

3. 货物滞留

货物滞留是指货物长时间停留在某个地方，迟迟未进行派送。货物滞留分为人为和非人为两种情况，其中人为滞留多由派送遗漏、派送延误等问题引起，非人为滞留则多由天气等客观原因造成。如果是人为滞留，则需要商家联系物流方了解滞留原因，催促快递公司及时进行派送。如果是非人为滞留，则商家应该及时与消费者进行联系，告知物流滞留原因，并请求消费者理解。

课堂实训：新建运费模板

实训目标

本实训要求在淘宝网中的物流工具管理中心新建运费模板，模板名称为“通用免邮”，设置黑龙江、云南和广东地区的运费为 10 元，其他地区免邮，再在物流工具管理中心设置地址库，填写地址、联系方式、联系人、邮政编码等信息。

实训思路

根据实训目标，需要先在物流工具管理中心新建名为“通用免邮”的运费模板，再为指定地区城市设置运费，最后在物流工具管理中心设置地址库并填写基本信息。

（1）进入物流工具管理中心，单击“运费模板设置”选项卡，在打开的页面中单击 新增运费模板 按钮，打开“新增运费模板”页面，设置模板名称、宝贝地址、发货时间、相关运费信息。

（2）单击“为指定地区城市设置运费”超链接，设置黑龙江、云南和广东地区的运费为 10 元。

（3）单击“地址库”选项卡，在打开的页面中填写地址、联系方式、联系人、邮政编码等信息。

课后练习：选择快递公司

通过网络搜索及实地考察，收集各个快递公司的服务质量、物流速度、价格、安全性等信息，从中选择适合的快递公司开通相应的快递服务。

拓展知识

1. 贵重物品的快递技巧

贵重物品出现物流问题通常都会带来很大的损失，因此商家一定要格外注意，一般来说，寄送贵重物品时商家可以遵循以下 6 点。

- **挑选优质的快递公司**：寄送贵重物品时应该挑选信誉较好、服务质量较好的优质快递公司，不建议选择知名快递公司的代理公司。
- **不填写具体的名称**：在填写贵重物品的快递单时，在货物描述中建议不写货物的具体名称，如珠宝类商品，可以填写为饰品。

- **包装标识**：为了防止快递包装被私自拆开，可以在外包装上做一些标识，如在箱子底部贴一些与商品或店铺有关的小贴士等。
- **填满包装空间**：包装贵重物品一定要注意防震、防刮、防水、防压，一般需要将包装盒中的空间填满，防止商品在运输过程中晃动，这样还可起到防震、防水的作用。
- **保价**：对贵重商品建议进行保价，保价时了解清楚保费、赔偿以及保险公司等信息。
- **先验收再签字**：售出贵重物品时，商家一定要提醒消费者先验收再签字，否则一旦出现商品损坏的情况，非常容易引起耗时耗力的纠纷。

2. 与快递员沟通的好处

与快递员沟通是发货工作的最后环节，商家与快递员打好交道益处多多，一般表现在以下 3 个方面。

- **获得价格的优惠**：许多快递公司在和商家合作一段时间后都会给予商家会员价或优惠价，其实快递员自己就有控制价格的权利，从快递员手中获得更加优惠的快递价格，也是商家降低物流成本的一大手段。商家与快递员打好交道可以降低商品的成本，特别是销量较多的商家。
- **优先发货**：有些快递员的客户很多，因此容易迟迟未能发出部分快件，若商家与快递员关系较好，可以让快递员优先将自己的货物发出，如此更容易获得消费者的物流好评。
- **便于商品包装**：快递员包装商品的经验丰富，尤其对于易碎、易损坏的商品更有打包的经验，可给予商家专业的建议。

CHAPTER

11 综合案例——“酷姐潮流馆”店铺运营

梁丽毕业于电子商务专业，经过几年的专业知识学习，毕业后她决定自己在淘宝网上开店。但掌握理论知识与实际运营店铺之间存在很大的差距，梁丽对于经营什么样的类目、服务什么样的人群、怎样进行推广等问题觉得比较茫然。在同很多电商前辈讨论交流后，结合自己的实际情况，梁丽认为在运营店铺的过程中，比较困难的、比较关键的部分，一是店铺定位、选品、打造爆款，二是分析优化商品数据并进行淘外引流。

本章将以梁丽的淘宝网店铺——酷姐潮流馆为例，介绍从店铺定位选品到打造爆款，再到微博引流的具体操作。通过对本章的学习，读者可以将前面章节的知识综合起来理解运用，做到融会贯通。

学习目标

- 掌握如何进行店铺定位
- 掌握如何进行店铺选品
- 掌握打造爆款的方法

技能目标

- 掌握商品数据分析的方法
- 掌握商品标题优化的方法
- 掌握微博引流的方法

11.1 为店铺定位、选品并打造爆款

通过对理论知识的学习，梁丽明白一个没有清晰定位的店铺是不可能长久发展的。因此，梁丽在决定开设店铺时，首先考虑的就是店铺定位的问题，其次，梁丽认为选品也至关重要。开店初期是淘宝网对店铺的观察期，如果初期选品不理想，不能取得较好的成交转化数据，淘宝网可能会降低店铺商品的展现概率。最后，梁丽希望通过打造爆款来吸引更多消费者，提高销量，获得更多利润。

↘11.1.1　分析并确定“酷姐潮流馆”店铺的定位

梁丽长年研究服饰搭配，对此颇有心得。同时由于亲戚经营着一家服装厂，在货源方面有一定优势，因此梁丽初步设想开一家女装店。但她也知道，淘宝网目前千人千面的推送机制有利于“小而美”的店铺，因此梁丽需要在店铺定位上做更多准备。

1. 分析行业市场与消费者

既然要定位“小而美”的店铺，梁丽就需要在女装这个大类目下选择一个细分类目，梁丽个人比较喜欢牛仔裤，而且牛仔裤不同于短裙、羽绒服等类目具有鲜明的季节性，可以四季销售。因此，梁丽首先前往阿里指数查看女式牛仔裤的市场需求情况和消费者分布情况。图 11-1 和图 11-2 所示分别为女式牛仔裤的市场需求情况和消费者分布情况。

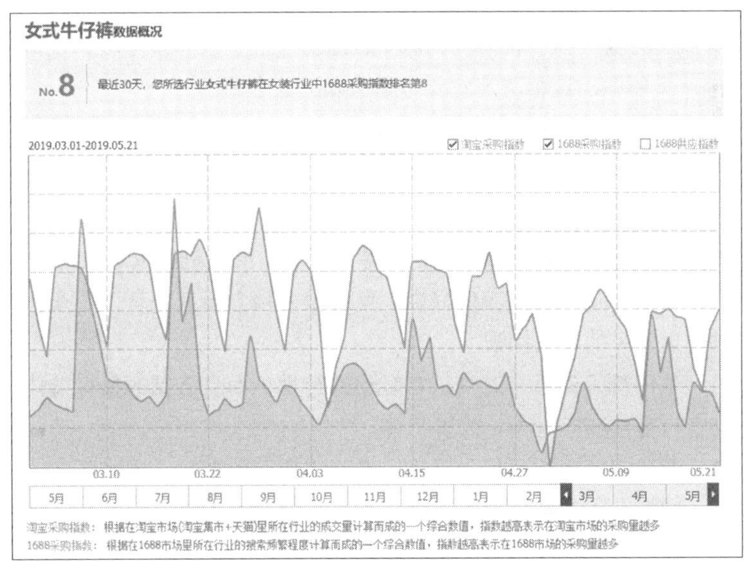

图 11–1　女式牛仔裤的市场需求

从图 11-1 中可知，最近 30 天女式女仔裤在女装行业中的 1688 采购指数排名第 8。在女装这个市场需求非常大、竞争较为激烈的大类目下，梁丽认为这个需求量已经足够了。

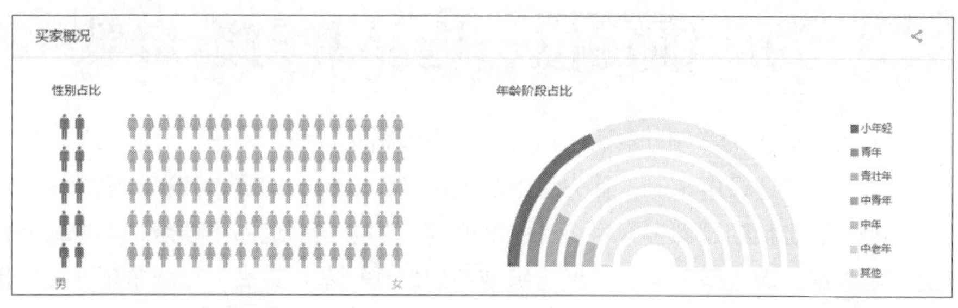

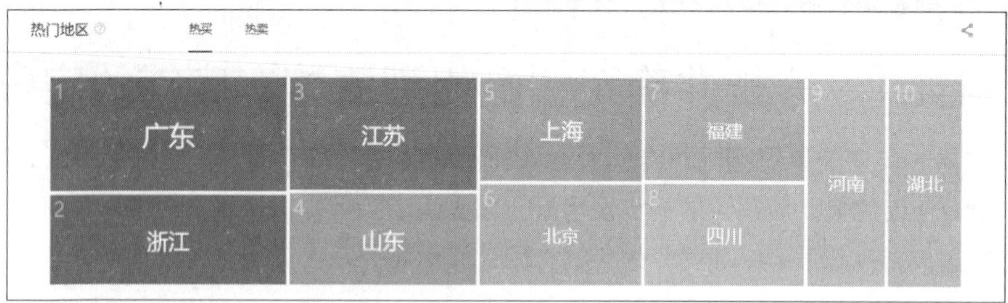

图 11-2　女式牛仔裤消费者分布情况

从图 11-2 中可知，女式牛仔裤的消费者中，年轻女性占绝大多数，且主要分布在广东、浙江、江苏等经济发达地区。

2. 确定店铺定位

在分析了行业市场与消费者之后，梁丽结合自己的兴趣、货源情况，决定开设一家专门经营女式牛仔裤，以个性时尚为风格，服务于一二线城市年轻女性群体、中等价格定位的店铺。梁丽做出这个决定主要考虑了以下 6 个因素。

- **市场需求**：经过之前的分析，梁丽认为女式牛仔裤拥有较多的市场需求。
- **消费者**：女式牛仔裤的消费者大多为一二线城市的年轻女性，这部分人群有较强的购买力和网购意愿。
- **货源**：梁丽的亲戚经营服装厂，货源有保障，同时进货成本更低。
- **兴趣**：梁丽对于服装比较感兴趣，愿意投入精力研究，有信心在女式牛仔裤领域掌握足够多的专业知识。
- **风格**：牛仔裤天然具有时尚、年轻化的特性，而且店铺的目标群体——都市年轻女性也喜欢追逐时尚，彰显个性。
- **价格**：通过对货源的质量、设计、品牌等方面的考察，梁丽断定店铺商品品质中端。同时，由于都市年轻女性大都把牛仔裤当作快时尚商品，预期价格不是很高，因此，梁丽认为将店铺价格定位为中等比较合适。

在店铺定位的基础上，梁丽开始构思店铺的名称。经过反复斟酌，最终确定了“酷姐潮流馆”这个名称。其理由主要有两个：一是“酷”是“裤”的谐音，能巧妙地与店铺经营类目契合；二是“酷姐”二字勾勒了独立、自信、时髦的年轻女性形象，与店铺目标消费群体的自我期许高度吻合。

↘11.1.2　借助生意参谋为店铺选择蓝海商品

在确定了店铺定位和名称之后，梁丽就需要为店铺选品了。选品分为两个步骤：先了解行业中的商品，再借助生意参谋选择蓝海商品。

1. 了解行业中的商品

梁丽虽然对服饰搭配颇有研究，但仅凭个人主观印象很难准确把握行业动态，于是梁丽通过阿里指数查看女式牛仔裤行业的相关信息。图 11-3 和图 11-4 所示分别为女式牛仔裤的热门属性及产品排行榜。

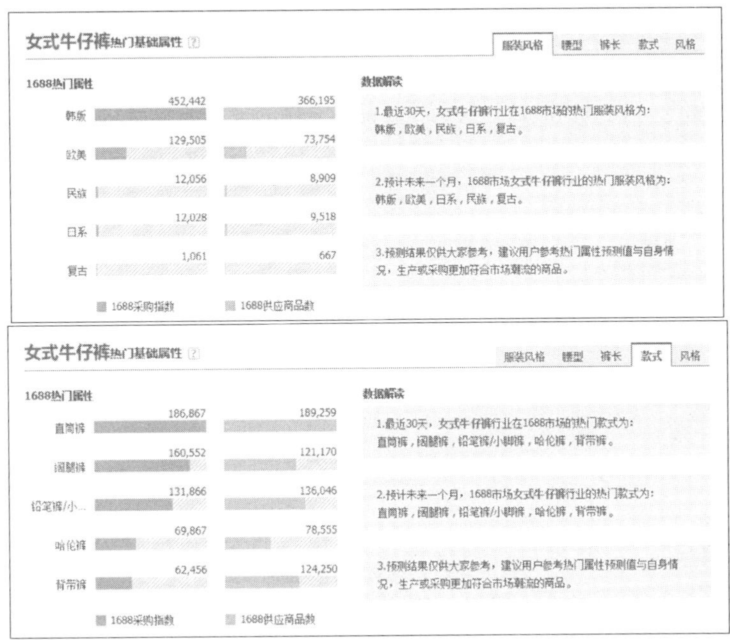

图 11-3　女式牛仔裤热门属性

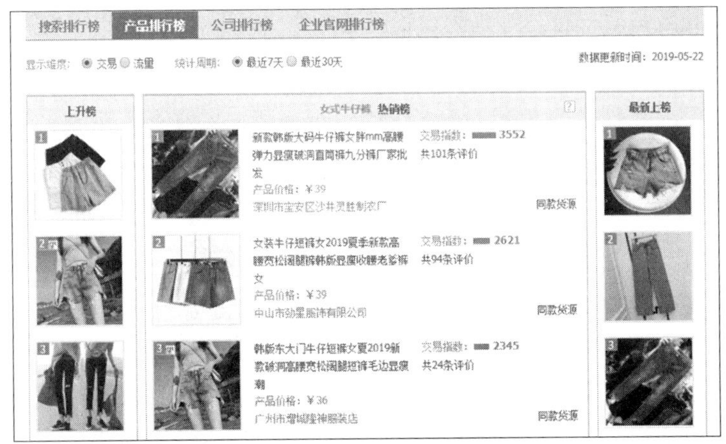

图 11-4　女式牛仔裤产品排行榜

从图 11-3 和图 11-4 中可知，女式牛仔裤的热门风格属性为韩版、欧美，热门款式属性为直筒裤、阔腿裤、铅笔裤 / 小脚裤、哈伦裤和背带裤。梁丽决定在后续选品的时候多考虑上述风格属性、款式的女仔裤。

2. 借助生意参谋选择蓝海商品

在对行业中的商品进行大致了解后，商家还需要借助数据分析的手段来精准定位蓝海商品。因此，梁丽使用生意参谋下载数据并进行分析，具体操作如下。

（1）打开生意参谋主页面，在顶部导航栏中单击“市场”选项卡，在打开的页面中选择“搜索分析”选项，在打开的页面中单击“7 天”按钮，然后在搜索文本框中输入“女式牛仔裤”，按【Enter】键即可搜索最近 7 天与“女式牛仔裤”相关的热搜词。

（2）在搜索文本框下方的指标栏中单击选中“搜索人气”“搜索热度”“点击率”“支付转化率”“在线商品数”复选框，筛选有用的关键词数据，如图 11-5 所示。

相关词分析　相关搜索词　关联品牌词　关联修饰词　关联热词

☑ 搜索人气　☑ 搜索热度　☑ 点击率　☐ 点击人气　☐ 点击热度　☐ 交易指数　☑ 支付转化率
☑ 在线商品数　☐ 商城点击占比　☐ 直通车参考价

搜索词	搜索人气	搜索热度	点击率	支付转化率	在线商品数
牛仔裤女	209,233	468,120	127.55%	8.34%	4,065,660
牛仔裤女2019春款 春季	116,056	270,281	118.44%	6.80%	719,577
牛仔裤女宽松	102,573	234,268	145.41%	8.04%	1,633,470
破洞牛仔裤女	90,062	216,353	132.63%	8.51%	1,320,226

图 11-5　筛选有用的关键词数据

（3）将搜索出来的数据全部复制并粘贴到 Excel 中进行整理。在表格右侧的空白列第一行如 G1 单元格中输入“平均需求”，在 G2 单元格中输入公式“=B2/F2”，将公式下拉至最后一行。对 G 列设置筛选条件“大于 1”，得出平均需求大于 1 的数据，效果如图 11-6 所示。

A	B	C	D	E	F	G
搜索词	搜索人气	搜索热度	点击率	支付转化率	在线商品数	平均需求
烂牛仔裤女破洞潮高腰	24870	30158	0.8719	0.0627	24190	1.02811079
牛仔裤薄款女	154859	32765	1.1149	0.0524	109227	1.41777216
显瘦牛仔裤女	114716	35839	1.7312	0.0751	65574	1.74941288
高腰直筒牛仔裤女	114485	40717	2.0422	0.0716	96077	1.19159632

图 11-6　得出平均需求大于 1 的数据

（4）对这些筛选出来的搜索词进行分析，挑选其中对选品有用的信息，如“高腰直筒”“破洞”“薄款”等。这些关键词明确地指向某一款式的牛仔裤，由于其搜索量高，在线商品数低，转化率高，说明消费者需求大于市场供给，因此其就属于蓝海商品。

↘11.1.3　使用直通车将潜质商品打造为爆款

在完成店铺定位、选品之后，梁丽在淘宝网上开设了自己的店铺，设置了店铺基础信息，上架了多款商品，还专门请设计专业的朋友帮自己进行店铺装修。由于前期在定位、选品、店铺装修方面做得比较好，梁丽的店铺很快赢得了一批消费者的青睐。梁丽想乘胜追击，借助打造爆款来提升店铺人气，把店铺做大。

1. 选择潜质商品

梁丽从店铺中选择了两款牛仔裤作为爆款潜质商品，分别为韩版高腰直筒牛仔裤（以下简称“直筒裤”）和韩版天丝宽松哈伦牛仔裤（以下简称“哈伦裤”），如图11-7所示。

图 11–7　两款潜质商品

梁丽选择这两款牛仔裤的理由如下。

- 两款商品都是百搭款，适合各种身材气质的女性消费者，有广泛的受众。
- 两款商品都具有一定的利润空间，能够负担合理的推广费用。
- 通过阿里指数和生意参谋的数据分析，梁丽发现两款商品都具有不错的市场表现。
- 两款商品均具有一定的基础销量和评价，且评价基本为好评。
- 两款商品均具有充足的库存，进货渠道也比较通畅。
- 两款商品均质量过硬，不存在易磨破、褪色、缩水等隐患。

2. 进行测款

在初步选定两款潜质商品后，梁丽需要利用直通车进行测款，其具体操作如下。

（1）进入直通车推广页面，为直筒裤新建推广计划：将投放平台设置为移动设备淘宝网站内投放；将投放地域设置为北京、上海、广东、浙江；将投放时间时设置为“女装 / 女士精品”行业模板；关键词则使用“春季牛仔裤”“韩版牛仔裤”“薄款牛仔裤”“春夏裤女”；最后设置按市场平均出价。

（2）按照同样的参数为哈伦裤新建推广计划。

（3）两天后梁丽观察两款商品的数据表现，发现直筒裤的转化率、点击率、收藏率等数据表现均好于哈伦裤，因此决定将直筒裤作为主推商品。

3. 打造爆款

在选定主推款之后，梁丽开始正式打造爆款了。梁丽为此次爆款打造制订了详细的计划，将爆款打造周期分为预热期、成长期、成熟期、衰退期。

- **预热期：**优化主推商品的主图、标题和详情页，在店铺显眼的位置对爆款进行紧急性展示，如店招、首页海报以及详情页左侧热卖推荐等。
- **成长期：**使用直通车打造爆款。
- **成熟期：**维持销量并争取提高客单价。通过详情页优化、制定优惠套餐以及客服推荐等方式提高整个店铺的销量。
- **衰退期：**降低直通车推广费用，物色新的爆款，维护爆款客户群，总结此次打造爆款的经验。

在整个爆款打造过程中，新建直通车推广计划来为商品引流是最重要的一个环节，梁丽的具体操作如下。

（1）登录千牛卖家工作台，进入直通车首页，在“计划入口”板块中单击 +新建推广计划 按钮。

（2）打开“选择营销场景”页面，在“营销场景选择”中选择“日常销售-促进成交”，在“推广方式选择”中选择“标准推广-系统推荐”，然后单击 下一步，进入推广设置 按钮。

（3）打开“推广设置”页面，在“投放设置”中将“计划名称”设置为“打造爆款-直筒裤”，将“日限额”设置为“100”元，将“投放方式”设置为“标准投放”，如图11-8所示，然后单击“设置‘投放平台/地域/时间’”超链接。

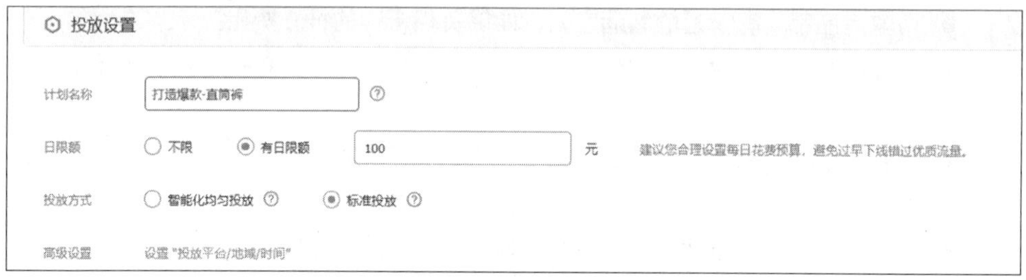

图 11-8 投放设置

（4）在打开的页面中将“投放平台”设置为“移动设备淘宝网站内投放”。同时参考生意参谋中（单品分析-访客分析）的相关数据，设置投放地域、投放时间。将“投放地域”设置为“广东、浙江、江苏、山东、上海、北京”。在设置投放时间时，按不同时间段设置投放出价折扣比例：0：00～7：00为0（不投放），7：00～9：00为30%，10：00～12：00、13：00～18：00为90%，19：00～23：00为110%。图11-9所示为设置投放时间的页面。

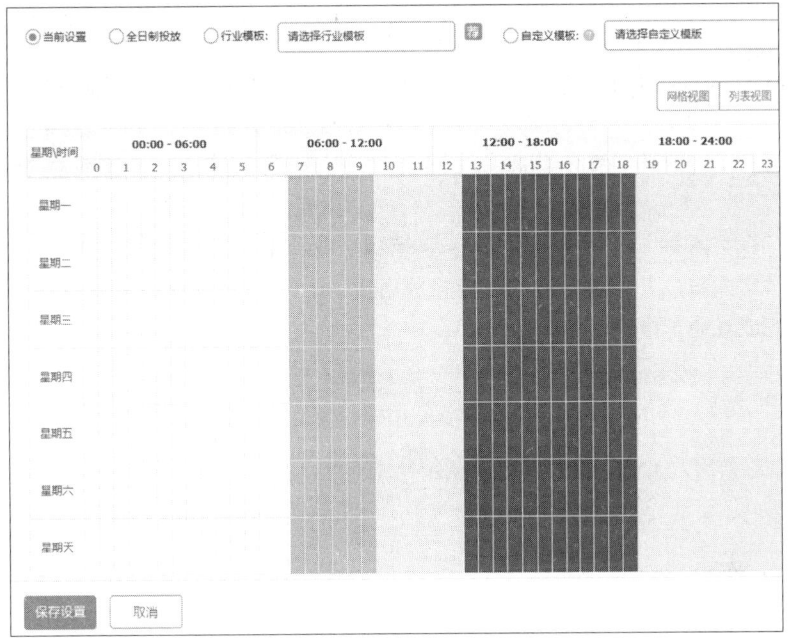

图 11-9　设置投放时间

（5）在“单元设置”中添加需要推广的商品，单击页面底部的下一步，设置推广方案按钮，打开“推广方案”页面。在“推荐关键词”板块添加关键词“新款宽松牛仔裤女”“女 韩版 潮流 裤”“韩版直筒牛仔裤女”“黑色宽松直筒裤 女”“裤女春2019新款”，并设置均按市场均价出价，如图11-10所示。

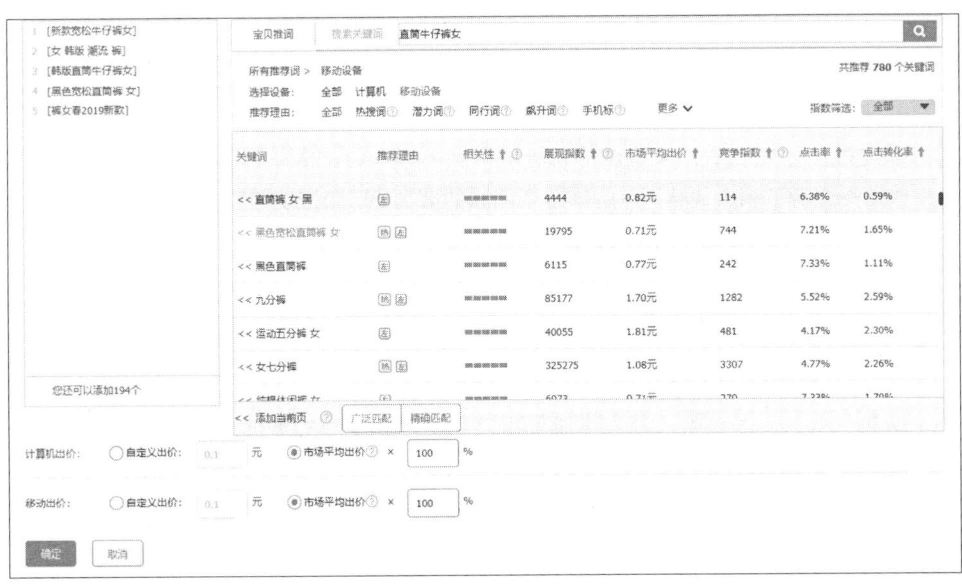

图 11-10　添加关键词

选择关键词的要点

梁丽在选择关键词时，避开了诸如“牛仔裤女”“宽松裤女”等热门关键词，因为关键词热度越高，竞价也越高。梁丽这样的小店铺商家，难以承受高昂的竞价。因此梁丽选择的是展现量中等、价格合理、相关性高的关键词。

（6）在“推荐人群”板块中单击新增精选人群按钮，添加定向推广人群，如图11-11所示。在“定向推广”板块中设置智能投放出价为0.3元，设置完成后单击完成推广按钮即可完成直通车推广计划的创建。

图 11-11　添加定向推广人群

新建推广计划之后，梁丽按部就班地实施前期制订的爆款打造计划，实时观察直通车数据并进行了相关优化。在店铺整个团队的努力下，她成功将直筒裤打造成了爆款，为店铺带来了大量的新客户，并提高了店铺的销售业绩。

11.2 优化新品标题并进行站外引流

初夏来临，气温逐渐上升，梁丽意识到是上架短款牛仔裤的时候了。经过考察市场、数据化选品、制作主图详情页等一系列准备工作，店铺上架了一款高腰卷边牛仔短裤，将其作为力推新品。出乎意料的是，此款新品上架两天后交易量非常少。梁丽认为有必要专门分析诊断该新品数据，因此立即前往生意参谋查看。

↘11.2.1　分析诊断“酷姐潮流馆”店铺的新品数据

生意参谋单品分析分为 4 个部分，即来源去向、销售分析、访客分析和促销分析。梁丽通过“来源去向”查看商品的流量来源情况以及关键词的转化效果，分别如图 11-12、图 11-13 所示。

来源去向　销售分析　访客分析　促销分析　PC

商品流量来源去向　日期　2019-04-18~2019-04-18

来源	流量相关					引导转化						
	访客数	浏览量	浏览量占比	店内跳转人数	跳出本店人数	收藏人数	加购人数	下单买家数	下单转化率	支付件数	支付买家数	支付转化率
淘宝搜索	20	22	50.00%	0	20	1	0	0	0.00%	0	0	0.00%
直接访问	11	13	29.55%	0	11	0	1	0	0.00%	0	0	0.00%
淘外流量其他	5	5	11.36%	0	5	0	0	1	20.00%	1	1	20.00%
购物车	2	2	4.55%	1	1	0	0	1	50.00%	1	1	50.00%
淘宝站内其他	2	2	4.55%	0	2	0	0	0	0.00%	0	0	0.00%

图 11-12　商品流量来源情况

关键词效果分析　日期　2019-04-18~2019-04-18　下载

淘宝搜索

关键词	搜索曝光				引流效果				转化效果			
	搜索排名	曝光量	点击量	点击率	浏览量	访客数	人均浏览量	跳出率	支付买家数	支付件数	支付金额	支付转化率
夏季牛仔裤女	4	1	1	100.00%	1	1	1.00	0.00%	0	0	0	0.00%
宽松牛仔裤 女	3	1	1	100.00%	1	1	1.00	100.00%	0	0	0	0.00%
2019新款裤女	10	2	1	50.00%	1	1	1.00	100.00%	0	0	0	0.00%

图 11-13　商品关键词转化效果分析

从图 11-12 中可知，该商品的流量主要来自淘宝搜索和直接访问，其中淘宝搜索流量占比只有 50%，稍微偏低。从图 11-13 中可知，该商品标题所包含的关键词所带来的曝光量和点击量都很少。综合以上分析，并进一步考察商品的其他数据，梁丽认为该商品的主要问题在于淘宝网 SEO 排名偏低，商品标题有待优化。

↘11.2.2　优化新品“高腰卷边牛仔短裤”的标题

通过对新品数据的分析，梁丽认为新品流量严重不足，应该进行标题优化。经过反思总结，梁丽发现原有商品标题之所以引流效果不理想，主要是因为自己拟定标题时没有参考大数据，而是直接借鉴了淘宝网上排名靠前的短款牛仔裤所使用的关键词。因此梁丽决定首先使用生意参谋来查找数据表现好的关键词，删除无效关键词，再根据标题结构组合关键词，最终形成标题。

（1）查找数据表现好的关键词

梁丽首先在生意参谋 - 搜索分析中下载了有关“牛仔短裤”的关键词，然后在 Excel 中将数据整理好，并在表格右侧的 G1 单元格中输入“平均订单数”，在 G2 单元格中输入公式“=B2*D2*E2/F2”，即 G 列中的数据表明带有对应关键词商品的平均订单数。梁丽将 G 列进行降序排列，删除其中数值小于 0.01 的关键词，得到的即有关“牛仔短裤”的数据表现好的关键词，如图 11-14 所示。

G2　fx =B2*D2*E2/F2

	A	B	C	D	E	F	G
1	搜索词	搜索人气	搜索热度	点击率	支付转化率	在线商品数	平均订单数
2	牛仔裤短款2019新款	16235	29041	0.6646	0.0201	88	2.464484069
3	短牛仔裤高腰热裤	12847	26083	1.0726	0.0812	3028	0.369521469
4	短牛仔裤夏季显瘦舒适	13547	26362	0.7966	0.0372	1870	0.214676629
5	牛仔裤短款韩版潮流百搭	11172	20040	0.6195	0.0471	2309	0.141178711
6	牛仔裤女高腰宽松	21615	52978	1.1996	0.1153	65341	0.045754649
7	短牛仔裤卷边	11862	24386	1.5272	0.014	6104	0.041549648
8	牛仔裤个性薄款	14870	30158	0.8719	0.0627	24190	0.033605419

图 11-14　有关“牛仔短裤”的数据表现好的关键词

（2）删除无效关键词

梁丽删除了一些重复关键词，以及如销量高、早上架、九分牛仔裤等无效关键词。

（3）根据标题结构组合关键词

首先确定核心关键词——牛仔裤。

其次分析半身裙的属性、材质、功能等。在关键词词库中查找符合该商品的关键词，如属性类关键词——短款、宽松、卷边、高腰等，功能类关键词——显瘦。

最后可以根据消费者的搜索习惯加入一些比较有人气的词语，如“韩版”“百搭”等。

分析了牛仔裤的关键词之后，梁丽对选取的关键词进行组合，形成商品标题“2019新款韩版短款牛仔裤高腰宽松显瘦薄款百搭”。

↘ 11.2.3　发布微博为新品“高腰卷边牛仔短裤”引流

在开店之初，梁丽开通了营销微博账户来进行推广。通过发布店铺优惠信息、介绍服装穿搭技巧、邀请粉丝互动转发的方式，店铺微博也积累了一定数量的粉丝。此次推出新品“高腰卷边牛仔短裤”，梁丽也准备利用微博来为该商品引流。至于微博内容，梁丽考虑再三后决定以“夏日出行，牛仔短裤如何搭配”为主要话题，辅以评论区抽奖（限时优惠券）的手段来促进粉丝进店转化。

为了削弱该微博的“广告感”，梁丽决定不采用现成的商品主图来作为微博图片内容，而采用实拍模特穿着新品并搭配不同上衣的照片，并特意挑选了其中比较随性、不刻意的几张，如图 11-15 所示。

图 11–15　为发布微博准备的图片

然后梁丽开始撰写微博文字内容，首先加上热门话题标签，以让更多人看到，提高微博的影响力；其次，为了更好地贴近粉丝，凸显亲和力，梁丽更多使用朋友推荐的口吻，以服装穿搭为主题，让微博内容更具有可读性；在微博结束时再介绍此次的有奖互动活动，并巧妙植入商品链接。微博的文字内容如下。

“# 夏日穿搭 # 夏天这么快就来了，小仙女们想好夏日出行的装扮了吗？别再大费周章了，夏天清爽舒服才是最要紧的。我是个喜欢简单利落衣服的姑娘，夏天就喜欢白 T 恤加牛仔短裤的搭配。不论是出门逛街还是饭后遛狗，一顶遮阳帽、一副墨镜、一条牛仔短裤、一双帆布鞋，再随意搭配一件 T 恤，每次出门我都有很高的回头率。照片里是我最爱的牛仔裤，既百搭又显瘦，身边好多姐妹找我要链接。喏，链接在这里（商品地址）。姐妹们都讲讲自己夏日穿搭的经验吧，我们特意向商家申请了限时福利，只给评论区点赞数最多的三位小仙女，快来留言吧～”。

发布后的微博如图 11-16 所示。该条微博成功地推广了新品，提高了商品的流量和转化率，达到了微博引流的目的。

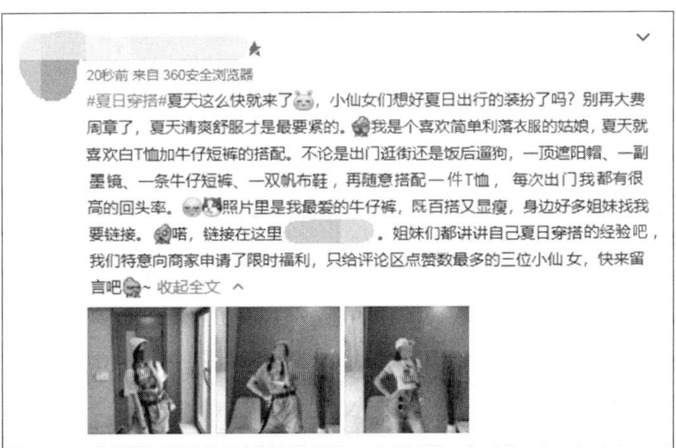

图 11–16　发布微博